中华人民共和国
农村集体经济组织法

（实用版）

中国法治出版社
CHINA LEGAL PUBLISHING HOUSE

■实用版

编辑说明

运用法律维护权利和利益，是读者选购法律图书的主要目的。法律文本单行本提供最基本的法律依据，但单纯的法律文本中的有些概念、术语，读者不易理解；法律释义类图书有助于读者理解法律的本义，但又过于繁杂、冗长。"实用版"法律图书至今已行销多年，因其实用、易懂的优点，成为广大读者理解、掌握法律的首选工具。

"实用版系列"独具四重使用价值：

1. **专业出版**。中国法治出版社是中央级法律类专业出版社，是国家法律法规标准文本的权威出版机构。

2. **法律文本规范**。法律条文利用了本社法律单行本的资源，与国家法律法规标准文本完全一致，确保条文准确、权威。

3. **条文解读详致**。书中的【理解与适用】从庞杂的相互关联的法律条文以及全国人大常委会法制工作委员会等对条文的解读中精选、提炼而来；【典型案例指引】来自最高人民法院指导案例、公报、各高级人民法院判决书等，点出适用要点，展示解决法律问题的实例。

4. **附录实用**。书末收录经提炼的法律流程图、诉讼文书、办案常用数据等内容，帮助提高处理法律纠纷的效率。

需要说明的是，只有国家正式通过、颁布的法律文本才具有法律效力，书中【条文主旨】、【理解与适用】、【典型案例指引】、【实用附录】等内容，为编者方便读者阅读、理解而编写，仅供参考。

中国法治出版社
2025 年 7 月

《中华人民共和国农村集体经济组织法》理解与适用

农村集体经济组织是中国特色社会主义公有制经济组织。制定《中华人民共和国农村集体经济组织法》，是贯彻党中央决策部署，健全相应的法律制度，为促进农村集体经济发展壮大奠定良好法治基础的重大举措，有利于以立法方式促进宪法实施，巩固农村集体产权制度改革的成果，促进新型农村集体经济高质量发展，对于巩固完善社会主义基本经济制度和农村基本经营制度、维护好广大农民群众根本利益、实现共同富裕等具有重要意义。2024年6月28日，十四届全国人大常委会第十次会议审议通过了《中华人民共和国农村集体经济组织法》，国家主席习近平签署第二十六号主席令予以公布。《农村集体经济组织法》① 自2025年5月1日起施行，共八章、六十七条，主要内容包括：

（一）立法目的和概念、原则、职能。一是立法目的。规定立法目的是维护农村集体经济组织及其成员的合法权益，规范农村集体经济组织及其运行管理，促进新型农村集体经济高质量发展，巩固和完善农村基本经营制度和社会主义基本经济制度，推进乡村全面振兴，加快建设农业强国，促进共同富裕。二是农村集体经济组织的概念。规定本法所称农村集体经济组织，是指以土地集体所有为基础，依法代

---

① 本书中引用的《中华人民共和国农村集体经济组织法》统一简称为《农村集体经济组织法》，全书其他法律法规采用同样的处理方式。

表成员集体行使所有权，实行家庭承包经营为基础、统分结合双层经营体制的区域性经济组织，包括乡镇级农村集体经济组织、村级农村集体经济组织、组级农村集体经济组织；未设立农村集体经济组织的，村民委员会、村民小组可以依法代行农村集体经济组织的职能。三是应当遵循的原则。规定农村集体经济组织应当坚持中国共产党的领导，坚持社会主义集体所有制，坚持民主管理，坚持按劳分配为主体、多种分配方式并存等原则。四是依法履行的职能。规定农村集体经济组织依法代表成员集体行使所有权，履行发包农村土地，办理农村宅基地申请、使用事项，使用集体经营性建设用地或者通过出让、出租等方式交由单位、个人使用等十一项职能，以及法律法规和农村集体经济组织章程规定的其他职能。此外，还对农村集体经济组织的特别法人资格，从事经营管理和服务活动的要求，组织及其成员权益保护，国家采取的支持措施和管理体制等作了规定。

（二）农村集体经济组织成员。一是成员范围和条件。规定户籍在或者曾经在农村集体经济组织并与农村集体经济组织形成稳定的权利义务关系，以农村集体经济组织成员集体所有的土地等财产为基本生活保障的居民，为农村集体经济组织成员。二是确认规则。规定农村集体经济组织通过成员大会，依据成员范围和条件的规定确认农村集体经济组织成员。对因成员生育增加人员，因成员结婚、收养或者因政策性移民而增加的人员的确认原则作了规定。同时，规定了确认要求、成员名册和授权省级人大及其常委会作出具体规定等内容。三是成员的权利。规定农村集体经济组织成员享有依照法律法规和农村集体经济组织章程选举和被选举为成员代表、理事会成员、监事会成员或者监事，参加成员大会、成员代表大会，参与表决决定农村集体经济组织重大事项和重要事务，查阅、复制农村集体经济组织财务会计报告、会议记录等资料，监督农村集体经济组织的生产经营管理活动和集体收益的分配、使用，依法承包农村集体经济组织发包的农村土地九项权利，以及法律法规和农村集体经济组织章程规定的其他权利。四是成员的义务。规定农村集体经济组织成员履行遵守法律法规和农村集体经济组织章程，执行农村集体经济组织依照法律法规和农村集体经济组织章程作出的决定，维护农村集体经济组织合法权益，合理利用和保护集体土地等资源，参与、支持农村集体经济组织的生产经营管理活动和公益活动等义务，以及法律法规和农村集体经济组织章程规定的其他义务。此外，还对非农村集体经济组织成员享受权利的条件和程序，农村集体经济组织成员退出、身份丧失情形、身份保障等作了规定。

（三）农村集体经济组织登记。一是设立条件。包括有符合本法规定的成员、集体财产、农村集体经济组织章程、名称和住所、组织机构，以及设立农村集体经济组织的情形。二是组织章程。规定农村集体经济组织的章程应当载明农村集体经济组织的名称、法定代表人、住所和财产范围，成员确认规则和程序，机构、集体财产经营和财务管理、集体经营性财产收益权的量化与分配、农村集体经济组织的变更和注销，以及需要载明的其他事项。章程应当按照规定进行备案。三是组织名称。规定名称中应当标明"集体经济组织"字样，以及所在县、不设区的市、市辖区、乡、民族乡、镇、村或者组的名称。四是登记程序。规定农村集体经济组织成员大会表决通过本农村集体经济组织章程、确认本农村集体经济组织成员、选举本农村集体经济组织理事会成员、监事会成员或者监事后，应当及时向县级以上地方人民政府农业农村主管部门申请登记，取得农村集体经济组织登记证书。此外，还对农村集体经济组织的合并、分立和终止的情形和程序等作了规定。

（四）**农村集体经济组织机构**。一是成员大会性质及其职权。规定成员大会是本农村集体经济组织的权力机构，依法行使制定和修改章程、内部管理制度，确认成员，选举、罢免理事会成员、监事会成员或者监事，审议有关工作报告，决定有关人员报酬及主要经营管理人员的聘任、解聘和报酬，批准集体经济发展规划、业务经营计划、年度财务预决算、收益分配方案，对农村土地承包、宅基地使用和集体经营性财产收益权份额量化方案等事项作出决定等十二项职权，以及法律法规和农村集体经济组织章程规定的其他职权，并对成员大会的召开程序、议事规则、成员代表等作了规定。二是成员代表大会。规定农村集体经济组织成员较多的，可以按照农村集体经济组织章程规定设立成员代表大会。设立成员代表大会的，一般每五户至十五户选举代表一人，代表人数应当多于二十人，并且有适当数量的妇女代表。成员代表的任期为五年，可以连选连任。成员代表大会按照农村集体经济组织章程规定行使成员大会部分职权。成员代表大会实行一人一票的表决方式。成员代表大会作出决定，应当经全体成员代表三分之二以上同意。三是理事会及其职权。规定理事会一般由三至七名单数成员组成。理事会设理事长一名，可以设副理事长，理事会成员的任期为五年，可以连选连任，理事长是农村集体经济组织的法定代表人。理事会对成员大会、成员代表大会负责，行使的职权包括召集、主持成员大会、成员代表大会，并向其报告工作，执行成员大会、成员代表大会的决定，起草农村集体经济组织章程修改草案，起草集体经济发展规划、业务经营计划、内部管理制度等，起草农村土地承包、宅基地使用、集体经营性财产收益权份额量化，以及集体经营性建设用地使用、出让或者出租方案等十一项，以及章程规定的其他职权。四是监事会。规定农村集体经济组织设监事会，成员较少的可以设一至二名监事，行使监督理事会执行成员大会和成员代表大会决定、监督检查集体财产经营管理情况、审核监督本农村集体经济组织财务状况等内部监督职权。监事会或者监事的产生办法、具体职权、议事方式和表决程序等，由农村集体经济组织章程规定。此外，还对会议记录、交叉任职、有关人员义务和禁止性行为作了规定。

（五）财产经营管理和收益分配。一是集体财产范围。主要包括集体所有的土地和森林、山岭、草原、荒地、滩涂、建筑物、生产设施、农田水利设施，教育、科技、文化、卫生、体育、交通等设施和农村人居环境基础设施，集体投资兴办的企业和集体持有的其他经济组织的股权及其他投资性权利，以及集体所有的资金、无形资产和接受国家扶持、社会捐赠、减免税费等形成的财产，以及集体所有的其他财产。二是财产的管理。根据相关法律规定和农村集体产权制度改革实践经验，确定了对集体资源性财产、经营性财产、非经营性财产分别依法进行管理的原则。三是集体收益分配的原则和顺序。明确农村集体经济组织可以将集体所有的经营性财产的收益权以份额形式量化到本农村集体经济组织成员，作为其参与集体收益分配的基本依据。规定和公积公益金提取和可分配收益的分配原则等。此外，还对农村集体经济组织发展新型农村集体经济的途径，建立财务会计、财务公开、财务报告制度及审计监督等作了规定。

（六）资金、税收、金融等扶持措施。一是资金支持。规定县级以上人民政府应当合理安排资金，支持农村集体经济组织发展新型农村集体经济、服务集体成员。各级财政支持的农业发展和农村建设项目，依法将适宜的项目优先交由符合条件的农村集体经济组织承担。国家对欠发达地区和革命老区、民族地区、边疆地区的农村集体经济组织给予优先扶助。二是税收优惠。规定农村集体经济组织依法履行纳税义务，依法享受税收优惠；开展生产经营管理活动或者因开展农村集体产权制度改革办理土地、房屋权属变更，按照国家规定享受税收优惠。三是金融支持。规定国家鼓励政策性金融机构在业务范围内采取多种形式，对发展新型农村集体经济提供多渠道资金支持；鼓励商业性金融机构提供多样化金融服务。此外，还对合理安排集体经济发展各项建设用地，加强经营管理队伍建设，在用水、用电、用气以及网络、交通等公共设施和农村人居环境基础设施配置方面的支持作了规定。

（七）争议解决机制和法律责任。一是内部争议解决途径。规定对确认成员身份有异议，或者因内部管理、运行、收益分配等发生纠纷的，当事人可以请求乡镇人民政府、街道办事处或者县级人民政府农业农村主管部门调解解决；不愿调解或者调解不成的，可以向农村土地承包仲裁机构申请仲裁，也可以直接向人民法院提起诉讼。二是明确成员撤销诉讼制度。规定成员大会、成员代表大会、理事会或者农村集体经济组织负责人作出的决定侵害成员合法权益的，受侵害的农村集体经济组织成员可以请求人民法院予以撤销。理事会成员等有关人员实施违法行为的，依法承担赔偿、行政、处分、刑事等方面的法律责任。三是规定成员代位诉讼。规定理事会成员、监事会成员或者监事、主要经营管理人员执行职务时违反法律法规或者农村集体经济组织章程的规定，给农村集体经济组织造成损失，理事会、监事会或者监事应当向人民法院提起诉讼；未及时提起诉讼的，十名以上具有完全民事行为能力的成员可以书面请求监事会或者监事向人民法院提起诉讼，监事会或者监事收到书面请求后拒绝提起诉讼或者自收到请求之日起十五日内未提起诉讼的，提出书面请求的成员可以为农村集体经济组织的利益，以自己的名义向人民法院提起诉讼。此外，还对农村集体经济组织章程或者有关决定违法、政府及其部门非法干预经营管理和财产管理或者未依法履行相应监管职责规定了法律责任。

目　录

中华人民共和国农村集体经济组织法

第一章　总　　则

1　　第一条　【立法目的和依据】
　　　　　　　［立法目的］
　　　　　　　［宪法依据］
3　　第二条　【概念和类型】
　　　　　　　［农村集体经济组织概念］
　　　　　　　［农村集体经济组织类型］
4　　第三条　【地位和功能】
　　　　　　　［经济功能］
　　　　　　　［治理功能］
　　　　　　　［政治功能］
6　　第四条　【基本原则】
　　　　　　　［党的领导］
　　　　　　　［集体所有］
　　　　　　　［民主管理］
　　　　　　　［分配原则］
9　　第五条　【农村集体经济组织的职能】
　　　　　　　［发包农村土地］
　　　　　　　［办理农村宅基地申请、使用事项］
　　　　　　　［合理开发利用和保护土地资源］
　　　　　　　［集体经营性建设用地使用和管理］

1

　　　　　　[组织开展集体财产经营、管理]
　　　　　　[决定集体出资的企业所有权变动]
　　　　　　[分配、使用集体收益]
　　　　　　[分配、使用土地补偿费等]
　　　　　　[提供技术、信息等服务]
　　　　　　[支持和配合开展村民自治]
　　　　　　[支持农村其他经济组织、社会组织依法发挥作用]
　　　　　　[其他职能]
15　　第六条　【特别法人资格】
　　　　　　[特别法人资格]
　　　　　　[不适用破产法律规定]
　　　　　　[参与市场主体设立]
17　　第七条　【从事经营管理和服务活动的要求和义务】
　　　　　　[遵守法律法规]
　　　　　　[遵守社会公德和商业道德]
　　　　　　[诚实守信]
　　　　　　[承担社会责任]
19　　第八条　【权益保护】
　　　　　　[组织及成员合法权益保护]
　　　　　　[集体财产保护]
　　　　　　[妇女权益保护]
23　　第九条　【支持措施】
　　　　　　[国家扶持措施]
　　　　　　[帮助和服务]
　　　　　　[表彰和奖励]
25　　第十条　【管理体制和职责】
　　　　　　[国家层面]

　　　　　　　[地方层面]
　　　　　　　[乡镇政府、街道办事处]
　　　　　　　[综合协调]
　　　　　　　[服务保障]

第二章　成　员

29　　第十一条　【成员条件和范围】
　　　　　　　[户籍条件]
　　　　　　　[稳定权利义务关系]
　　　　　　　[生活保障]
30　　第十二条　【成员确认规则】
　　　　　　　[确认程序和情形]
　　　　　　　[确认具体要求]
33　　第十三条　【成员权利】
　　　　　　　[民主监督权利]
　　　　　　　[经济性权利]
36　　第十四条　【成员义务】
38　　第十五条　【非成员享受成员部分权利】
39　　第十六条　【成员自愿退出】
　　　　　　　[自愿退出程序]
　　　　　　　[退出权益处理]
40　　第十七条　【丧失成员身份】
　　　　　　　[丧失成员身份情形]
　　　　　　　[部分保留权益情形]
42　　第十八条　【成员身份保留】
　　　　　　　[成员身份保留情形]
　　　　　　　[成员结婚身份保障]

3

第三章 组织登记

44	第十九条 【农村集体经济组织的设立】
	[基本条件]
	[设立要求]
46	第二十条 【章程载明事项】
	[章程载明事项]
	[备案程序和示范章程]
48	第二十一条 【名称和住所】
	[名称要求]
	[住所要求]
49	第二十二条 【组织登记】
	[组织登记]
	[授权规定]
51	第二十三条 【组织合并】
52	第二十四条 【组织分立】
54	第二十五条 【变更和注销登记】
	[变更登记]
	[注销登记]

第四章 组织机构

55	第二十六条 【成员大会职权】
	[成员大会组成和性质]
	[制度构建与完善权]
	[人事管理监督权]
	[重大事项决定权]
	[党组织前置研究机制]

58	第二十七条　【成员大会议事规则】
	［会议通知］
	［参会方式］
	［会议召集和主持］
	［表决规则和效力］
60	第二十八条　【成员代表大会】
	［代表大会设立］
	［选举比例与名额分配］
	［成员代表大会职权］
	［表决规则和效力］
62	第二十九条　【理事会组成】
	［理事会的组成］
	［理事长职权］
	［坚持党的领导］
63	第 三 十 条　【理事会职责】
	［对成员大会和代表大会负责］
	［起草有关文件］
	［具体管理职责］
66	第三十一条　【理事会会议】
67	第三十二条　【监事会（监事）】
68	第三十三条　【会议记录】
69	第三十四条　【交叉任职和回避】
70	第三十五条　【人员义务及禁止性规定】
	［有关人员义务］
	［禁止性规定］

第五章　财产经营管理和收益分配

72	第三十六条	【集体财产范围及权利主体】
		[集体所有的自然资源]
		[集体所有的生产与基础设施]
		[集体所有的公共服务与基础设施]
		[集体所有的资金]
		[集体投资兴办的企业及相关权益]
		[集体所有的无形资产]
		[集体所有的特定来源财产]
		[集体所有财产的所有权]
75	第三十七条	【集体财产经营管理】
		[集体所有土地管理]
		[集体所有建设用地管理]
		[集体所有的建筑物、生产设施与农田水利设施管理]
		[集体所有的公共服务与基础设施管理]
78	第三十八条	【其他农村土地的经营】
		[直接组织经营]
		[依法实行承包经营]
		[依法采取土地经营权出租、入股等方式经营]
79	第三十九条	【集体经营性建设用地的用途和入市方式】
		[优先保障乡村产业发展和乡村建设]
		[依法通过出让、出租等方式交由单位或者个人有偿使用]
80	第四十条	【经营性财产收益】
		[经营性财产收益权量化]

		[经营性财产收益权量化具体办法]
82	第四十一条	【新型农村集体经济多样化发展途径】
83	第四十二条	【收益使用和分配】
		[提取公积公益金]
		[剩余可分配收益分配]
84	第四十三条	【集体财产管理】
		[集体财产管理制度]
		[集体财产管理具体办法]
86	第四十四条	【财务管理和会计核算制度】
		[财务管理和会计核算]
		[会计工作模式]
		[资金管理的禁止性规定]
88	第四十五条	【财务公开制度】
89	第四十六条	【年度报告制度】
		[报告内容]
		[报告程序和用途]
90	第四十七条	【审计监督制度】
91	第四十八条	【农村集体经济组织外部监督制度】

第六章 扶持措施

92	第四十九条	【财政支持】
		[资金支持]
		[项目扶持]
		[优先扶助]
		[资金监管]
94	第 五 十 条	【税收优惠】

7

95	第五十一条	【集体公益等支出计入成本】
96	第五十二条	【金融支持措施】
		[政策性金融机构支持]
		[商业性金融机构支持]
		[融资担保机构支持]
		[保险机构支持]
98	第五十三条	【建设用地和土地整理新增耕地】
		[合理安排建设用地]
		[土地整理新增收益用途]
99	第五十四条	【人才扶持】
100	第五十五条	【农村集体经济组织其他支持措施】

第七章 争议的解决和法律责任

102	第五十六条	【内部纠纷解决机制】
		[内部纠纷解决机制]
		[检察监督与公益诉讼]
103	第五十七条	【撤销侵害行为】
105	第五十八条	【有关人员法律责任】
		[有关人员法律责任]
		[违规担保后果]
106	第五十九条	【侵害农村集体经济组织合法权益的诉讼救济】
107	第六十条	【内部人员赔偿诉讼】
		[有关人员赔偿责任]
		[组织内部机构的诉讼责任]
		[成员代位诉讼]

8

108	第六十一条	【章程和决定违法的责任】
109	第六十二条	【地方人民政府及其有关部门的法律责任】
110	第六十三条	【行政复议和行政诉讼】

第八章 附　　则

111	第六十四条	【代行职能】
112	第六十五条	【已登记组织效力确认】
112	第六十六条	【成员确认的溯及力】
113	第六十七条	【生效日期】

实用核心法规

114	中华人民共和国村民委员会组织法
	（2018 年 12 月 29 日）
124	中华人民共和国农民专业合作社法
	（2017 年 12 月 27 日）
138	中华人民共和国土地管理法
	（2019 年 8 月 26 日）
158	中华人民共和国农村土地承包法
	（2018 年 12 月 29 日）
170	中华人民共和国乡村振兴促进法
	（2021 年 4 月 29 日）
186	中华人民共和国黑土地保护法
	（2022 年 6 月 24 日）
194	中华人民共和国土地管理法实施条例
	（2021 年 7 月 2 日）

209	农村集体经济组织审计规定
	（2007 年 11 月 8 日）
213	农村集体经济组织财务制度
	（2021 年 12 月 7 日）
220	农村集体经济组织会计制度
	（2023 年 9 月 5 日）
281	农业农村部、中央组织部、财政部、国家乡村振兴局关于做好农村集体产权制度改革成果巩固提升工作的通知
	（2022 年 8 月 29 日）
285	最高人民法院、农业农村部关于做好《中华人民共和国农村集体经济组织法》施行相关工作的通知
	（2025 年 2 月 25 日）

实用附录

289	农村集体经济组织示范章程（试行）

中华人民共和国农村集体经济组织法

（2024年6月28日第十四届全国人民代表大会常务委员会第十次会议通过 2024年6月28日中华人民共和国主席令第26号公布 自2025年5月1日起施行）

第一章 总　　则

第一条　立法目的和依据[①]

为了维护农村集体经济组织及其成员的合法权益，规范农村集体经济组织及其运行管理，促进新型农村集体经济高质量发展，巩固和完善农村基本经营制度和社会主义基本经济制度，推进乡村全面振兴，加快建设农业强国，促进共同富裕，根据宪法，制定本法。

▶理解与适用

[立法目的]

立法目的是制定法律的目标和宗旨。本法的立法目的，主要包括以下几个方面：一是维护农村集体经济组织及其成员的合法权益。作为规范农村集体经济组织的专门立法，确认、实现和保障农村集体经济组织及其成员的合法权益，应当成为首要的立法目的。二是规范农村集体经济组织及其运行管理。通过立法对农村集体经济组织的机构、运行和内部治理等作出规

---

① 条文主旨为编者所加，下同。

定，予以规范。三是促进新型农村集体经济高质量发展。巩固和完善农村基本经营制度，发展新型农村集体经济，是党的二十大作出的重大决策部署，通过专门立法，有利于构建支撑新型农村集体经营体系的制度体系。四是巩固和完善农村基本经营制度和社会主义基本经济制度。集体所有制经济是社会主义公有制经济的重要组成部分，农村集体经济组织是社会主义公有制经济在农村的重要实现形式。专门立法有利于巩固两项"基本"制度。五是推进乡村全面振兴。党的二十大提出全面推进乡村振兴。通过专门立法提供法治保障，有利于推动产业振兴、人才振兴、文化振兴、生态振兴、组织振兴。六是加快建设农业强国。建设供给保障强、科技装备强、经验体系强、产业韧性强、竞争能力强的农业强国，需要更加完善的法治保障。七是促进共同富裕。农村集体经济组织在促进农民、农村共同富裕方面发挥着重要作用，通过立法有利于促进农村集体经济的持续发展和农民共同富裕。以上几个方面的立法目的相互联系，有机统一。

[宪法依据]

宪法是国家的根本大法，是治国安邦的总章程。我国宪法规定："中华人民共和国的社会主义经济制度的基础是生产资料的社会主义公有制，即全民所有制和劳动群众集体所有制。""农村集体经济组织实行家庭承包经营为基础、统分结合的双层经营体制。""国家保护城乡集体经济组织的合法的权利和利益，鼓励、指导和帮助集体经济的发展。"本法遵循宪法确定的基本精神和基本原则，是宪法实施的重要体现，将宪法关于农村集体经济组织的规定具体化。

▶条文参见

《宪法》第6条、第8条；《民法典》第96条、第99条；《农民专业合作社法》第1条

第二条　概念和类型

本法所称农村集体经济组织，是指以土地集体所有为基础，依法代表成员集体行使所有权，实行家庭承包经营为基础、统分结合双层经营体制的区域性经济组织，包括乡镇级农村集体经济组织、村级农村集体经济组织、组级农村集体经济组织。

▶理解与适用

[农村集体经济组织概念]

理解农村集体经济组织的概念，需要把握好以下几个方面：一是以土地集体所有为基础。土地作为农村最为核心的生产资料，土地集体所有制从根本上保障了农村经济发展的公平性与稳定性，是农村集体经济组织得以存续和发展的根本所在。土地集体所有的属性，是农村集体经济组织与农民专业合作社等经济组织的重要区别。二是依法代表成员集体行使所有权。土地集体所有的前提决定，农村集体经济组织应当依法代表成员集体行使土地和其他相关财产的所有权，这是农村集体经济组织的重要职责。三是实行家庭承包经营为基础、统分结合双层经营体制。家庭承包经营层面，将集体土地以家庭为单位承包给农户，使农户拥有相对独立的土地经营权，能够根据自身实际情况安排农业生产活动。统分结合要求农村集体经济组织发挥统一管理与服务的职能，同时发挥农户在生产经营上的自主性，并根据市场变化灵活调整生产策略。四是区域性经济组织。农村集体经济组织是以特定区域的土地集体所有为基础设立的，具有典型的区域性。不同的农村集体经济组织之间通常有明确的地域边界，如村级农村集体经济组织以村的土地为界。区域性是影响农村集体经济组织成员身份、资产流动的重要因素。

[农村集体经济组织类型]

农村集体经济组织包括三种类型：一是乡镇级农村集体经济组织。乡镇级农村集体经济组织通常在较大区域范围内整合资源，发挥统筹协调作用，如推动跨村的大型农业项目建设等。二是村级农村集体经济组织。村级农村集体经济组织以行政村为范围，直接对接本村村民，负责管理本村范围内的集体资产，包括土地、村办企业、公共设施等，在贯彻落实上级政策、组织本村农业生产、管理本村集体资产、开展集体经营活动、发展壮大村级集体经济等方面承担着重要责任，是连接乡镇级与组级农村集体经济组织的关键纽带。三是组级农村集体经济组织。组级农村集体经济组织，通常对应着村民小组一级，是农村集体经济组织体系中的最基层单元，在一些地区对本小组内的土地等资源拥有更直接的管理权限。不同层级的农村集体经济组织在职能上既有侧重又相互关联，共同构成了农村集体经济组织体系。

▶条文参见

《宪法》第8条；《民法典》第55条；《乡村振兴促进法》第5条；《村民委员会组织法》第8条；《农村土地承包法》第1条

第三条 地位和功能

农村集体经济组织是发展壮大新型农村集体经济、巩固社会主义公有制、促进共同富裕的重要主体，是健全乡村治理体系、实现乡村善治的重要力量，是提升中国共产党农村基层组织凝聚力、巩固党在农村执政根基的重要保障。

▶理解与适用

［经济功能］

在经济功能方面，农村集体经济组织根据对集体土地、资产的统筹调配权，能有效整合各类生产要素，推动农业产业规模化、现代化、市场化。比如，依托当地特色农产品资源，引入先进的种植技术与加工设备，提升产品附加值。同时，通过开展土地流转、集体资产入股等经营活动，吸引社会资本投入，激活农村集体资源，巩固社会主义公有制在农村经济领域的主体地位。此外，通过科学合理的经营管理，保障广大农民群众对生产资料的共同占有权，确保集体资产的安全与增值，促进共同富裕。

［治理功能］

在治理功能方面，农村集体经济组织是健全乡村治理体系、实现乡村善治的重要力量。农村集体经济组织拥有一定的经济基础，为乡村公共服务和基础设施建设提供物质支撑，比如利用集体收益支撑村庄道路修建、水利设施完善、环境卫生整治、教育医疗设施改善等公共事业，提升农村居民的生活质量，增强村民对村庄的归属感和认同感。同时，农村集体经济组织在协调村民利益关系、化解农村社会矛盾方面也具有不可替代的作用，如在集体资产经营管理、收益分配等重大事项决策过程中，通过民主程序，广泛征求成员意见，充分保障成员的知情权、参与权和决策权，能够有效避免因利益分配不均引发的矛盾冲突，维护农村社会的和谐稳定。

［政治功能］

在政治功能方面，农村集体经济组织是提升中国共产党农村基层组织凝聚力、巩固党在农村执政根基的重要保障。农村集体经济组织的发展状况关系农民群众的切身利益，关系党在农村的群众基础。农村集体经济组织带领农民实现增收致富，改善农村生活环境,能显著增强农民群众对党的认同感与归属感。农村集体经济组织的健康发展,为农村基层党组织开展工作提供了坚实的物质基础与群众基础。很多农村地区的农村集体经济组织在党组织的带领下,积极创办集体企业、开发乡村旅游项目等,使农民收入大幅提高,村庄面貌显著改观,有效提升了农村基层党组织的威望,增强了党组织的凝聚力与战斗力,使得党在农村的执政根基更加稳固。

▶条文参见

《宪法》第6条;《乡村振兴促进法》第42条

第四条　基本原则

> 农村集体经济组织应当坚持以下原则:
> (一)坚持中国共产党的领导,在乡镇党委、街道党工委和村党组织的领导下依法履职;
> (二)坚持社会主义集体所有制,维护集体及其成员的合法权益;
> (三)坚持民主管理,农村集体经济组织成员依照法律法规和农村集体经济组织章程平等享有权利、承担义务;
> (四)坚持按劳分配为主体、多种分配方式并存,促进农村共同富裕。

▶理解与适用

[党的领导]

《宪法》第1条中规定,中国共产党领导是中国特色社会主义最本质的特征。农村集体经济组织的建立和发展,离不开党的领导。乡镇党委、街道党工委和村党组织肩负着将党的路线方针政策贯彻落实到农村基层的重任。在实际工作中,党组织发挥政治优势,协调各方资源,为农村集体经济组织的发展创造良好的外部环境，引导农村集体经济组织吸纳优秀人才，提升管理水平与创新能力。在监督农村集体经济组织依法依规运行方面，党组织也发挥着关键作用，为防范各类违规操作与腐败行为，保障集体资产的安全与增值提供组织保障。因此，本条规定，农村集体经济组织应当坚持中国共产党的领导，在乡镇党委、街道党工委和村党组织的领导下依法履职。

[集体所有]

社会主义集体所有制是农村集体经济组织的根本制度基石，决定农村集体经济组织的性质与发展方向。农村集体经济组织所掌控的土地、资产等生产资料归集体成员共同所有，这是社会主义公有制在农村的具体体现。坚持这一所有制，能够确保农村经济发展成果惠及广大农民群众，避免因私有制导致的贫富分化与资源垄断。维护集体及其成员的合法权益是坚持社会主义集体所有制的核心任务，也是农村集体经济组织运行和发展的基本原则。因此，本条规定农村集体经济组织应当坚持社会主义集体所有制，维护集体及其成员的合法权益。比如，依据相关法律法规，对集体资产进行全面清查与登记，防止集体资产被侵占、挪用或流失。在土地征收、集体资产处置等涉及成员重大利益的事项中，严格按照法定程序，充分保障成员的知情权、参与权与决策权。

[民主管理]

民主管理是农村集体经济组织健康发展的内在要求与重要保障。成员依法依规平等参与组织的管理决策，体现了社会主义民主在农村基层的生动实践。因此本条规定，农村集体经济组织应当坚持民主管理，农村集体经济组织成员依照法律法规和农村集体经济组织章程平等享有权利、承担义务。在保障成员享有权利方面，通过召开成员大会或成员代表大会等形式，对组织的重大事项进行决策。比如，成员大会由具有完全民事行为能力的全体成员组成，有权对组织章程的制定与修改、集体经济发展规划、收益分配方案等关键事项作出决定。遵循一人一票的表决方式，充分保障每个成员的平等话语权。同时，通过理事会负责日常经营管理，监事会对理事会的工作进行监督，确保各项决策与管理活动依法依规进行。此外，成员在享有参与民主决策、监督管理等权利的同时，也需履行遵守组织章程、维护集体利益等义务。

[分配原则]

按劳分配为主体、多种分配方式并存的分配制度，是我国社会主义基本经济制度的重要组成部分。按劳分配充分体现了劳动者的劳动贡献与所得之间的紧密联系，能够有效调动农民的生产积极性与创造性。在农村集体经济组织的生产经营活动中，成员通过辛勤劳动参与农业生产、集体企业经营等活动，根据其劳动的数量与质量获得相应的报酬，多劳多得，少劳少得，有利于激发成员劳动热情，提高生产效率。同时，为适应市场经济发展与农村经济多元化的趋势，农村集体经济组织还采用多种分配方式并存的模式。比如，通过土地流转、集体资产入股等形式，成员可以获得租金、股息、红利等财产性收入；对于一些具有专业技能或管理才能的成员，农村集体经济组织会给予相应的技术、管理要素分配，以吸引和留住人才。通过多元化分配方式，拓宽农民增收渠道，让各类生产要素在农村经济发展中充分发挥作用，实现经济发展与农民增收的良性互动，逐步缩小成员之间的收入差距，促进农村共同富裕。

▶条文参见

《宪法》第1条、第5条、第6条、第8条、第17条；《乡村振兴促进法》第4条、第42条、第43条、第44条

第五条 农村集体经济组织的职能

农村集体经济组织依法代表成员集体行使所有权，履行下列职能：

（一）发包农村土地；

（二）办理农村宅基地申请、使用事项；

（三）合理开发利用和保护耕地、林地、草地等土地资源并进行监督；

（四）使用集体经营性建设用地或者通过出让、出租等方式交由单位、个人使用；

（五）组织开展集体财产经营、管理；

（六）决定集体出资的企业所有权变动；

（七）分配、使用集体收益；

（八）分配、使用集体土地被征收征用的土地补偿费等；

（九）为成员的生产经营提供技术、信息等服务；

（十）支持和配合村民委员会在村党组织领导下开展村民自治；

（十一）支持农村其他经济组织、社会组织依法发挥作用；

（十二）法律法规和农村集体经济组织章程规定的其他职能。

▶ 理解与适用

[发包农村土地]

农村集体经济组织在发包农村土地过程中，担负重要职责。根据农村土地承包法等规定，农村集体经济组织成员有权依法承包由本集体经济组织发包的农村土地。农民集体所有的土地依法属于村农民集体所有的，由村集体经济组织或者村民委员会发包；已经分别属于村内两个以上农村集体经济组织的农民集体所有的，由村内各该农村集体经济组织或者村民小组发包。村集体经济组织或者村民委员会发包的，不得改变村内各集体经济组织农民集体所有的土地的所有权。国家所有依法由农民集体使用的农村土地，由使用该土地的农村集体经济组织、村民委员会或者村民小组发包。在土地承包过程中，农村集体经济组织要开展一系列工作，比如提前将发包土地的位置、面积、用途、承包期限及承包条件等信息向全体成员公示，广泛征求意见。

[办理农村宅基地申请、使用事项]

成员申请宅基地时，农村集体经济组织需对申请人资格进行初步审查，依据当地宅基地分配政策及本组织成员的实际居住状况，判断其是否符合申请条件。符合无宅基地或现有宅基地面积未达标准且符合分户条件等情况，成员有资格提出申请。农村集体经济组织对选址进行实地勘查。审查通过后，将相关申请材料报送至乡镇人民政府审核，并协同有关部门完成后续的审批流程。

[合理开发利用和保护土地资源]

农村集体经济组织对耕地、林地、草地等土地资源拥有统筹管理的职责。在开发利用方面，需结合当地资源禀赋与实际需求，制定科学合理的资源利用规划。比如，针对耕地发展高效农业、特色农业，推广种植高附加值的经济作物、建设智能化温室大棚等提升耕地产出效益；针对林地适度开展林下经济，通过林下养殖、种植中药材等实现林地资源的综合利用；针对草地合理规划载畜量，发展生态畜牧业，避免过度放牧导致草地退化。在保护和监督管理方面，农村集体经济组织担负着重要职责，比如建立健全土地资源保护监督机制，定期巡查，制止成员及其他主体的非法占地、破坏耕地、滥砍滥伐等违法行为。

[集体经营性建设用地使用和管理]

农村集体经济组织有权依法使用集体经营性建设用地，在符合国土空间规划、产业政策等要求的基础上，可以自主决定利用集体经营性建设用地建设厂房、仓库、商业服务设施等，发展乡村工业、乡村旅游、农村电商等产业项目。此外，还可以将集体经营性建设用地通过出让、出租等市场化方式交由单位或个人使用。在出让、出租过程中，需要按照法定程序开展土地评估、编制出让方案，以及明确租赁期限、租金标准、用途限制等工作，确保经营性建设用地合法合规使用。。

[组织开展集体财产经营、管理]

集体财产涵盖固定资产、流动资产、无形资产等多种形式。在经营、管理过程中，农村集体经济组织首先要对集体财产进行清查与登记，建立详细台账，明确产权归属。对集体所有的房屋、机械设备等固定资产，需要制定合理的维护保养计划，定期进行检查与维修，确保资产正常运行。对现金、银行存款、应收账款等流动资产，加强财务管理，优化资金配置，提高资金使用效率。对专利权、商标权、著作权、土地使用权、非专利技术、商誉等无形资产，要充分挖掘其潜在价值，通过授权使用、转让等方式实现资产增值。实践中，有的农村集体经济组织通过成立专门的资产管理公司，对集体财产进行市场化运作，发挥集体财产的经济效益。

[决定集体出资的企业所有权变动]

集体出资的企业所有权变动时，农村集体经济组织作为出资人代表，拥有重要决策权。在决定企业所有权变动前，要对企业资产进行全面评估，准确核算净资产价值，通过召开成员大会或成员代表大会，说明企业所有权变动的原因、方式（如股权转让、企业兼并、破产清算等）、预期影响等信息，广泛听取意见。实践中，有的农村集体经济组织针对集体出资的企业存在经营管理困难等状况，通过评估与成员大会决议，将企业部分股权转让给当地大型农业企业，引入先进管理经验与资金，使集体企业获得更好发展，既保障了集体资产权益，又促进了企业发展。

[分配、使用集体收益]

集体收益分配与使用，直接关系到成员的切身利益。农村集体经济组织履行这项职能，要遵循公平、公正、合理的原则。首先，准确核算集体收益，包括经营收入、土地流转收入、投资收益、政府补贴等各项收入扣除成本、费用、税金后的余额。在分配前，制订详细的收益分配方案，明确分配依据、分配方式、分配比例等。分配依据通常结合成员对集体的贡献（如劳动投入、土地承包面积等）以及成员资格等因素确定。分配方式可采用现金分配、实物分配或二者结合的形式。

[分配、使用土地补偿费等]

在集体土地被征收征用的情况下，农村集体经济组织负责土地补偿费等相关费用的分配与使用管理。根据土地管理法等法律法规的规定，土地补偿费归农村集体经济组织所有，主要用于被征地农民的生产生活安置。农村集体经济组织收到土地补偿费后，要制订合理的分配使用方案，充分考虑被征地农民的实际需求，优先保障其基本生活、就业培训、社会保障等支出。实践中，土地补偿费一部分可直接分配给被征地农户，弥补其土地损失，另一部分可用于发展农村集体经济项目，为失地成员创造长期稳定的收入来源。

[提供技术、信息等服务]

在发展现代农业过程中，成员的生产经营需要农村集体经济组织的全方位支持。比如，在技术服务方面，农村集体经济组织可以开展各类农业技术培训活动，邀请农业专家、技术人员为成员传授种植养殖新技术、病虫害防治方法、农业机械操作技巧等知识，建立农业技术咨询热线，为成员解答生产过程中遇到的技术难题。在信息服务方面，可以收集整理农产品市场供求信息、价格走势、农业政策法规等资讯，通过微信群、宣传栏、广播等渠道及时传递给成员，为成员生产经营决策提供参考，比如在农产品销售旺季，向成员发布各地市场的农产品价格信息，帮助成员选择最佳销售时机与渠道，提高经济效益。

[支持和配合开展村民自治]

农村集体经济组织与村民委员会在基层治理方面虽然职能分工有所区别，但地位和作用相辅相成。村民委员会是村民自我管理、自我教育、自我服务的基层群众性自治组织，在村党组织领导下，承担着办理本村的公共事务和公益事业，调解民间纠纷，协助维护社会治安，向人民政府反映村民的意见、要求和提出建议等职责。农村集体经济组织支持和配合村民委员会在村党组织的领导下，开展村民自治工作。比如，在农村不少矛盾纠纷与集体资产、资源的使用分配相关，农村集体经济组织熟悉相关资产、资源的历史沿革和现实状况，在村民委员会调解此类纠纷时，农村集体经济组织可协助提供准确信息，还原事实真相，为纠纷调解提供依据，促使矛盾得到公正、合理解决。

[支持农村其他经济组织、社会组织依法发挥作用]

农村经济社会的发展需要多元主体共同参与。农村集体经济组织积极支持农村其他经济组织、社会组织依法开展活动、发挥作用，是一项重要的职责。比如，对于农民专业合作社，农村集体经济组织可通过土地、资金、技术等资源入股，与合作社开展合作经营，实现资源共享、优势互补。对于农村的志愿者协会、老年协会等各类社会组织，可以在场地使用、资金赞助等方面提供支持，比如将闲置的房屋免费提供给志愿者协会作为办公场所，提供一定资金用于开展关爱孤寡老人、留守儿童等公益活动，支持农村社会组织发展并发挥积极作用。

［其他职能］

除本条明确列举的11项职能外，农村集体经济组织还要履行法律法规和组织章程规定的其他职能。不同地区的农村集体经济组织根据自身实际情况，在组织章程中可能规定参与农村生态环境保护、推动农村教育事业发展、开展农村扶贫济困等职能。比如，在一些生态敏感地区，农村集体经济组织要组织成员开展植树造林、河流湖泊治理等生态保护活动，守护乡村生态环境。在一些经济欠发达农村，农村集体经济组织设立教育基金，资助家庭困难的学生完成学业，推动农村教育事业进步，等等。

▶典型案例指引

1. 杨某等人诉某县人民政府、某县朝歌街道办事处、某县朝歌街道办事处某村村民委员会违法占地及行政赔偿案（2020年12月14日耕地保护典型行政案例）

案件适用要点：本案是一起行政机关未取得审批手续强制占用农民承包地并清除地上农作物，侵犯农民土地承包经营权的典型案例。根据相关法律规定，国家基于公共利益需要，可以对集体土地实施征收，但必须遵循严格的土地征收与补偿程序。

实践中，部分行政机关为加快工作进度，在没有合法征地手续的情况下强行摧毁农民耕地上的农作物，属于违法行为。对于因强占土地引起的赔偿问题，本案明确了在具备恢复原状条件的情况下，应当优先适用恢复原状的判决方式，将土地恢复至能够耕种的状态并予以返还的原则，对于从根本上保护耕地，具有积极的借鉴意义。

2. 某市某纺织品有限公司诉某省某市自然资源局行政处罚案（2020年12月14日耕地保护典型行政案例）

案件适用要点：本案明确了违法占地行为的认定，并非仅以当事人是否拥有合法的土地流转手续为准，而是要结合当事人使用土地是否依法办理批准手续、是否改变土地的农业用途等因素。本案中，某公司虽主张其享有涉案土地的土地承包经营权，但其所占用土地为耕地及耕地以外的其他农用地，土地承包经营权人应按照土地的用途依法、依规使用土地，而不得擅自改变土地的农业用途。

▶ 条文参见

《民法典》第261条、第330条、第331条；《农村土地承包法》第2条、第3条、第5条、第13条、第14条、第15条；《土地管理法》第4条、第13条、第63条、第66条、第82条；《村民委员会组织法》第5条、第10条、第24条、第27条、第36条；《乡村振兴促进法》第42条、第55条；《黑土地保护法》第17条

第六条 特别法人资格

农村集体经济组织依照本法登记，取得特别法人资格，依法从事与其履行职能相适应的民事活动。

农村集体经济组织不适用有关破产法律的规定。

农村集体经济组织可以依法出资设立或者参与设立公司、农民专业合作社等市场主体，以其出资为限对其设立或者参与设立的市场主体的债务承担责任。

▶ 理解与适用

[特别法人资格]

根据民法典规定，农村集体经济组织法人与机关法人、城

镇农村的合作经济组织法人、基层群众性自治组织法人一样，是特别法人，依法取得法人资格。本条规定，农村集体经济组织依照本法登记，取得特别法人资格，依法从事与其履行职能相适应的民事活动，从法律层面赋予农村集体经济组织明确的法人地位。农村集体经济组织成员大会表决通过本农村集体经济组织章程、确认本农村集体经济组织成员、选举本农村集体经济组织理事会成员、监事会成员或者监事后，向县级以上地方人民政府农业农村主管部门申请登记。经审核通过后，农村集体经济组织便可取得农村集体经济组织登记证书，正式获得特别法人资格。获得特别法人资格后，可以在市场经济活动中，以独立的法律主体身份开展与履行其职能相适应的民事活动，比如在土地资源利用方面，依法与农业企业签订土地流转合同，将集体土地出租给企业用于规模化农业种植等。

[不适用破产法律规定]

不适用有关破产法律的规定，这是由农村集体经济组织的特殊性质与功能定位所决定的。农村集体经济组织承载着保障农民基本生活、维护农村社会稳定以及推动农村经济可持续发展的多重使命，其资产构成以集体土地等资源性资产为主，土地对于农民而言，不仅是重要的生产资料，更是基本生活保障的依托。如果适用破产法律，一旦农村集体经济组织破产，集体土地等资产就可能面临被处置的风险，将直接危及农民的生存权益，引发农村社会的不稳定。此外，农村集体经济组织在农村社会治理、公共服务提供等方面也发挥着关键作用，如果适用破产，农村的公共服务供给将陷入困境，严重影响农村社会的正常运转。因此，农村集体经济组织不适用破产法律规定，有助于在相对稳定的环境中，持续发挥其在农村经济社会发展中的积极作用。

[参与市场主体设立]

农村集体经济组织依法出资设立或者参与设立公司、农民专业合作社等市场主体，是其拓展发展空间、优化资源配置的有效途径。出资或者参与设立公司需要依据公司法等相关法律法规，履行相应的法定程序，明确出资方式、出资比例、股权分配等事项，确定公司的组织架构、经营范围、议事规则等内容，依法办理工商登记注册手续。农村集体经济组织还可以发挥自身资源优势，以集体土地入股，农民以劳动力、技术等要素入股，与农民共同组建专业合作社，共同开展农业生产经营活动。在责任承担方面，农村集体经济组织以其出资为限，对其设立或者参与设立的市场主体的债务承担责任，也就是其出资设立或参与的公司、农民专业合作社在经营过程中出现债务等问题，农村集体经济组织在其出资范围内承担债务清偿责任，不涉及农村集体经济组织的其他集体财产，这有利于保障集体财产的安全性，降低市场经营风险对农村集体经济组织的冲击。

▶条文参见

《民法典》第96条至第101条

第七条 从事经营管理和服务活动的要求和义务

农村集体经济组织从事经营管理和服务活动，应当遵守法律法规，遵守社会公德、商业道德，诚实守信，承担社会责任。

▶理解与适用

[遵守法律法规]

农村集体经济组织从事经营管理和服务活动，应当遵守法律法规。这是从事经营管理与服务活动的基本要求。比如，在土地资源利用方面，要严格遵守土地管理法、农村土地承包法法律法规规定。在财务管理与税收方面，要依照会计法和有关法规采取的制度，建立健全规范的财务管理制度，确保财务信息真实、完整、准确；严格遵守税收法律法规，依法履行纳税义务，按时申报纳税，不得偷税、漏税、逃税。在参与市场经营活动方面，要遵守公司法、民法典等相关法律，规范合同签订、履行与纠纷处理等行为，维护市场经济秩序。

[遵守社会公德和商业道德]

遵守社会公德与商业道德，是塑造良好组织形象的内在要求。社会公德方面，在开展经营管理与服务活动时，要充分考虑对农村社区环境、居民生活的影响，比如在进行乡村产业项目开发时，注重生态环境保护，避免因过度开发造成环境污染、生态破坏等问题。在发展乡村旅游项目时，应合理规划建设旅游设施，确保不破坏乡村自然风貌与生态系统，同时妥善处理旅游活动过程中产生的垃圾、污水等废弃物，维护乡村良好的生态环境与生活秩序。商业道德方面，在与外部企业、单位进行合作时，要依靠自身产品质量、服务水平与创新能力获取竞争优势，杜绝采用不正当竞争手段，如恶意低价倾销、诋毁竞争对手等行为。在与供应商、客户的业务往来中，严格履行合同约定，按时支付货款、交付产品或提供服务，树立良好的商业信誉。

[诚实守信]

诚实守信是构建信任关系的基础。在集体收益分配、项目决策等关键事项上，要做到信息公开透明，诚实守信。组织内部的诚实守信，在制订集体收益分配方案时，依据法律法规与组织章程，充分考虑成员的贡献与实际需求，公平合理地确定分配方式与比例。在涉及重大投资项目、资产处置等决策时，确保成员能够基于充分信息参与决策，不得隐瞒关键信息或误导成员。组织外部的诚实守信，在签订经济合同、开展合作项目,以及进行资金借贷等活动中,要严格遵守约定,按时履行义务。

[承担社会责任]

农村集体经济组织作为农村经济社会发展的重要力量,肩负着相应的社会责任。除促进农村就业与农民增收外,农村集体经济组织还应积极参与农村公益事业建设,利用集体收益修建村庄道路、桥梁,改善水电设施,建设文化广场、图书馆等公共设施,提升农村居民的生活质量。在农村教育、医疗等社会事业发展中,应当发挥积极作用,通过设立教育基金资助贫困学生完成学业、支持农村医疗卫生机构建设等形式,为农村居民提供更好的教育、医疗服务。在应对自然灾害、突发事件等方面,农村集体经济组织应当组织成员开展自救互救,提供必要的物资援助,为维护农村社会稳定、保障村民生命财产安全贡献力量。

▶条文参见

《民法典》第7条、第8条;《农民专业合作社法》第8条

第八条 权益保护

国家保护农村集体经济组织及其成员的合法权益,任何组织和个人不得侵犯。

农村集体经济组织成员集体所有的财产受法律保护,任何组织和个人不得侵占、挪用、截留、哄抢、私分、破坏。

妇女享有与男子平等的权利,不得以妇女未婚、结婚、离婚、丧偶、户无男性等为由,侵害妇女在农村集体经济组织中的各项权益。

▶理解与适用

[组织及成员合法权益保护]

维护农村集体经济组织及其成员的合法权益，是本法的重要立法目的。农村集体经济组织在农村经济社会发展中扮演着重要角色，组织和成员的合法权益涉及多个方面，如依法对集体财产的占有、使用、收益及处分权，在开展经营管理活动中的自主决策权，以及参与市场竞争的平等权等。本条规定，国家保护农村集体经济组织及其成员的合法权益，任何组织和个人不得侵犯。比如，在土地资源利用方面，农村集体经济组织依法依规对集体土地进行发包、流转等操作时，其合法权益受到法律严格保护，任何组织和个人不得非法干涉，这能够确保土地资源能够在合法前提下实现增值，为农村集体经济发展奠定基础。

[集体财产保护]

农村集体经济组织成员集体所有的财产，包含集体所有的自然资源，以及流动资产、固定资产、无形资产等。这些财产是农村集体经济组织发展的物质基础，更是全体成员共同利益的体现。民法典、土地管理法等法律均对集体财产保护作出规定，在法律实施过程中，各地要加强对集体资产的清查、登记与监管，建立详细的资产台账，明确产权归属，对资产动态进行实时监测。一旦发现有组织或个人存在侵占集体土地、挪用集体资金等违法行为，将依法追究其法律责任，切实维护集体财产的安全。

[妇女权益保护]

男女平等是我国宪法规定的一项基本原则，在农村集体经济组织中，妇女享有与男子平等的权利。根据本条规定，不得以妇女未婚、结婚、离婚、丧偶、户无男性等为由，侵害妇女在农村集体经济组织中的各项权益。受传统观念影响，部分农村地区存在歧视妇女、侵害妇女在集体经济组织中权益的现象，如在土地承包、集体收益分配、宅基地申请等方面对妇女设置不合理限制。对此，妇女权益保障法明确规定，农村划分责任田、口粮田等，以及批准宅基地，妇女与男子享有平等权利，不得侵害妇女的合法权益；妇女结婚、离婚后，其责任田、口粮田、宅基地等，应当受到保障。本法进一步加强了对农村妇女权益的保障，比如其明确规定农村集体经济组织成员结婚，未取得其他农村集体经济组织成员身份的，原农村集体经济组织不得取消其成员身份；农村集体经济组织成员代表大会应当"有适当数量的妇女代表"，从成员资格认定、参与决策管理等多方面保障妇女权益，确保农村妇女能够平等参与农村集体经济发展，共享发展成果，促进农村社会的公平与和谐。

▶典型案例指引

1. 吴小某、黄某甲诉吴大某等分家析产纠纷案——农村宅基地动迁 离婚妇女权益须保障（上海市高级人民法院、上海市妇女联合会联合发布8起维护家庭权益优秀案例之二）

案件适用要点：妇女离婚后，其对男方宅基地依法应当享有的房屋权益及土地权益不因离婚而丧失。在涉及宅基地动拆迁时，男方家庭无权在离婚妇女未参与的情况下以家庭内部协议的方式擅自处分离婚妇女所应分得的拆迁利益，男方家庭擅自分割的，离婚妇女仍可要求重新分配以保障其合法权益。宅基地中所涉未成年人的权益也遵循同样的处理原则，夫妻双方离婚后，不直接抚养子女的一方，在未经过直接抚养方委托的情况下，对于未成年人的利益不能基于家事代理或亲缘代理进行处分，擅自处分的，未成年人同样可要求重新分配。本案系妇女离婚后，其本人及子女农村土地、房屋权益受侵害的典型案例。本案审理中，法院贯彻《农村集体经济组织法》《妇女权益保障法》的精神，在农村宅基地动拆迁过程中，让农村妇女"证上有名、名下有权"，保障农村离婚妇女的合法权益，切实解决农村妇女急难愁盼的问题。通过审理一案，治理一片的方式，完善农村妇女的土地权益保护机制，践行男女平等的基本国策，提升妇女儿童的获得感、幸福感、安全感。

2. 彭某甲与彭某乙及村委会土地承包经营权纠纷案——保护"外嫁女"合法土地权益（湖北省宜昌市中级人民法院、宜昌市妇女联合会联合发布8起维护妇女儿童合法权益典型案例之七）

案件适用要点：农村"外嫁女"的权益保护一直是需要关注和着力解决的问题。《妇女权益保障法》第55条第1款规定，妇女在农村集体经济组织成员身份确认、土地承包经营、集体经济组织收益分配、土地征收补偿安置或者征用补偿以及宅基地使用等方面，享有与男子平等的权利。第56条规定，涉及村民利益事项的决定，不得以妇女未婚、结婚、离婚、丧偶、户无男性等为由，侵害妇女在农村集体经济组织中的各项权益。《农村集体经济组织法》于2025年5月1日施行，其中第8条也吸收了上述内容，明确保障妇女在集体经济组织中的各项权益不得被区别对待。本案中，人民法院结合户籍、土地承包经营权、权利义务关系等综合认定，确保"外嫁女"的土地权益不落空，对充分保障农村妇女的合法权益具有重要意义。

▶条文参见

《民法典》第3条、第4条；《妇女权益保障法》第55条、第56条、第75条、第77条

第九条　支持措施

国家通过财政、税收、金融、土地、人才以及产业政策等扶持措施，促进农村集体经济组织发展，壮大新型农村集体经济。

国家鼓励和支持机关、企事业单位、社会团体等组织和个人为农村集体经济组织提供帮助和服务。

对发展农村集体经济组织事业做出突出贡献的组织和个人，按照国家规定给予表彰和奖励。

▶ 理解与适用

[国家扶持措施]

国家采取扶持措施，促进农村集体经济组织发展，壮大新型农村集体经济，主要体现在以下几个方面：一是财政扶持。积极发挥财政资金的引导与支持作用，支持农村集体经济组织开展各类产业项目，通过财政贴息政策，鼓励农村集体经济组织申请银行贷款用于产业发展，减轻其融资成本压力。二是税收优惠。对农村集体经济组织从事特定农业生产经营活动给予税收减免，如对销售自产农产品免征增值税，对从事农、林、牧、渔业项目的所得依法减免企业所得税。三是金融扶持。金融机构在国家政策引导下，加大对农村集体经济组织的信贷投放力度，针对农村集体经济组织发展的资金需求特点，开发土地经营权抵押贷款、集体资产股权质押贷款等特色信贷产品等。政府通过设立农业信贷担保机构，为农村集体经济组织贷款提供担保服务，降低金融机构信贷风险。四是土地政策。在符合国土空间规划和用途管制要求的前提下，国家为农村集体经济组织产业发展提供土地支持。农村集体经济组织可依法使用集体经营性建设用地，用于发展乡村工业、乡村旅游、农村电商等产业项目。五是人才支撑。国家通过实施各类人才下乡政策，引导和鼓励高校毕业生、专业技术人才、返乡创业人员投身农村集体经济组织发展，并加强对农村集体经济组织成员的培训，提升成员的生产技能与经营管理能力，为农村集体经济组织发展提供人才保障。六是产业政策扶持。国家根据不同地区的资源禀赋与产业基础，制定差异化的产业发展规划，引导农村集体经济组织因地制宜发展特色产业，比如在具有传统手工艺特色的农村，推动农村集体经济组织发展手工制品产业，传承和弘扬地方文化。此外，国家还通过产业引导基金、产业补贴等方式，培育农村经济新的增长点，促进农村产业融合发展。

[帮助和服务]

国家鼓励和支持机关、企事业单位、社会团体等组织和个人为农村集体经济组织提供帮助和服务。比如，机关单位通过制定和实施相关政策，协调各方资源，组织开展政策宣讲活动，指导合理利用政策资源，推动落实财政扶持资金等，为农村集体经济组织创造良好的发展环境。农业企业可以通过订单农业、土地流转、入股分红等方式，与农村集体经济组织开展合作，实现资源共享、优势互补。企业还可利用自身的资金、技术、市场渠道等优势，投资农村产业项目。各类行业协会、商会等社会团体，可以组织会员单位为农村集体经济组织提供技术培训、信息咨询、市场营销等服务。比如，农产品行业协会通过举办农产品展销会、电商直播培训等活动，帮助农村集体经济组织拓展农产品销售市场，提升品牌知名度。慈善组织可通过捐赠资金、物资等方式，支持农村集体经济组织开展公益事业。个人方面，返乡创业人员可以凭借在外积累的经验与资金，参与农村集体经济组织产业项目开发，带动村民共同致富；农业专家、技术能手则可通过技术指导、技术入股等方式，提供专业技术支持。

[表彰和奖励]

对发展农村集体经济组织事业做出突出贡献的组织和个人，按照国家规定给予表彰和奖励。对于在推动农村集体经济组织产业发展、集体资产管理、成员权益保障等方面取得显著成效的组织，国家通过授予荣誉称号、颁发奖牌证书、给予资金奖励等方式进行表彰。对做出突出贡献的个人，包括带领组织实现资产增值、成员增收的理事长、理事会成员，为农村集体经济组织提供关键技术支持的农业专家、技术人员，带动农村集体经济组织发展特色产业，解决村民就业的返乡创业人员等，国家通过评选表彰，赋予荣誉称号，给予物质奖励。通过表彰奖励，在全社会营造关心支持农村集体经济组织发展的良好氛围，形成全社会共同参与、推动农村集体经济组织事业蓬勃发展的强大合力。

▶条文参见

《农民专业合作社法》第10条

第十条 管理体制和职责

国务院农业农村主管部门负责指导全国农村集体经济组织的建设和发展。国务院其他有关部门在各自职责范围内负责有关的工作。

县级以上地方人民政府农业农村主管部门负责本行政区域内农村集体经济组织的登记管理、运行监督指导以及承包地、宅基地等集体财产管理和产权流转交易等的监督指导。县级以上地方人民政府其他有关部门在各自职责范围内负责有关的工作。

乡镇人民政府、街道办事处负责本行政区域内农村集体经济组织的监督管理等。

县级以上人民政府农业农村主管部门应当会同有关部门加强对农村集体经济组织工作的综合协调，指导、协调、扶持、推动农村集体经济组织的建设和发展。

　　地方各级人民政府和县级以上人民政府农业农村主管部门应当采取措施，建立健全集体财产监督管理服务体系，加强基层队伍建设，配备与集体财产监督管理工作相适应的专业人员。

▶理解与适用

[国家层面]

　　主要有两个方面：一是国务院农业农村主管部门负责指导全国农村集体经济组织的建设和发展。根据机构职责规定，农业农村部的具体职责包括：统筹研究和组织实施以乡村振兴为重心的"三农"工作发展战略、中长期规划、重大政策，统筹推动发展农村社会事业、农村公共服务、农村文化、农村基础设施和乡村治理，负责农民承包地、农村宅基地、农村集体产权制度改革和管理有关工作，负责指导乡村特色产业、农产品加工业、休闲农业和乡镇企业发展工作等，"指导全国农村集体经济组织的建设和发展"是履行相关职责的应有之义。二是国务院其他有关部门在各自职责范围内负责有关的工作。比如，国家发展改革部门通过规划实施、项目审批等，为农村集体经济组织的重大项目建设提供政策支持；财政部门从资金保障角度出发，安排专项财政资金，用于扶持农村集体经济组织的产业发展、人才培养等关键领域等。

[地方层面]

　　主要包括两个方面：一是县级以上地方人民政府农业农村主管部门负责本行政区域内农村集体经济组织的登记管理、运行监督指导以及承包地、宅基地等集体财产管理和产权流转交易等的监督指导。登记管理，主要是对农村集体经济组织的设立、变更、注销等登记事项进行审核把关，确保主体资格合法合规。运行监督指导，主要是对财务收支、资产运营、收益分配等经营管理活动进行监督检查，确保组织健康有序运行。此外，对承包地、宅基地等集体财产管理的监督指导主要是，监督农村集体经济组织规范开展土地发包、宅基地分配等工作，维护农民的土地权益；对产权流转交易的监督指导，主要是规范交易流程，为集体资产、资源流转交易提供公开、公平、公正的环境。二是县级以上地方人民政府其他有关部门在各自职责范围内负责有关工作。主要包括地方政府的发展改革、财政、自然资源等部门各司其职。比如，地方政府自然资源部门在集体土地利用规划、建设用地审批等方面给予专业支持，规范农村集体经济组织合理利用土地资源，发展相关产业。

[乡镇政府、街道办事处]

乡镇人民政府、街道办事处对本行政区域内农村集体经济组织的监督管理工作较为直接，有利于深入了解农村集体经济组织的实际运行情况，掌握组织发展过程中面临的困难与问题，监督农村集体经济组织依法依规开展经营管理活动，确保组织决策程序合法、透明。比如，在农村集体经济组织重大项目决策过程中，乡镇人民政府、街道办事处指导其召开成员大会或成员代表大会，广泛征求成员意见。同时，乡镇人民政府、街道办事处积极协调各方资源，为农村集体经济组织的发展提供便利条件，如协助解决项目建设过程中的土地纠纷、基础设施配套等问题。

[综合协调]

农村集体经济组织的监督、管理和服务等涉及多个方面的工作，应当加强综合协调。本法规定，县级以上人民政府农业农村主管部门应当会同有关部门加强对农村集体经济组织工作的综合协调，指导、协调、扶持、推动农村集体经济组织的建设和发展。比如，在推动农村集体经济组织产业发展过程中，农业农村主管部门与发展改革、自然资源、市场监管等部门密切配合，为产业项目的落地实施提供土地保障、市场监管等全方位服务。通过综合协调机制，打破部门间的壁垒，实现信息共享、资源共享，推动农村集体经济组织持续健康发展。

[服务保障]

地方各级人民政府和县级以上人民政府农业农村主管部门应当采取措施，加强对农村集体经济组织的服务保障。一是建立健全集体财产监督管理服务体系。比如，通过建设集体资产信息管理平台，使相关部门能够随时掌握资产的变动情况，为科学决策提供精准的数据支撑；农业农村主管部门需联合财政、审计、自然资源等多部门建立集体财产监督的协同机制，形成监督合力。二是加强基层队伍建设，配备与集体财产监督管理工作相适应的专业人员。比如，加大专业人才引进力度，鼓励高校农林经济管理、财务管理、审计等相关专业的毕业生投身农村集体经济组织集体财产监督管理工作。招聘具有丰富财务工作经验、熟悉农村经济情况的专业人士，将其充实到基层监督管理队伍中，提升工作的专业性与效率。定期组织针对基层集体财产监督管理人员的业务培训，提升其业务能力与综合素质。在人员配备方面，根据农村集体经济组织的规模大小、资产复杂程度以及监管工作的实际需求，合理确定人员编制。

▶条文参见

本法第63条、第65条；《乡村振兴促进法》第10条、第11条；《农村土地承包法》第12条

第二章 成　员

第十一条　成员条件和范围

户籍在或者曾经在农村集体经济组织并与农村集体经济组织形成稳定的权利义务关系，以农村集体经济组织成员集体所有的土地等财产为基本生活保障的居民，为农村集体经济组织成员。

▶ 理解与适用

［户籍条件］

农村集体经济组织成员的界定至关重要，需要遵守严谨且全面的规则。明确成员条件和范围对于维护集体经济组织稳定和健康发展、保障组织及其成员合法权益具有重要意义。户籍条件是首要条件。户籍在农村集体经济组织，是指个人与集体在地域身份上存在紧密联系，与集体土地等财产紧密关联，参与集体生产生活。"曾经在农村集体经济组织"兼顾历史原因。比如，因各种复杂原因，部分人员户籍虽已迁出，但长期与集体经济组织形成稳定的权利义务关系，并以集体土地等财产作为基本生活保障，从集体分配中获取生活资源，为集体发展贡献力量，就具备农村集体经济组织成员资格。

［稳定权利义务关系］

"与农村集体经济组织形成稳定的权利义务关系"是成员的重要判定标准。农村集体经济组织成员依法享有参与选举和被选举为成员代表等权利，以及对重大事项和重要事务进行表决，依法承包农村土地，参与分配集体收益，享受节日福利等权利。需要履行依法合理利用和保护集体土地等资源，参与和支持生产经营管理活动和公益活动，积极参与义务劳动、出资出力等义务。是否与农村集体经济组织形成稳定的权利义务关系,是界定成员身份需要重点考虑的因素之一。

[生活保障]

"以农村集体经济组织成员集体所有的土地等财产为基本生活保障"进一步明确了成员与集体财产的依存关系。土地作为农村最为重要的生产资料,是农民维持生计的重要资产,成员通过承包集体土地,从事农业种植、养殖等生产活动,收获农产品用于满足自身及家庭的生活需求,并通过农产品销售获取经济收入,保障日常生活开销。除土地外,集体所有的其他财产也在不同程度上为成员提供生活保障,比如集体所有的鱼塘,成员可通过承包养殖鱼类增加收入;集体建设的加工厂,为成员提供就业岗位,使其获取工资报酬,维持生活运转。以集体财产为基本生活保障的关系,是成员区别于其他群体的显著特征,也是判定成员资格的重要因素。

▶条文参见

《土地管理法》第47条;《农村土地承包法》第5条、第69条;《妇女权益保障法》第55条、第56条、第75条

第十二条　成员确认规则

农村集体经济组织通过成员大会,依据前条规定确认农村集体经济组织成员。

对因成员生育而增加的人员,农村集体经济组织应当确认为农村集体经济组织成员。对因成员结婚、收养或者因政策性移民而增加的人员,农村集体经济组织一般应当确认为农村集体经济组织成员。

确认农村集体经济组织成员,不得违反本法和其他法律法规的规定。

农村集体经济组织应当制作或者变更成员名册。成员名册应当报乡镇人民政府、街道办事处和县级人民政府农业农村主管部门备案。

　　省、自治区、直辖市人民代表大会及其常务委员会可以根据本法，结合本行政区域实际情况，对农村集体经济组织的成员确认作出具体规定。

▶理解与适用

　[确认程序和情形]

　　农村集体经济组织通过成员大会形式，严格依据相关法规规定，对农村集体经济组织成员予以确认。成员大会确认成员，应当经成员大会全体成员三分之二以上同意，通过严格的程序与表决比例，充分保障决策的科学性、民主性，切实维护农村集体经济组织及全体成员的合法权益。增加成员的情形主要有两类：一是因成员生育而增加的人员。根据人口自然繁衍的客观事实以及保障新生人口权益的需要，应当确认因成员生育而增加的人员为农村集体经济组织成员。此类成员自出生起就与集体土地等财产建立起潜在联系，依法享有集体成员的相关权益。二是对于因成员结婚、收养或者因政策性移民而增加的人员。对于此类人员，农村集体经济组织一般应当确认为成员。婚姻往往伴随着家庭成员的变动与融合，无论是嫁娶还是入赘，只要符合相关法律规定，且新成员在迁入后有意愿融入集体生活，与集体经济组织形成权利义务关系，就可以依法给予成员身份确认，以保障其在新集体中的生活权益与发展机会。比如，外村女子嫁入后，积极参与集体生产劳动，遵守集体章程，理应被确认为本村集体经济组织成员。依法收养的子女，其与收养家庭形成法律意义上的亲子关系，与农村集体经济组织产生关联，应纳入成员确认范畴。政策性移民是根据国家政策导向而产生的人口迁移行为，迁入新的农村集体经济组织所在地后，以集体土地等财产作为基本生活保障，农村集体经济组织依法接纳并确认其成员身份，帮助他们更好地融入新环境，共享集体经济发展成果。

[确认具体要求]

主要包括三个方面：一是严守法律要求。确认农村集体经济组织成员，不得违反本法和其他法律法规的规定。从资格审查到表决通过，都应当遵守本法和其他法律法规，不得因性别、民族等因素对成员进行歧视性对待，比如在确认女性成员资格时，要严格遵守妇女权益保障法等相关法律，保障妇女在农村集体经济组织中的平等地位与权益，确保其不因婚姻状况等因素而被非法剥夺成员身份。二是制作或者变更名册。农村集体经济组织在完成成员确认工作后，应当及时制作或者变更成员名册。成员名册记载了成员的姓名、性别、户籍信息、与原成员关系等关键内容，是成员权益保障与集体事务管理的重要依据。成员名册应当报乡镇人民政府、街道办事处和县级人民政府农业农村主管部门备案。通过备案，确保主管部门对成员确认工作进行有效监督与管理。三是授权规定。由于我国地域广阔，不同地区农村集体经济组织在发展状况、历史沿革、民俗文化等方面均存在显著差异，成员确认工作存在地区差异，因此本法授权省、自治区、直辖市人民代表大会及其常务委员会可以根据本法，结合本行政区域实际情况，对农村集体经济组织的成员确认作出具体规定。比如，在经济发达、城镇化进程较快的地区，可以针对经济社会发展过程中出现的特殊情况，制定更为细致的成员确认规则，以适应本地农村集体经济组织发展的特殊需求。

▶条文参见

《农村土地承包法》第19条；《妇女权益保障法》第55条、第56条、第75条

第十三条　成员权利

农村集体经济组织成员享有下列权利：

（一）依照法律法规和农村集体经济组织章程选举和被选举为成员代表、理事会成员、监事会成员或者监事；

（二）依照法律法规和农村集体经济组织章程参加成员大会、成员代表大会，参与表决决定农村集体经济组织重大事项和重要事务；

（三）查阅、复制农村集体经济组织财务会计报告、会议记录等资料，了解有关情况；

（四）监督农村集体经济组织的生产经营管理活动和集体收益的分配、使用，并提出意见和建议；

（五）依法承包农村集体经济组织发包的农村土地；

（六）依法申请取得宅基地使用权；

（七）参与分配集体收益；

（八）集体土地被征收征用时参与分配土地补偿费等；

（九）享受农村集体经济组织提供的服务和福利；

（十）法律法规和农村集体经济组织章程规定的其他权利。

▶理解与适用

［民主监督权利］

主要包括四个方面：一是选举权和被选举权。是指成员依照法律法规和农村集体经济组织章程，享有选举和被选举为成员代表、理事会成员、监事会成员或者监事的权利。这一权利赋予成员参与集体组织架构构建与管理的机会，保障集体决策能够充分体现成员意愿。二是重大事务参与决策权。是指成员有权依照法律法规和农村集体经济组织章程参加成员大会、成员代表大会，参与表决决定农村集体经济组织重大事项和重要

33

事务的权利。在这些重大事项决策过程中，成员通过参与会议，充分发表意见，行使表决权，使决策结果符合集体整体利益与成员个体期望。三是资料查阅知情权。是指成员享有查阅、复制农村集体经济组织财务会计报告、会议记录等资料，了解有关情况的权利。通过行使这一权利，确保成员了解集体运营情况，为更好参与集体事务监督与决策提供信息支撑。四是监督建议权。是指成员有权监督农村集体经济组织的生产经营管理活动和集体收益的分配、使用，并提出意见和建议。在生产经营管理方面，成员可监督生产进度、产品质量、市场销售状况等集体产业项目的运营情况，以及集体资产的使用效率，防止资产闲置浪费或被不合理侵占。在集体收益的分配与使用上，成员有权监督分配方案是否公平、公正、透明，收益是否优先用于集体发展、成员福利改善等合理用途。在监督过程中，可以提出意见和建议，促使农村集体经济组织不断优化管理，提升运营效率，实现成员利益最大化。

[经济性权利]

主要包括五个方面：一是土地承包权。是指成员依法享有承包农村集体经济组织发包的农村土地的权利。成员通过承包土地，可以自主开展农业生产经营活动，获取农产品收益，满足自身及家庭的生活需求。农村集体经济组织在发包土地时，要合理确定承包期限、承包费用等，确保成员的合法权利不受侵权。二是宅基地申请权。是指成员依法申请取得宅基地使用权的权利。宅基地是农村村民用于建造住宅及其附属设施的集体建设用地，关系农民居住权益。在符合相关规划以及"一户一宅"等规定的前提下，成员有权向集体提出宅基地申请。有关方面通过审核、报批等程序，为成员分配宅基地，协助办理相关手续。三是集体收益分配权。是指成员享有参与分配集体收益的权利。集体收益主要包括集体土地的出租、集体企业的盈利、集体资产的增值等。通过参与集体收益分配，成员分享集体发展带来的红利，提高生活水平。四是土地补偿费分配权。土地补偿费是对农村集体经济组织因土地被征收征用而遭受损失的补偿，其分配涉及众多成员的切身利益，成员有权参与分配土地补偿费等。通过保障成员参与分配，确保成员得到合理补偿，弥补因土地丧失而造成的经济损失。五是服务、福利享受权。是指成员可享受农村集体经济组织提供的服务和福利。比如在服务方面，包括为成员提供的农业生产技术培训，通过农产品销售信息平台提供的市场供求信息，以及生产资料采购服务等。福利方面，主要包括节日为成员发放节日礼品，对生活困难的成员进行救助帮扶，设立教育奖学金鼓励成员子女努力学习等。除上述明确列举的权利外，成员还享有法律法规和农村集体经济组织章程规定的其他权利。

▶ **典型案例指引**

湖南刘某与宁乡县某村一组承包地征收补偿费用分配纠纷抗诉案（2019年11月28日全国妇联发布第三届"依法维护妇女儿童权益十大案例"）

案件适用要点：对于农民而言，土地承包经营权和宅基地使用权是法律赋予农户的用益物权，集体收益分配权是农民作为集体经济组织成员应当享有的合法财产权利。这三权是当下农民生存生活最重要的保障，不宜因进城务工农民享受了相关社会保险待遇就剥夺其集体经济组织成员资格，对于没有在其他集体经济组织享受成员权益的出嫁女，更不应剥夺其成员资格。

湖南省人民检察院通过对国家关于非法买卖户籍应当销户处理的政策全面解读和对证据材料的细致分析，认定刘某合法有效的户口一直都是某村一组的农业户口；经过充分论证，依据是否具有该集体经济组织户籍、是否分配了承包土地、是否履行了该集体经济组织成员义务三条原则,认定刘某具有该集体经济组织成员资格,从而依据《最高人民法院关于审理涉及农村土地承包纠纷案件适用法律问题的解释》第24条(现为第22条)支持刘某参与承包地征收补偿费用分配的权利有力地保护了以刘某为代表的新一代农民工、出嫁女的合法权益。

▶条文参见

《民法典》第261条、第362条;《农村土地承包法》第5条、第17条、第31条;《土地管理法》第62条;《村民委员会组织法》第13条、第16条、第24条

第十四条 成员义务

农村集体经济组织成员履行下列义务:

(一)遵守法律法规和农村集体经济组织章程;

(二)执行农村集体经济组织依照法律法规和农村集体经济组织章程作出的决定;

(三)维护农村集体经济组织合法权益;

(四)合理利用和保护集体土地等资源;

(五)参与、支持农村集体经济组织的生产经营管理活动和公益活动;

(六)法律法规和农村集体经济组织章程规定的其他义务。

▶理解与适用

农村集体经济组织的义务主要包括以下几个方面:一是遵守法律、法规和章程。法律法规包括土地管理、资源保护到经济活动规范等各个方面,农村集体经济组织章程对集体的组织架构、成员权利义务、生产经营管理、收益分配等事项作出详细规定。成员应当遵守法律法规和农村集体经济组织章程,维

护法律秩序、集体正常秩序与全体成员的共同利益。二是决议决定义务。是指成员有义务执行农村集体经济组织依照法律法规和农村集体经济组织章程作出的决定。具体包括农村集体经济组织就集体经济发展规划、项目投资、收益分配方案等重大事项进行讨论并作出决定，这些决定一旦形成就具有约束力，成员应积极响应并切实执行。三是权益维护义务。维护农村集体经济组织合法权益是成员的基本义务之一。集体权益涵盖集体资产、资源以及集体声誉与形象等多个方面。比如，在集体资产保护上，成员要坚决抵制任何侵占、挪用、私分集体资产的行为，发现违法行为应及时向集体管理层或相关部门反映。四是资源保护义务。合理利用和保护集体土地等资源是农村集体经济组织成员的重要义务。比如，成员在承包集体土地进行生产时，要依据土地的自然属性与适宜用途，合理规划种植、养殖项目，采用科学的耕作方式与管理方法，避免过度开垦、过度使用化肥农药等造成土壤板结、地力下降、环境污染等问题，实现土地资源的可持续利用。五是活动参与义务。成员应当积极参与、支持农村集体经济组织的生产经营管理活动和公益活动。在生产经营管理方面，可以根据自身的经验、技能与知识，为集体产业项目出谋划策。在公益活动方面，成员应当积极参加，为改善村庄基础设施条件、丰富村民精神文化生活贡献力量。除上述明确列举的义务外，农村集体经济组织成员还需履行法律法规和农村集体经济组织章程规定的其他义务，比如维护集体农产品品牌形象，在乡村旅游经营活动中遵守统一的服务规范与价格标准等。

▶条文参见

《农村土地承包法》第 18 条；《村民委员会组织法》第 10 条

第十五条 非成员享受成员部分权利

非农村集体经济组织成员长期在农村集体经济组织工作,对集体做出贡献的,经农村集体经济组织成员大会全体成员四分之三以上同意,可以享有本法第十三条第七项、第九项、第十项规定的权利。

▶理解与适用

在农村集体经济组织的运营与发展过程中,部分非农村集体经济组织成员长期投身于农村集体经济组织工作,并为集体做出贡献,经过特定的程序,可以享有部分农村集体经济组织成员权利。一是基本条件。需要长期在农村集体经济组织工作,对集体做出贡献。符合基本条件的人员有各种情形,比如凭借自身专业技术知识帮助产业升级的技术专家,具备积极拓展集体产品销售渠道带来可观经济效益的营销人才。二是民主程序。即经农村集体经济组织成员大会全体成员四分之三以上同意,之所以设定严格程序和较高的表决比例,旨在充分保障决策的科学性与民主性,确保集体利益得到最大程度维护,同时也体现对成员大会集体意志的尊重。三是具体权利。主要是本法第13条第7项、第9项、第10项规定的权利,即"参与分配集体收益""享受农村集体经济组织提供的服务和福利"等经济性权利,以及"法律法规和农村集体经济组织章程规定的其他权利"。通过明确非成员在农村集体经济组织中的权益范畴,更好促进集体与非成员之间的互利共赢,推动农村集体经济组织持续健康发展。

▶条文参见

《农村土地承包法》第52条

第十六条　成员自愿退出

农村集体经济组织成员提出书面申请并经农村集体经济组织同意的，可以自愿退出农村集体经济组织。

农村集体经济组织成员自愿退出的，可以与农村集体经济组织协商获得适当补偿或者在一定期限内保留其已经享有的财产权益，但是不得要求分割集体财产。

▶理解与适用

[自愿退出程序]

成员自愿退出农村集体经济组织，是成员资格变动的一类重要情形，需要遵守严格规范的程序。一是成员应当提出书面申请，这是成员慎重表达退出意愿的重要载体。书面申请中应说明退出原因和理由，以及对已享有的财产权益处置的初步考虑。通常情况下，还要随附相关证明材料，如因工作变动至城市并已稳定就业，提供工作单位出具的在职证明，因户口迁移至其他地区，需提供新的户籍证明等，以证实退出意愿的真实性与合理性。二是审核程序。农村集体经济组织在收到书面申请后，启动审核流程，比如由理事会牵头，联合监事会及部分成员代表组成专门的审核小组，对申请进行审查，主要审核成员在组织内的权利义务履行情况，是否存在未结清的债务，以及对集体资产的使用状况等多方面，经过审核确认成员各方面情况均符合退出条件并同意后，成员正式退出农村集体经济组织。

[退出权益处理]

农村集体经济组织成员自愿退出时，可以与农村集体经济组织协商财产权益的处理，主要有两种方式：一是协商获得适当补偿。补偿的形式具有多样性，比如长期参与农村集体经济组织生产经营活动，为集体产业发展做出突出贡献的成员，在自愿退出时可以申请获得一定金额的现金补偿。成员在集体土地承包经营中，通过自身投入改良了土地质量、建设了农业基础设施，在自愿退出时经专业评估机构评估，农村集体经济组织可对其投入部分给予相应补偿。具体的补偿方式和结果，可以结合组织自身的财务状况、发展规划以及成员的具体情况，确定一个双方都认可的补偿方案。二是在一定期限内保留其已经享有的财产权益。比如，在集体收益分配方面，若已有稳定的年度分红机制，成员退出后可与组织协商，在一定期限内按照一定比例参与集体收益分配。在土地权益方面，成员退出后若其原承包的土地上种植的农作物生长周期较长，短期内难以完成收获并进行土地流转的，可与农村集体经济组织协商继续享有该土地的承包经营收益权。需要强调的是，无论采取何种方式，农村集体经济组织成员自愿退出时，均不得要求分割集体财产，这主要考虑集体所有的土地、森林、山岭、草原、荒地、滩涂等自然资源，以及集体拥有的固定资产、流动资产、无形资产等集体财产属于全体成员共有，具有不可分割性。

▶条文参见

《民法典》第265条；《土地管理法》第62条；《农村土地承包法》第30条；《村民委员会组织法》第24条

第十七条　丧失成员身份

有下列情形之一的，丧失农村集体经济组织成员身份：

（一）死亡；

（二）丧失中华人民共和国国籍；

（三）已经取得其他农村集体经济组织成员身份；

（四）已经成为公务员，但是聘任制公务员除外；

（五）法律法规和农村集体经济组织章程规定的其他情形。

> 因前款第三项、第四项情形而丧失农村集体经济组织成员身份的,依照法律法规、国家有关规定和农村集体经济组织章程,经与农村集体经济组织协商,可以在一定期限内保留其已经享有的相关权益。

▶ **理解与适用**

[丧失成员身份情形]

主要包括五类情形:一是因死亡导致成员身份丧失。死亡包括自然死亡以及被依法宣告死亡。成员自然死亡,生命体征消失,无法履行成员义务,其成员身份自死亡之时起便自动丧失。依法宣告死亡,是指公民下落不明满法定期限,人民法院根据利害关系人的申请,依法宣告该公民死亡。成员被依法宣告死亡,在法律层面上与农村集体经济组织的权利义务关系同样归于消灭,其成员身份丧失。二是因丧失中华人民共和国国籍致使成员身份丧失。成员丧失中华人民共和国国籍,不再受中国相关法律对本国公民权益的保护与约束,无法再以成员身份参与农村集体经济组织的各项事务,农村集体经济组织依据其国籍变更的相关证明材料,及时调整成员信息,取消其成员身份。三是因取得其他农村集体经济组织成员身份导致原身份丧失。成员取得其他农村集体经济组织成员身份后,其与原农村集体经济组织之间稳定的权利义务关系发生了根本性变化,规定此类人员丧失原成员身份,可以有效避免成员在不同农村集体经济组织之间重复享有权益,确保资源分配的公平性与合理性。四是因成为公务员(聘任制公务员除外)丧失成员身份。公务员享受国家财政保障的工资福利、社会保险等待遇,不再依赖集体所有的土地等财产作为基本生活保障,规定其丧失了原农村集体经济组织成员身份,有利于明确不同保障体系的边界,避免资源不合理分配。聘任制公务员的情况比较特殊,由于其聘任合同通常有一定期限，工作稳定性与一般公务员存在差异，因此不宜笼统规定其丧失农村集体经济组织成员身份。五是法律法规和农村集体经济组织章程规定的其他情形。除上述明确列举的情形外，法律法规和农村集体经济组织章程还可能基于实际情况，规定其他导致成员身份丧失的情形。

[部分保留权益情形]

对于已经取得其他农村集体经济组织成员身份，或者因成为公务员而丧失成员成分的人员，依照法律法规、国家有关规定和农村集体经济组织章程，经与农村集体经济组织协商，可以在一定期限内保留其已经享有的相关权益。比如，其在原农村集体经济组织中有尚未收获的农作物在承包土地上，可在农作物收获期结束前，继续享有该土地上农作物的收益权；有已投入建设但尚未完工的集体项目，经协商可在项目完工结算时，按照其前期投入比例获得相应收益分配。协商保留权益机制充分考虑实际情况的复杂性，在保障农村集体经济组织整体利益的同时，兼顾了成员的合理诉求。

▶条文参见

《民法典》第13条；《国籍法》第9条；《村民委员会组织法》第13条；《公务员法》第74条；《农村土地承包法》第27条、第30条、第32条

第十八条　成员身份保留

> 农村集体经济组织成员不因就学、服役、务工、经商、离婚、丧偶、服刑等原因而丧失农村集体经济组织成员身份。
>
> 农村集体经济组织成员结婚，未取得其他农村集体经济组织成员身份的，原农村集体经济组织不得取消其成员身份。

▶理解与适用

[成员身份保留情形]

　　保持农村集体经济组织成员身份的稳定性，有利于保障农民权益、维护农村社会稳定、推动农村集体经济持续发展。本条规定了成员身份的稳定保障情形，主要规定不因以下原因丧失成员身份：一是不因就学丧失成员身份。成员在就学期间，其生活与学习暂时脱离农村，但其与农村集体经济组织的联系并未切断，依赖农村集体土地等资源作为基本生活保障的潜在支撑，农村集体经济组织的发展状况也与他们的长远利益息息相关。比如，农村学生考入大学就学期间，有权参与农村集体经济组织的集体收益分配。二是不因服役丧失成员身份。服役是履行国防义务、为国家贡献力量的行为。军人在服役期间，其原有的农村集体经济组织成员身份不受影响，这是对军人及其家属的尊重与保障。服役期满退伍后，能够凭借原有成员身份，继续融入农村集体经济组织的生产生活，享受相应权益。三是不因务工、经商丧失成员身份。务工和经商是成员参与市场经济活动、增加收入的常见方式，这些成员在农村拥有的住房、承包的土地等，是其生活与发展的重要依托，从法律上保障他们不因务工、经商而丧失成员身份，能确保其回到农村发展时，能够凭借成员身份顺利开展相关经营活动。四是不因离婚、丧偶丧失成员身份。离婚与丧偶往往会给成员带来生活上的重大影响。对于离婚的成员，若未取得其他农村集体经济组织成员身份，原农村集体经济组织不得取消其成员身份。对于丧偶的成员，不因配偶的离世而失去成员身份，有利于减少因家庭变故带来的生活冲击。五是不因服刑丧失成员身份。成员服刑期间失去部分人身自由，但其成员身份不应被随意剥夺，这有利于其服刑期满后回归社会，重新融入农村集体经济组织生活，在一定程度上也能降低重新犯罪的可能性，促进农村社会和谐稳定。

[成员结婚身份保障]

农村集体经济组织成员结婚后,如果未取得其他农村集体经济组织成员身份,原农村集体经济组织不得取消其成员身份。这充分体现了男女平等原则在农村集体经济组织领域的贯彻落实,尤其有利于维护妇女权益。比如,某妇女结婚后,其丈夫所在村的农村集体经济组织因各种原因未能接纳其成为成员,原所在的农村集体经济组织必须保留其成员身份,其依然享有在原组织内的土地承包权、集体收益分配权等各项权益。农村男性成员也适用以上规定。这一规定有利于保障成员在婚姻关系变动过程中合法权益的稳定性,维护农村集体经济组织成员权益的公平性与连续性。

▶条文参见

《妇女权益保障法》第55条、第56条、第75条

第三章 组织登记

第十九条 农村集体经济组织的设立

农村集体经济组织应当具备下列条件:
(一)有符合本法规定的成员;
(二)有符合本法规定的集体财产;
(三)有符合本法规定的农村集体经济组织章程;
(四)有符合本法规定的名称和住所;
(五)有符合本法规定的组织机构。

符合前款规定条件的村一般应当设立农村集体经济组织,村民小组可以根据情况设立农村集体经济组织;乡镇确有需要的,可以设立农村集体经济组织。

设立农村集体经济组织不得改变集体土地所有权。

▶理解与适用

[基本条件]

农村集体经济组织的设立需严格满足以下法定条件，确保组织具备规范运行、维护成员权益的基础：一是成员条件。成员主要包括原始取得成员，即因出生、合法婚姻、收养等关系，在本农村集体经济组织所在地生产生活，并以该组织的土地为基本生活保障，且具有本农村集体经济组织所在地常住户口的人员；以及通过申请加入并经本农村集体经济组织成员大会或者成员代表大会讨论通过，履行章程规定义务的人员。二是财产条件。需要有符合本法规定的集体财产。集体财产包括集体所有的土地、森林、山岭、草原、荒地、滩涂等自然资源，集体所有的建筑物、生产设施、农田水利设施，以及集体所有的教育、科学、文化、卫生、体育等设施。三是有符合本法规定的章程。章程是农村集体经济组织运行的根本准则，其制定需经成员大会或者成员代表大会充分讨论通过。章程内容涵盖组织名称、住所、宗旨、成员资格取得与丧失的条件和程序、成员的权利和义务、组织机构的设置及产生办法、职权、议事规则，以及集体资产的管理和使用、收益分配制度、财务管理制度等事项。四是有符合本法规定的名称和住所。名称需体现地域特色与组织性质，一般由"行政区划名称＋村（组）名称＋农村集体经济组织"构成。住所是农村集体经济组织主要办事机构所在地，通常为村（组）办公场所，住所的确定便于组织开展经营管理活动、对外进行民事交往以及相关部门的监督管理。五是有符合本法规定的组织机构。需设立成员大会、成员代表大会作为权力机构，理事会作为执行机构，监事会或监事作为监督机构。各组织机构的产生办法、职权范围、议事方式和表决程序等均需严格遵循法律法规与章程规定，形成权责明确、相互制衡的治理体系。

[设立要求]

根据本法规定,符合上述规定条件的村一般应当设立农村集体经济组织,以便统筹管理村级集体资产与经济事务。村民小组根据实际情况,如集体资产规模较大、经济活动频繁等,可以灵活设立农村集体经济组织,实现资产精细化管理。乡镇确有整合区域资源、发展特色产业等需要,也可以设立农村集体经济组织,推动乡镇层面集体经济的协同发展。同时,无论设立何种形式的农村集体经济组织,均不得改变集体土地所有权性质,这主要是为了保障农村土地集体所有制的稳定性,维护农民的土地权益。

▶条文参见

《民法典》第55条、第99条、第261条;《土地管理法》第9条、第11条、第62条

第二十条 章程载明事项

农村集体经济组织章程应当载明下列事项:

(一)农村集体经济组织的名称、法定代表人、住所和财产范围;

(二)农村集体经济组织成员确认规则和程序;

(三)农村集体经济组织的机构;

(四)集体财产经营和财务管理;

(五)集体经营性财产收益权的量化与分配;

(六)农村集体经济组织的变更和注销;

(七)需要载明的其他事项。

农村集体经济组织章程应当报乡镇人民政府、街道办事处和县级人民政府农业农村主管部门备案。

国务院农业农村主管部门根据本法和其他有关法律法规制定农村集体经济组织示范章程。

▶理解与适用

[章程载明事项]

农村集体经济组织章程应当载明下列事项：一是基本要素。包括名称、法定代表人、住所和财产范围。名称应当标明"集体经济组织"字样。法定代表人一般由理事会的理事长担任，对外代表组织开展民事活动。农村集体经济组织以其主要办事机构实际所在地作为住所。财产范围包括依法归集体所有的各类自然资源，以及集体所有的建筑物，农田水利设施，集体所有的企业等经营性资产。二是组织要素。包括成员确认规则和程序，成员大会、成员代表大会、理事会、监事会等机构。三是经济要素。包括集体财产经营和财务管理，以及集体经营性财产收益权的量化与分配。比如，章程需明确集体财产的经营模式，以及严格规范的财务管理制度，将集体经营性财产收益权合理量化到成员，充分考虑组织发展需求和成员利益制订分配方案。四是组织要素。应当载明农村集体经济组织的变更和注销。名称、法定代表人、住所、财产范围、成员构成、机构设置等方面发生变化时，需进行变更登记。出现章程规定的解散事由如经营期限届满、经营不善严重亏损、成员大会决议解散等情况时，需进行注销。此外，章程还应当包括需要载明的其他事项，比如发展目标和战略规划，与村民委员会、其他农村经济组织、社会组织的关系协调机制，文化建设、社会责任履行等内容。

[备案程序和示范章程]

根据本法规定，章程应当报乡镇人民政府、街道办事处和县级人民政府农业农村主管部门备案，这主要是考虑上级部门对农村集体经济组织进行监督管理，确保章程符合法律法规和政策要求，保障组织和成员合法权益。接受备案的上级应及时进行审查，如发现问题，及时通知组织进行整改。为规范章程制定工作，本法授权国务院农业农村主管部门根据本法和其他有关法律法规制定农村集体经济组织示范章程，2020年已经出台的《农村集体经济组织示范章程（试行）》，为各地制定章程提供参考模板，具有权威性和指导性。各地在制定或修订章程时，可结合本地实际情况，借鉴示范章程的内容理念、规范条款和成熟经验，完善自身章程内容，提高章程质量，促进农村集体经济组织规范发展。

▶条文参见

《农业农村部关于印发〈农村集体经济组织示范章程（试行）〉的通知》

第二十一条　名称和住所

农村集体经济组织的名称中应当标明"集体经济组织"字样，以及所在县、不设区的市、市辖区、乡、民族乡、镇、村或者组的名称。

农村集体经济组织以其主要办事机构所在地为住所。

▶理解与适用

［名称要求］

农村集体经济组织命名有严格规范，应当明确标注"集体经济组织"字样，这是组织性质的显著标识，用以与其他类型经济组织清晰区分。同时，名称需精准涵盖所在县、不设区的市、市辖区、乡、民族乡、镇、村或者组的名称，比如，命名为"××县××镇××村农村集体经济组织"，清晰体现组织所处的具体地域范围，方便成员直观认知组织的覆盖区域，也利于在各类经济活动、行政管理以及法律事务中，让外界快速准确识别该组织，避免出现因名称混淆而导致的权益纠纷或事务处理不当等问题。

[住所要求]

农村集体经济组织以其主要办事机构所在地为住所。这一住所地址具有唯一性与稳定性,是组织开展日常运营管理工作的核心场所,诸如组织召开重要会议、处理文件资料、进行决策商讨等关键活动。同时,住所地址是农村集体经济组织在法律层面的重要登记信息,在确定法律管辖区域时,住所起着决定性作用。在行政事务中,住所也是上级进行政策传达、文件发放、监督检查等工作的重要联络地址,以确保组织能够及时接收各类政策信息,依法依规参与行政管理事务,保障组织运营与外界沟通协调的顺畅性。

▶条文参见

《民法典》第63条、第110条

第二十二条　组织登记

农村集体经济组织成员大会表决通过本农村集体经济组织章程、确认本农村集体经济组织成员、选举本农村集体经济组织理事会成员、监事会成员或者监事后,应当及时向县级以上地方人民政府农业农村主管部门申请登记,取得农村集体经济组织登记证书。

农村集体经济组织登记办法由国务院农业农村主管部门制定。

▶理解与适用

[组织登记]

农村集体经济组织登记是获得合法身份的关键,获得登记证书后,组织方能在法律法规框架内开展各类经济活动。一是申请流程。成员大会表决通过本农村集体经济组织章程、确认本农村集体经济组织成员、选举本农村集体经济组织理事会成员、监事会成员或者监事后，农村集体经济组织应当及时向县级以上地方人民政府农业农村主管部门申请登记。在申请登记流程上，需要准备完备且规范的申请材料，具体包括经成员大会表决通过的农村集体经济组织章程、成员名册，以及理事会成员、监事会成员或者监事的选举结果文件，住所证明等。二是审核流程。县级以上地方人民政府农业农村主管部门在收到登记申请后，依据相关法律法规，对申请材料展开全面、细致的审核。审核内容包括申请材料的完整性，检查各项材料是否齐全，有无遗漏；材料的真实性，核实成员名册、选举结果等信息是否真实可靠；以及章程的合规性，审查章程条款是否与现行法律法规冲突等，审核过程中发现存在问题，及时通知补充材料或进行更正。申请材料符合要求的，主管部门批准登记，颁发农村集体经济组织登记证书。

[授权规定]

农村集体经济组织登记办法由国务院农业农村主管部门制定。制定登记办法应充分考虑各地农村集体经济组织的实际情况，兼顾不同地区的经济发展水平、组织规模、产业结构等差异，确保登记办法具有广泛的适用性与可操作性。登记办法可对登记条件作出具体规定，进一步细化成员大会表决通过章程、确认成员、选举机构成员等方面需达到的标准。同时，规范登记申请所需提交的材料类型、格式要求、内容要点，明确规定申请受理、审核流程到证书颁发的办理时限、责任主体以及操作规范，保障登记工作高效、有序开展。此外，登记办法还可以对登记证书的管理，如证书的有效期、变更登记、注销登记等事项作出具体规定，使登记工作实现规范化、制度化。

▶条文参见

《农业农村部办公厅关于启用农村集体经济组织登记证有关事项的通知》

第二十三条　组织合并

农村集体经济组织合并的，应当在清产核资的基础上编制资产负债表和财产清单。

农村集体经济组织合并的，应当由各自的成员大会形成决定，经乡镇人民政府、街道办事处审核后，报县级以上地方人民政府批准。

农村集体经济组织应当在获得批准合并之日起十日内通知债权人，债权人可以要求农村集体经济组织清偿债务或者提供相应担保。

合并各方的债权债务由合并后的农村集体经济组织承继。

▶理解与适用

农村集体经济组织的合并涉及多方利益且影响深远。本条规定了以下内容：一是清产核资。清产核资涉及农村集体经济组织所有资产，包括自然资源、公益设施、经营性资产、货币资产和债权及其他财产权利。清查过程中，需精准评估资产价值，仔细梳理债务情况，全面核实各项财产的数量、质量与权属状况，在此基础上编制财产清单和资产负债表，为合并工作提供精准详实的数据支撑，确保集体资产在合并过程中的安全与完整。二是合并流程。合并决策需严格遵循民主程序，由各自的成员大会形成决定。在讨论合并事宜时，各成员依据自身对组织发展的判断与利益诉求，充分行使表决权。成员大会形成合并决定后，需由乡镇人民政府、街道办事处从政策合规性、合并方案可行性、程序合法性等角度对合并决定进行审查。审核通过后，需报县级以上地方人民政府批准。三是通知义务。农村集体经济组织应当在获得批准合并之日起十日内通知债权人，这是保障债权人合法权益的一项重要程序。通知方式需采用书面形式，确保通知送达的准确性与可追溯性，通知内容应详细说明农村集体经济组织合并的相关信息,包括合并各方的名称、合并方式、预计合并完成时间等,同时明确告知债权人其依法享有的权利,即可以要求农村集体经济组织清偿债务或者提供相应担保。四是债权债务承继。合并各方的债权债务,由合并后的农村集体经济组织承继。这一承继原则使农村集体经济组织在合并过程中更加审慎地对待债权债务问题,有利于明确债权债务归属,保障经济交易的稳定性与连续性。

▶条文参见

《民法典》第67条

第二十四条 组织分立

农村集体经济组织分立的,应当在清产核资的基础上分配财产、分解债权债务。

农村集体经济组织分立的,应当由成员大会形成决定,经乡镇人民政府、街道办事处审核后,报县级以上地方人民政府批准。

农村集体经济组织应当在获得批准分立之日起十日内通知债权人。

农村集体经济组织分立前的债权债务,由分立后的农村集体经济组织享有连带债权,承担连带债务,但是农村集体经济组织分立时已经与债权人或者债务人达成清偿债务的书面协议的,从其约定。

▶理解与适用

农村集体经济组织的分立需要遵守以下要求:一是分配财产、分解债权债务。对不同财产的分配,方式应有所不同。比如对土地等资源性资产,要充分考虑各分立后组织的成员数量、发展需求以及历史使用情况等因素。对建筑物、生产设施等固定资产，要根据其实际用途、地理位置以及与各分立组织业务的相关性等，协商确定归属。对货币资产和债权等，应依据各分立组织承担的责任与发展规划，按比例合理分配。对债权进行梳理，明确债务人、金额、还款时间等信息，依据各分立组织在原组织业务中的参与程度、受益情况以及未来发展方向，合理确定债权的承接主体。对于债务，各分立组织共同承担原农村集体经济组织的债务责任，在分解时，既要考虑债务的性质、形成原因，也要考虑各分立组织的资产状况与偿债能力。在债权债务分解中，与债权人、债务人积极沟通，及时告知相关情况，确保其知情权，避免因分立导致债权债务纠纷，维护各方合法权益。二是分立流程。分立决策必须经由成员大会形成决定。成员大会形成分立决定后，需先经乡镇人民政府、街道办事处审核。乡镇人民政府、街道办事处从政策合规性、合并方案可行性、程序合法性等角度进行审核，发现问题及时向农村集体经济组织反馈，并给予专业指导，协助其调整完善分立方案。审核通过后，报县级以上地方人民政府批准。三是通知义务。农村集体经济组织应当在获得批准分立之日起十日内通知债权人，通知采用书面形式，详细说明分立的相关信息，包括分立各方的名称、分立方式、预计分立完成时间等关键信息。债权人在接到通知后，可根据自身判断，提出偿债要求或者要求提供相应担保。四是债权债务。一般情况下，由分立后的农村集体经济组织享有连带债权，承担连带债务。这意味着，对于原农村集体经济组织的债权，各分立后的组织均有权向债务人主张权利，任何一个分立后的组织受偿后，其他组织的相应债权份额随之消灭；对于债务，各分立后的组织都对债权人负有清偿全部债务的责任，债权人可向任何一个分立后的组织要求偿债，该组织不得拒绝。如果农村集体经济组织分立时已经与债权人或者债务人达成清偿债务的书面协议，则从其约定。通过灵活性制度安排,既尊重当事人意思自治,又保障了债权债务处理的稳定性与可预期性。

▶条文参见

《民法典》第67条

第二十五条　变更和注销登记

农村集体经济组织合并、分立或者登记事项变动的,应当办理变更登记。

农村集体经济组织因合并、分立等原因需要解散的,依法办理注销登记后终止。

▶理解与适用

[变更登记]

农村集体经济组织发生合并、分立或者登记事项变动时,通过依法依规办理变更登记,确保组织合法合规运营。办理变更登记时,需遵循严格规范的流程。在合并、分立决议通过或登记事项实际变动发生之日起规定期限内,向原登记机关提交变更登记申请。申请材料需全面且详实,包括变更登记申请书、变更决议、修改后的组织章程,以及与变更事项相关的证明材料。登记机关在收到申请材料后,依据相关法律法规,对材料的完整性、真实性以及变更事项的合规性进行严格审核。若材料齐全、符合法定形式且变更事项合法合规,登记机关将在规定工作日内完成变更登记手续,换发新的农村集体经济组织登记证书,并向社会公示。

[注销登记]

农村集体经济组织因合并、分立等原因需要解散的,依法办理注销登记后终止。合并导致的解散情形中,当两个或多个农村集体经济组织通过合并形成新的组织,原有的组织将不再独立存在，需办理注销登记，彻底终结原组织的法律主体资格，完成资产、人员、业务等方面的整合与过渡。对于分立导致的解散，如果原组织采取新设分立方式，即原组织完全解散，分立出两个或多个全新的农村集体经济组织，原组织应办理注销登记，以结束运营活动，实现资源与权益的重新分配。办理注销登记时，同样要遵循严谨的程序，比如成立清算组，对组织的资产、债权债务进行全面清算，形成清算报告，经成员大会或成员代表会议审议通过，向原登记机关提交注销登记申请，登记机关审核通过后，办理注销登记手续，收缴农村集体经济组织登记证书及公章，注销该组织的登记信息，并向社会发布。

▶条文参见

《民法典》第64条、第65条、第69条、第70条

第四章 组织机构

第二十六条 成员大会职权

农村集体经济组织成员大会由具有完全民事行为能力的全体成员组成，是本农村集体经济组织的权力机构，依法行使下列职权：

（一）制定、修改农村集体经济组织章程；
（二）制定、修改农村集体经济组织内部管理制度；
（三）确认农村集体经济组织成员；
（四）选举、罢免农村集体经济组织理事会成员、监事会成员或者监事；
（五）审议农村集体经济组织理事会、监事会或者监事的工作报告；

（六）决定农村集体经济组织理事会成员、监事会成员或者监事的报酬及主要经营管理人员的聘任、解聘和报酬；

（七）批准农村集体经济组织的集体经济发展规划、业务经营计划、年度财务预决算、收益分配方案；

（八）对农村土地承包、宅基地使用和集体经营性财产收益权份额量化方案等事项作出决定；

（九）对集体经营性建设用地使用、出让、出租方案等事项作出决定；

（十）决定土地补偿费等的分配、使用办法；

（十一）决定投资等重大事项；

（十二）决定农村集体经济组织合并、分立等重大事项；

（十三）法律法规和农村集体经济组织章程规定的其他职权。

需由成员大会审议决定的重要事项，应当先经乡镇党委、街道党工委或者村党组织研究讨论。

▶ **理解与适用**

[成员大会组成和性质]

成员大会是农村集体经济组织的权利机构，是组织运行的决策枢纽，由具有完全民事行为能力的全体成员构成。完全民事行为能力的界定以年龄与精神状态为基准，通常十八周岁以上且精神正常的成员，或十六周岁以上以自己劳动收入为主要生活来源的成员，均具备参与成员大会并行使表决权的资格。对成员资格的要求使成员能够基于理性判断，审慎行使民主权利，保障决策的科学性与民主性。

[制度构建与完善权]

主要包括两个方面：一是章程制定与修改。章程制定需经成员大会三分之二以上成员表决通过，修改程序涉及组织根本性变革的条款修改，需再次提交成员大会，经全体成员三分之二以上同意方可生效。二是内部管理制度制定与修改。包括财务管理、资产运营、项目审批等内部管理制度。财务制度需明确收支审批权限、预算编制流程、财务公开频次等。资产运营制度需规范集体资产租赁、处置、入股等操作流程。

[人事管理监督权]

主要包括四个方面：一是确认农村集体经济组织成员。二是选举、罢免农村集体经济组织理事会成员、监事会成员或者监事。理事会作为执行机构、监事会作为监督机构，其成员均由成员大会差额选举产生，选举全程接受村务监督委员会监督，确保公开透明。罢免需满足严重失职、违反章程等法定条件，且需经全体成员半数以上通过。三是工作报告审议。理事会需每年提交涵盖经营业绩、项目进展、风险防控等内容的工作报告；监事会同步汇报财务审计、合规检查结果。成员大会通过质询、投票等方式，对报告进行评议，对未达预期目标的机构提出整改要求。四是决定农村集体经济组织理事会成员、监事会成员或者监事的报酬及主要经营管理人员的聘任、解聘和报酬。对有关人员进行聘任决策，并结合行业标准、经营绩效制订薪酬方案，实现人岗匹配与激励相容。

[重大事项决定权]

主要包括以下内容：一是经济发展规划与财务决策。结合乡村振兴战略、地方产业政策批准集体经济发展规划，明确主导产业方向。审批年度财务预决算，重点审查非生产性支出占比、专项资金使用等。遵循"按贡献分配、兼顾公平"原则，制订收益分配方案，合理确定公积金、公益金提取比例与成员分红标准。二是资源资产处置决策。在土地承包方面，对预留机动地发包、土地调整方案等进行表决。宅基地使用，重点审议分配对象、面积标准等。对集体经营性财产收益权量化方案，明确量化依据、分配方式。对集体经营性建设用地出让、出租方案，需评估价格合理性、用途合规性。对土地补偿费分配使用办法，需兼顾被征地农户与集体长远发展。此外，对投资决策需评估项目可行性、风险承受能力。对合并分立等重大事项，需经成员大会三分之二以上成员同意，并完成清产核资、债权债务处置等前置程序。

[党组织前置研究机制]

需由成员大会审议决定的重要事项，应当先经乡镇党委、街道党工委或者村党组织研究讨论。党组织从政策法规合规性、乡村振兴战略契合度、社会稳定风险等角度，对决策事项进行前置审核。党组织通过提出指导意见、组织专家论证等方式，将党的领导贯穿决策全过程，实现坚持党的领导与发扬基层民主自治的有机统一。

▶条文参见

《村民委员会组织法》第24条

第二十七条　成员大会议事规则

农村集体经济组织召开成员大会，应当将会议召开的时间、地点和审议的事项于会议召开十日前通知全体成员，有三分之二以上具有完全民事行为能力的成员参加。成员无法在现场参加会议的，可以通过即时通讯工具在线参加会议，或者书面委托本农村集体经济组织同一户内具有完全民事行为能力的其他家庭成员代为参加会议。

成员大会每年至少召开一次，并由理事会召集，由理事长、副理事长或者理事长指定的成员主持。

成员大会实行一人一票的表决方式。成员大会作出决定，应当经本农村集体经济组织成员大会全体成员三分之二以上同意，本法或者其他法律法规、农村集体经济组织章程有更严格规定的，从其规定。

▶理解与适用

［会议通知］

会议通知作为保障成员参与权的首要环节，必须在会议召开十日前完成。会议通知内容包括会议时间（精确到具体日期、时刻）、地点（详细到具体场所）、审议事项（逐条列明议题及简要说明），通过入户发放、村务公开栏张贴等方式送达成员。对于外出务工或居住在外地的成员，可通过挂号信、电子邮件、手机短信等方式通知。若因不可抗力等特殊情况需变更会议时间、地点或议题，需重新履行通知程序，并说明变更原因。

［参会方式］

三分之二以上具有完全民事行为能力的成员参加，是成员大会有效的基本要求。具体参会主要包括以下方式：一是现场参会。现场参会成员需在会议签到簿上签字确认身份，会议组织者需核验成员身份证明文件，确保参会主体资格合法。二是线上参会。适应数字化发展趋势，成员无法现场参会时，可通过即时通信工具（如微信、钉钉等经组织认可的平台）在线参会。三是委托参会。成员可书面委托本农村集体经济组织同一户内具有完全民事行为能力的其他家庭成员代为参加会议。

［会议召集和主持］

成员大会每年至少召开一次，由理事会负责召集。理事会应在会议召开前制定详细议程。会议通常由理事长主持；若理事长因故不能履职，由副理事长主持；若无副理事长或副理事长也无法履职时，由理事长指定的其他成员主持。主持人引导成员围绕议题进行讨论，保障每位成员享有平等发言机会，确保会议议程顺利推进。

［表决规则和效力］

成员大会实行一人一票的表决方式，体现民主平等原则。

每位具有完全民事行为能力的成员，均享有同等表决权。表决可采用无记名投票、举手表决或电子投票等方式，具体表决方式由理事会根据议题性质和参会情况确定。成员大会作出的决定，如章程修改、成员资格确认、重大资产处置等重大事项的决定，需经本农村集体经济组织成员大会全体成员三分之二以上同意方可通过。如果本法或其他法律法规、农村集体经济组织章程有更严格规定（如四分之三以上同意），则从其规定。

▶条文参见

《农民专业合作社法》第21条、第23条、第26条

第二十八条　成员代表大会

农村集体经济组织成员较多的，可以按照农村集体经济组织章程规定设立成员代表大会。

设立成员代表大会的，一般每五户至十五户选举代表一人，代表人数应当多于二十人，并且有适当数量的妇女代表。

成员代表的任期为五年，可以连选连任。

成员代表大会按照农村集体经济组织章程规定行使本法第二十六条第一款规定的成员大会部分职权，但是第一项、第三项、第八项、第十项、第十二项规定的职权除外。

成员代表大会实行一人一票的表决方式。成员代表大会作出决定，应当经全体成员代表三分之二以上同意。

▶理解与适用

［代表大会设立］

在农村集体经济组织规模日益扩大、成员数量显著增多的现实背景下，当组织成员人数超过一定数量，或因地域分散、居住跨度大等实际因素导致成员大会难以有效召开时，可依照农村集体经济组织章程规定设立成员代表大会。成员代表大会的设立，主要目的是平衡民主决策与决策效率，确保在人数众

多、利益诉求多元的情况下，集体事务仍能高效有序决策，保障组织稳健运行与成员合法权益。

[选举比例与名额分配]

代表的选举一般遵循"每五户至十五户选举代表一人"的原则。例如，某村有600户，按每十户一人计算，应选举60名代表。同时，明确规定代表总人数必须多于二十人。此外，为保障妇女群体在集体经济决策中的参与权，要求有适当比例的妇女代表，在名额分配时，需单独预留妇女代表名额，防止出现性别失衡，以促进决策的全面性与公平性。成员代表每届任期五年，任期届满后可连选连任，无次数限制。

[成员代表大会职权]

成员代表大会依据农村集体经济组织章程，行使成员大会部分职权，但不得行使涉及组织根本制度、成员核心权益等关键事项的职权，包括制定与修改组织章程、确认成员资格、决定农村土地承包与宅基地使用方案、确定土地补偿费分配办法、决定组织合并分立等。

[表决规则和效力]

成员代表大会表决遵循"一人一票"原则，根据议题重要程度与复杂程度，灵活选择表决方式。对于会议议程确定、一般性工作安排等常规事项，可采用举手表决，快速高效推进会议进程；涉及重大资产处置、投资项目决策、管理制度修订等重要事项，须采用无记名投票，保障代表独立表达真实意愿。表决结果当场统计并公布，若赞成票达到全体成员代表三分之二以上，决议正式生效。决议生效后，由理事会负责组织实施，实施过程中向成员代表大会汇报进展情况，接受监督。

▶条文参见

《农民专业合作社法》第32条；《妇女权益保障法》第14条

第二十九条　理事会组成

农村集体经济组织设理事会，一般由三至七名单数成员组成。理事会设理事长一名，可以设副理事长。理事长、副理事长、理事的产生办法由农村集体经济组织章程规定。理事会成员之间应当实行近亲属回避。理事会成员的任期为五年，可以连选连任。

理事长是农村集体经济组织的法定代表人。

乡镇党委、街道党工委或者村党组织可以提名推荐农村集体经济组织理事会成员候选人，党组织负责人可以通过法定程序担任农村集体经济组织理事长。

▶理解与适用

[理事会的组成]

理事会成员数量通常控制在三名至七名，且为单数，以便在决策时避免出现表决平局的情况，确保决策的顺利推进。理事会设理事长一名，根据实际运营和管理需求，可以设副理事长，以协助理事长开展工作，提升理事会运行效率。理事长、副理事长、理事的产生办法，由农村集体经济组织章程严格规定，明确选举流程、候选人资格、选举方式等内容，确保选举过程公开、公平、公正，选出能代表成员利益、具备相应能力的理事会成员。为保证理事会决策的公正性，防止因亲属关系可能带来的利益输送或决策偏袒，理事会成员之间应当实行近亲属回避制度。理事会成员的任期为五年，这一任期设置既能保证理事会成员有足够的时间熟悉工作、积累经验，施展规划和推动集体经济发展，又能与其他基层组织的换届周期相协调，方便统筹管理与工作衔接。任期结束，可以连选连任，有助于保持理事会工作的稳定性和连续性。

[理事长职权]

理事长作为农村集体经济组织的法定代表人，在对外活动和对内管理中承担着重要职责，代表农村集体经济组织行使法律赋予的权利，履行相应义务，对组织的整体运营和发展方向负责。在涉及重大合同签订、重要资产处置、对外投资合作等关键事务时，理事长需以法定代表人身份签署相关文件，承担相应法律责任。

[坚持党的领导]

在农村集体经济组织的治理体系中，党的领导发挥着极为重要的引领作用。乡镇党委、街道党工委或者村党组织基于对农村整体发展的把握和对人才的了解，可以提名推荐农村集体经济组织理事会成员候选人，将政治素质高、工作能力强、群众基础好的优秀人才纳入候选人范围，为理事会注入活力。同时，党组织负责人可以通过法定程序担任农村集体经济组织理事长，实现党对农村集体经济组织的有效领导，保障农村集体经济发展沿着正确方向前进，更好地服务于乡村振兴战略和保障广大成员利益。

▶条文参见

《农民专业合作社法》第32条至第34条、第44条、第59条

第三十条 理事会职责

理事会对成员大会、成员代表大会负责，行使下列职权：

（一）召集、主持成员大会、成员代表大会，并向其报告工作；

（二）执行成员大会、成员代表大会的决定；

（三）起草农村集体经济组织章程修改草案；

（四）起草集体经济发展规划、业务经营计划、内部管理制度等；

（五）起草农村土地承包、宅基地使用、集体经营性财产收益权份额量化，以及集体经营性建设用地使用、出让或者出租等方案；

（六）起草投资方案；

（七）起草年度财务预决算、收益分配方案等；

（八）提出聘任、解聘主要经营管理人员及决定其报酬的建议；

（九）依照法律法规和农村集体经济组织章程管理集体财产和财务，保障集体财产安全；

（十）代表农村集体经济组织签订承包、出租、入股等合同，监督、督促承包方、承租方、被投资方等履行合同；

（十一）接受、处理有关质询、建议并作出答复；

（十二）农村集体经济组织章程规定的其他职权。

▶理解与适用

[对成员大会和代表大会负责]

农村集体经济组织的理事会作为核心执行机构，对成员大会、成员代表大会负责，首先应当承担召集、主持成员大会、成员代表大会，并向其报告工作的职责。会议筹备阶段，规划会议时间、地点，并将会议议程及相关资料提前通知到各成员，确保成员能充分了解会议内容，做好参会准备。会议期间，有序推进各项议程，保障会议顺利进行。同时，报告工作涵盖组织的运营状况、财务收支明细、项目进展情况以及未来发展规划等，使成员能够全面掌握农村集体经济组织的动态，为成员参与决策提供坚实信息基础。对于成员大会、成员代表大会作出的决定，理事会应当严格执行，通过制订详细的执行计划，明确责任分工与时间节点，确保各项决定能够精准、高效地落实。

[起草有关文件]

主要包括以下职责：一是起草章程修改草案。根据农村集体经济组织的发展需求、政策法规变化以及成员意见，起草章程修改草案。二是起草集体经济发展规划、业务经营计划、内部管理制度等。起草集体经济发展规划要明确组织在产业发展、资产运营等方面的方向。起草业务经营计划，要对组织年度内的生产任务、销售目标、成本控制等生产经营活动进行细致安排。起草内部管理制度，要涵盖财务管理、人员管理、资产管理等各个方面。三是起草农村土地承包、宅基地使用、集体经营性财产收益权份额量化，以及集体经营性建设用地使用、出让或者出租等方案。四是起草投资方案。投资方案要明确投资项目的选择依据、投资规模、预期收益、风险评估以及风险应对措施等内容。五是起草年度财务预决算、收益分配方案等。对组织年度内的收入与支出进行全面、精准的预测与规划。起草收益分配方案，明确分配原则、分配方式以及分配时间，确保收益分配既兼顾成员的当前利益，又能为组织的长远发展留存必要资金。

[具体管理职责]

主要包括以下几个方面：一是人事建议。即提出聘任、解聘主要经营管理人员及决定其报酬的建议。提出聘任建议时，要对候选人的专业能力、工作经验、管理水平以及职业道德等方面进行考察与评估；解聘建议，要有充分的事实依据与合理理由。确定报酬建议要综合考虑市场行情、岗位职责、工作业绩等因素。二是集体管理财产。即依照法律法规和农村集体经济组织章程管理集体财产和财务，保障集体财产安全。建立健全资产台账，定期对集体资产进行清查盘点。合理运营集体资产，通过租赁、入股等方式实现资产的增值。严格执行财务制度，规范财务收支流程，加强财务监督与审计。三是合同事务。即代表农村集体经济组织签订承包、出租、入股等合同，监督、督促承包方、承租方、被投资方等履行合同。签订合同前，对合同条款进行审查与协商，确保合同内容符合组织利益。合同签订后，及时收取租金、股息等收益，并处理合同履行过程中出现的纠纷与问题。四是质询与建议处理。对于成员提出的有关组织运营管理、财务状况、决策执行等方面的质询、建议，及时接受并认真处理。

▶条文参见

《农民专业合作社法》第33条、第44条、第59条

第三十一条　理事会会议

理事会会议应当有三分之二以上的理事会成员出席。

理事会实行一人一票的表决方式。理事会作出决定，应当经全体理事的过半数同意。

理事会的议事方式和表决程序由农村集体经济组织章程具体规定。

▶理解与适用

理事会会议主要涉及以下内容：一是出席要求。理事会会议应当有三分之二以上的理事会成员出席，确保会议决策能够广泛反映多数理事的意见与意志。当出席人数未达到三分之二时，会议作出的决议不具备法律效力。二是表决机制。理事会实行一人一票的表决方式，体现公平原则，无论理事的职位高低、资历深浅，在决策过程中都拥有平等的表决权，保证每个理事都能充分行使自身权利，避免了权力集中与决策偏袒。理事会作出决定，应当经全体理事的过半数

同意。如果赞成票数未达全体理事过半数，相关议题将被视为未通过。三是议事依据。理事会的议事方式和表决程序由农村集体经济组织章程具体规定。章程作为组织运行的根本准则，在遵循法律法规的基础上，对理事会会议的召集方式、通知时限、议程设置、表决形式以及特殊事项的表决要求等内容作出具体规定。

第三十二条　监事会（监事）

农村集体经济组织设监事会，成员较少的可以设一至二名监事，行使监督理事会执行成员大会和成员代表大会决定、监督检查集体财产经营管理情况、审核监督本农村集体经济组织财务状况等内部监督职权。必要时，监事会或者监事可以组织对本农村集体经济组织的财务进行内部审计，审计结果应当向成员大会、成员代表大会报告。

监事会或者监事的产生办法、具体职权、议事方式和表决程序等，由农村集体经济组织章程规定。

▶理解与适用

农村集体经济组织设立监事会作为内部监督机构，成员数量较少的农村集体经济组织，基于精简高效原则，可灵活设一至二名监事，履行内部监督核心职能。监事会或监事的职权主要包括以下几个方面：一是监督理事会执行成员大会和成员代表大会决定的情况。主要对决策的执行进度、执行方式及执行效果进行监督，保障决议能够得到准确、及时落实。二是监督检查集体财产经营管理情况。通过对集体资产的购置、使用、处置等环节进行监督，确保资产交易流程合法合规。通过监督集体财产的经营运作，评估经营策略是否合理、收益是否达到预期，促进集体资产保值增值。三是审核监督本农村集体经组织财务状况。定期对组织的财务收支、会计核算、财务报表等进行审查，确保财务数据真实、准确、完整，保障农村集体经济组织资金合理配置与有效利用。四是内部审计。在必要时，监事会或者监事有权组织对本农村集体经济组织的财务进行内部审计。"必要时"通常包括组织进行重大资产变动、成员对财务状况存在重大质疑、发现财务异常情况等情形。审计结束后，需及时形成审计报告，详细说明审计过程、发现的问题及整改建议，并将审计结果如实向成员大会、成员代表大会报告。关于监事会或者监事的产生办法、具体职权、议事方式和表决程序等，由农村集体经济组织章程根据自身实际情况作出具体规定。

▶条文参见

《农民专业合作社法》第33条

第三十三条 会议记录

农村集体经济组织成员大会、成员代表大会、理事会、监事会或者监事召开会议，应当按照规定制作、保存会议记录。

▶理解与适用

农村集体经济组织的成员大会、成员代表大会、理事会、监事会或者监事依法履行职责，在召开会议时应当规范制作与妥善保存会议记录。会议记录不仅要详细记录会议的基本信息，如会议召开的具体时间、准确地点、主持人、参会人员等，还要如实记录会议议程推进情况，包括各项议题的提出背景、讨论过程中的不同观点与意见、最终形成的决议内容以及决议的表决情况，明确赞成、反对、弃权的票数及对应的成员。具体要求如下：一是成员大会会议记录完成后，需经参会成员代表签字确认，作为成员大会决策过程与结果的书面凭证，以备成员随时查阅、上级部门监督检查以及在可能出现的法律纠纷中作为关键证据。二是成员代表会议的记录，应反映不同区域、不同利益群体代表的声音。三是理事会会议记录要详细记录理事们对各项议题的分析讨论过程，特别是在涉及重大财务支出、资产处置、投资项目等事项时，需记录每位理事的表决意见及理由。四是监事会或监事会议记录要重点记录监督检查过程中发现的问题、对问题的分析判断、提出的整改建议以及与理事会的沟通协调情况等。

▶条文参见

《公司法》第64条、第81条；《农民专业合作社法》第34条

第三十四条　交叉任职和回避

农村集体经济组织理事会成员、监事会成员或者监事与村党组织领导班子成员、村民委员会成员可以根据情况交叉任职。

农村集体经济组织理事会成员、财务人员、会计人员及其近亲属不得担任监事会成员或者监事。

▶理解与适用

农村集体经济组织理事会成员、监事会成员或者监事与村党组织领导班子成员、村民委员会成员可以交叉任职。交叉任职机制有利于促进农村各类组织之间的协同合作，优化资源配置，提升农村治理效率与集体经济发展效能。比如，当农村集体经济组织开展理事会成员、监事会成员或监事的选举工作时，若村党组织领导班子成员、村民委员会成员符合任职资格条件，可以参与竞选相应职位。农村基层党组织、村委会组织

开展村党组织领导班子成员、村民委员会成员选举时，农村集体经济组织理事会成员、监事会成员或者监事只要符合条件，也可以参加竞选。这样，可以实现党组织领导与集体经济组织管理的有机融合。同时，为保障农村集体经济组织内部监督机制的独立性与公正性，法律明确规定农村集体经济组织理事会成员、财务人员、会计人员及其近亲属不得担任监事会成员或者监事，这主要是为了避免可能出现的利益关联与监督失效问题。

第三十五条　人员义务及禁止性规定

农村集体经济组织理事会成员、监事会成员或者监事应当遵守法律法规和农村集体经济组织章程，履行诚实信用、勤勉谨慎的义务，为农村集体经济组织及其成员的利益管理集体财产，处理农村集体经济组织事务。

农村集体经济组织理事会成员、监事会成员或者监事、主要经营管理人员不得有下列行为：

（一）侵占、挪用、截留、哄抢、私分、破坏集体财产；

（二）直接或者间接向农村集体经济组织借款；

（三）以集体财产为本人或者他人债务提供担保；

（四）违反法律法规或者国家有关规定为地方政府举借债务；

（五）以农村集体经济组织名义开展非法集资等非法金融活动；

（六）将集体财产低价折股、转让、租赁；

（七）以集体财产加入合伙企业成为普通合伙人；

（八）接受他人与农村集体经济组织交易的佣金归为己有；

(九) 泄露农村集体经济组织的商业秘密;
(十) 其他损害农村集体经济组织合法权益的行为。

▶理解与适用

[有关人员义务]

农村集体经济组织理事会成员、监事会成员或者监事肩负重要职责,其行为直接关系农村集体经济组织的稳健运行以及全体成员的切身利益,应当严格遵守法律法规和农村集体经济组织章程。具体义务包括:一是履行诚实信用、勤勉谨慎义务。在对外开展业务合作,如签订集体土地流转合同、参与项目投资洽谈,以及在内部管理决策过程中,都要如实披露信息,不得隐瞒真相、欺骗成员或合作方。理事会成员在制定集体经济发展规划、推动业务经营计划实施时,要深入调研市场、分析行业趋势,谨慎决策每一个项目,确保集体资产投资的安全性与收益性。监事会成员或者监事在履行监督职责时,需保持高度的责任心与职业敏感性,定期且深入检查集体财产经营管理的各个环节。二是为农村集体经济组织及其成员的利益管理集体财产、处理农村集体经济组织事务。管理集体财产,要以实现集体资产的保值增值为目标,合理配置资源,充分发挥各类资产的效益。在处理农村集体经济组织事务中,始终将成员利益放在首位,为成员创造更多的收益与福利,增强农村集体经济组织的凝聚力与吸引力。

[禁止性规定]

为进一步规范行为,保障农村集体经济组织的合法权益,对农村集体经济组织理事会成员、监事会成员或者监事、主要经营管理人员作出以下禁止性规定:一是禁止侵占、挪用、截留、哄抢、私分、破坏集体财产。二是禁止直接或者间接向农村集体经济组织借款。三是禁止以集体财产为本人或者他人债务提供担保。四是禁止违反法律法规或者国家有关规定为地方政府举借债务。五是禁止以农村集体经济组织名义开展非法集资等非法金融活动。六是禁止将集体财产低价折股、转让、租赁。七是禁止以集体财产加入合伙企业成为普通合伙人。八是禁止接受他人与农村集体经济组织交易的佣金归为己有。九是禁止泄露农村集体经济组织的商业秘密。十是禁止其他损害农村集体经济组织合法权益的行为。即除上述明确列举之项外，任何可能对农村集体经济组织合法权益造成损害的行为，无论行为方式与手段如何，只要其结果是对农村集体经济组织的财产安全、运营发展、成员利益等方面产生负面影响，均在禁止之列。

▶条文参见

《公司法》第179条至第181条；《刑法》第176条、第271条

第五章 财产经营管理和收益分配

第三十六条　集体财产范围及权利主体

集体财产主要包括：

（一）集体所有的土地和森林、山岭、草原、荒地、滩涂；

（二）集体所有的建筑物、生产设施、农田水利设施；

（三）集体所有的教育、科技、文化、卫生、体育、交通等设施和农村人居环境基础设施；

（四）集体所有的资金；

（五）集体投资兴办的企业和集体持有的其他经济组织的股权及其他投资性权利；

（六）集体所有的无形资产；

（七）集体所有的接受国家扶持、社会捐赠、减免税费等形成的财产；

（八）集体所有的其他财产。

集体财产依法由农村集体经济组织成员集体所有，由农村集体经济组织依法代表成员集体行使所有权，不得分割到成员个人。

▶理解与适用

[集体所有的自然资源]

主要包括：一是土地，包含耕地、林地、园地、牧草地、养殖水面等用于农业生产的土地，以及农村和城市郊区除法律规定属于国家所有之外的土地。二是森林，是重要的生态资源，对维持生态平衡起着关键作用。三是山岭，通常具有丰富的矿产资源和生态景观价值。四是草原，是畜牧业发展的重要基础。五是荒地，有待合理开发利用以发挥其经济价值。六是滩涂，在渔业、湿地保护等方面具有重要价值。这些自然资源是农村集体经济组织发展的重要物质基础，也是农民生产生活的根本保障。

[集体所有的生产与基础设施]

主要包括：一是集体所有的建筑物，如村办工厂厂房、仓库、办公场所等，为农村集体经济组织的生产经营活动提供了空间载体。二是生产设施，如农业机械设备、工业生产流水线等，是进行生产作业的重要工具。三是农田水利设施，包括灌溉渠道、水库、水闸、泵站等，对于保障农业生产用水、提高农业生产能力至关重要，直接关系到农作物的收成和农民的经济收益。

[集体所有的公共服务与基础设施]

主要包括：一是教育设施，如村办学校的教学楼、教学设备等，这是农村地区教育事业的硬件基础。二是科技设施，如农业科技示范基地的相关设备，可促进农业科技成果的转化和应用。三是文化设施，像村文化活动室、图书馆等。四是卫生设施，包括村卫生室的医疗设备、房屋等。五是体育设施，如村庄内的健身器材场地等，有利于提高农民的身体素质。六是交通设施，如村道、桥梁等。七是农村人居环境基础设施，如污水处理设施、垃圾收集站点等。

[集体所有的资金]

主要包括：一是农村集体经济组织通过自身经营活动所获得的收入积累资金，如集体企业的利润、土地发包租金收入等。二是政府给予的各类扶持资金，用于支持农村集体经济组织发展产业、改善基础设施等。三是其他合法来源的资金。以上这些资金是农村集体经济组织开展各项经济活动和公共事务的重要经济支撑。

[集体投资兴办的企业及相关权益]

主要包括：一是集体投资兴办的企业，是农村集体经济组织发展经济的重要载体，通过创办企业可以充分利用当地资源，增加就业机会，提高农民收入。二是集体持有的其他经济组织的股权，是农村集体经济组织对外投资的一种形式，通过持有股权可以分享其他企业的发展成果，获得股息、红利等收益。三是其他投资性权利，如对某项资产的收益权等，构成农村集体经济组织的重要财产权益，对壮大集体经济实力具有重要作用。

[集体所有的无形资产]

主要包括：一是集体所拥有的商标权，作为企业或产品的标识，具有重要的品牌价值，能提升农产品或农村企业产品的市场竞争力。二是集体所有的专利权，体现农村集体经济组织在技术创新方面的成果，可通过专利许可、转让等方式获取经济收益。三是集体所有的著作权，如农村文艺作品的著作权等，在文化产业发展中具有潜在的经济价值。四是其他无形资产。以上这些无形资产虽然不具有实物形态，但能为农村集体经济组织带来长期的经济效益和竞争优势。

[集体所有的特定来源财产]

主要包括：一是集体所有的接受国家扶持形成的财产，如国家为支持农村发展给予的专项物资、设备等，在改善农村生产生活条件方面发挥着重要作用。二是社会捐赠形成的财产，体现了社会各界对农村发展的关心和支持，可能包括资金、物资等。三是减免税费等形成的财产，如因国家税收优惠政策而节省下来的资金等。以上这些财产都归集体所有，用于农村集体经济组织的发展和农村公共事业建设。

[集体所有财产的所有权]

除上述明确列举之项外，还有其他依法归集体所有的财产。

集体财产依法由农村集体经济组织成员集体所有，体现了农村集体所有制的本质特征。农村集体经济组织依法代表成员集体行使所有权，负责对集体财产进行经营、管理、监督等各项活动。任何情况下都不得将集体财产分割到成员个人，这主要是为了保障集体财产的完整性和稳定性，使其能够持续为农村集体经济组织成员集体的利益服务。

▶条文参见

《民法典》第260条、第261条、第268条

第三十七条　集体财产经营管理

集体所有和国家所有依法由农民集体使用的耕地、林地、草地以及其他依法用于农业的土地，依照农村土地承包的法律实行承包经营。

集体所有的宅基地等建设用地，依照法律、行政法规和国家有关规定取得、使用、管理。

集体所有的建筑物、生产设施、农田水利设施，由农村集体经济组织按照国家有关规定和农村集体经济组织章程使用、管理。

　　集体所有的教育、科技、文化、卫生、体育、交通等设施和农村人居环境基础设施，依照法律法规、国家有关规定和农村集体经济组织章程使用、管理。

▶ **理解与适用**

[集体所有土地管理]

　　集体所有和国家所有依法由农民集体使用的耕地、林地、草地以及其他依法用于农业的土地，依照农村土地承包法相关法律实行承包经营。农村集体经济组织作为发包方，需遵循法定程序，按照公平、公正、公开的原则，将土地发包给本集体经济组织成员或其他符合条件的单位和个人。发包方享有监督承包方合理利用和保护土地、制止承包方损害承包地和农业资源行为的权利，同时承担维护承包方的土地承包经营权、尊重承包方生产经营自主权等义务。承包方的土地承包经营权受法律保护，任何组织和个人不得侵犯，承包地被依法征收、征用、占用的，承包方有权依法获得相应的补偿。

[集体所有建设用地管理]

　　集体所有的宅基地等建设用地，依据民法典、土地管理法等法律法规，以及地方性法规、规章和国家有关规定取得、使用、管理。经依法批准的宅基地，村民享有使用权，但不得擅自改变用途，不得买卖或者以其他形式非法转让宅基地。村民对宅基地上的房屋及其他附着物享有所有权。若宅基地因自然灾害等原因灭失的，宅基地使用权消灭，对失去宅基地的村民，应当重新分配宅基地。对于闲置宅基地和闲置住宅，农村集体经济组织可通过多种方式盘活利用，可采取出租、入股等方式，发展乡村旅游、民宿、农产品加工等产业，提高宅基地利用效率。

［集体所有的建筑物、生产设施与农田水利设施管理］

集体所有的建筑物、生产设施、农田水利设施，由农村集体经济组织按照国家有关规定和农村集体经济组织章程进行使用、管理。在使用方面，应根据资产的用途和性能，合理安排使用，充分发挥资产效能。同时，要加强对资产使用过程中的维护和保养，制定设备操作规程和维护制度，确保设备正常运行，延长使用寿命。在管理方面，农村集体经济组织应建立资产运营决策机制，重大资产运营事项需经成员（代表）大会讨论决定。对资产的处置，如出售、报废等，应通过评估、招标、拍卖等方式进行，防止集体资产流失。

［集体所有的公共服务与基础设施管理］

集体所有的教育、科技、文化、卫生、体育、交通等设施和农村人居环境基础设施，依照法律法规、国家有关规定和农村集体经济组织章程使用、管理。在使用上，各类设施应向全体农村居民开放，保障农村居民平等享受公共服务的权利。比如，村文化活动室、图书馆等文化设施应定期组织开展文化活动，丰富农村居民精神文化生活；村卫生室要配备必要的医疗设备和医护人员。在管理方面，应建立设施维护管理制度，明确维护责任主体和维护标准，定期对设施进行检查、维修和保养，确保设施正常运行。此外，还应建立设施使用监督机制，接受农村居民和社会监督，定期公开设施使用和管理情况，提高管理透明度。

▶条文参见

《民法典》第330条；《土地管理法》第13条

第三十八条　其他农村土地的经营

依法应当实行家庭承包的耕地、林地、草地以外的其他农村土地，农村集体经济组织可以直接组织经营或者依法实行承包经营，也可以依法采取土地经营权出租、入股等方式经营。

▶理解与适用

[直接组织经营]

农村集体经济组织可凭借自身力量直接组织经营耕地、林地、草地以外的其他农村土地。比如，对于荒山，可规划种植适宜的经济林木，发展特色林业产业。针对荒滩，条件允许的情况下可开展水产养殖项目。组织需负责从前期土地整理、种苗采购、设备购置，到中期生产管理、技术指导，再到后期产品销售等全流程工作。在人员安排上，可以聘用本集体经济组织成员，为其提供就业岗位，增加农民收入。同时，要依据市场需求和土地实际情况，引入先进的农业生产技术和管理经验，提高土地的经营效益。为保障经营活动顺利开展，需建立严格的财务管理制度，对经营成本、收益进行精准核算，定期向成员公开账目，接受成员监督。

[依法实行承包经营]

农村集体经济组织可依法将这些土地实行承包经营，承包对象既可以是本集体经济组织成员，也可以是外部符合条件的单位或个人。同等条件下，本集体经济组织成员享有优先承包权，这充分保障了本组织成员对集体土地的权益。一旦确定承包方，双方需依法签订承包合同。合同中需明确土地的位置、面积、用途、承包期限、承包费用及支付方式、双方权利义务、违约责任等关键条款。承包期限应根据土地类型和经营项目的特点合理确定，一般来说，"四荒地"等土地的承包期可适当延长,鼓励承包方进行长期投入和规划。承包费用的确定需综合考虑土地的质量、地理位置、市场行情等因素,确保集体资产的保值增值。合同签订后,应及时向相关部门备案,并可依法进行公证,增强合同的法律效力。

[依法采取土地经营权出租、入股等方式经营]

农村集体经济组织可将土地经营权出租给其他主体。出租时要签订书面出租合同,明确出租期限、租金标准及支付方式、土地用途限制、土地交付时间等条款。出租期限不得超过土地承包期的剩余期限,租金标准应根据土地的市场价值和预期收益合理确定。土地经营权入股,是指将土地经营权折股分给本集体经济组织成员后,再实行股份合作经营,是盘活土地资源的有效方式。农村集体经济组织可与其他市场主体合作,以土地经营权入股设立农民专业合作社、农业企业等。在此过程中,需对土地经营权进行合理评估作价,确定入股比例。集体经济组织作为股东,要积极参与经营主体的决策管理,保障集体和成员的合法权益。

▶条文参见

《民法典》第342条;《土地管理法》第11条;《农村土地承包法》第13条

第三十九条 集体经营性建设用地的用途和入市方式

对符合国家规定的集体经营性建设用地,农村集体经济组织应当优先用于保障乡村产业发展和乡村建设,也可以依法通过出让、出租等方式交由单位或者个人有偿使用。

▶理解与适用

[优先保障乡村产业发展和乡村建设]

符合国家规定的集体经营性建设用地,是指经依法登记,依据国土空间规划或现行土地利用总体规划、城乡建设规划，确定为工业、商业（不含商品房开发）、保障性租赁住房等经营性用途的农村集体建设用地。农村集体经济组织应当将符合国家规定的集体经营性建设用地优先用于保障乡村产业发展和乡村建设。比如，用于兴办各类农村企业，如农产品加工厂，或是建设农村电商服务中心，搭建线上销售平台，以及发展乡村旅游产业，建设农家乐、民宿、乡村旅游景区配套设施等。此外，还可以建设乡村基础设施，如建设仓储物流设施等。

[依法通过出让、出租等方式交由单位或者个人有偿使用]

以出让方式将集体经营性建设用地交由单位或者个人使用时，需确保土地符合多项条件。一是必须符合国土空间规划，不得占用生态红线和基本农田，保障土地利用的科学性和合理性，与国家整体空间布局和生态保护要求相契合。二是产权需明晰，界址清楚，无权属争议，且已依法完成集体土地所有权登记，只有明确产权归属，才能保障交易安全和各方权益。三是符合产业、环保等政策及标准要求，具备必要的通路、通水、通电、土地平整等开发建设条件，为后续项目落地和开发建设奠定基础。无论是采取出让还是出租等方式流转集体经营性建设用地，农村集体经济组织都需严格遵循相关法律法规，确保流转合法、有序进行。

▶条文参见

《土地管理法》第63条、第66条、第82条

第四十条 经营性财产收益

农村集体经济组织可以将集体所有的经营性财产的收益权以份额形式量化到本农村集体经济组织成员，作为其参与集体收益分配的基本依据。

> 集体所有的经营性财产包括本法第三十六条第一款第一项中可以依法入市、流转的财产用益物权和第二项、第四项至第七项的财产。
>
> 国务院农业农村主管部门可以根据本法制定集体经营性财产收益权量化的具体办法。

▶ 理解与适用

［经营性财产收益权量化］

农村集体经济组织可以将集体所有的经营性财产的收益权以份额形式量化到本农村集体经济组织成员，作为其参与集体收益分配的基本依据。集体所有的经营性财产包括本法第36条第1款第1项中可以依法入市、流转的财产用益物权，如集体经营性建设用地的使用权，此类土地通过出让、出租等方式交由单位或个人使用所产生的收益权可进行量化，以及第2项集体所有的建筑物、生产设施、农田水利设施，第4项集体所有的资金，第5项集体投资兴办的企业和集体持有的其他经济组织的股权及其他投资性权利所带来的收益，第6项集体所有的无形资产，第7项集体所有的接受国家扶持、社会捐赠、减免税费等形成的财产，这些财产用于经营活动产生收益时，其收益权都可纳入量化范畴。

［经营性财产收益权量化具体办法］

国务院农业农村主管部门可以根据本法制定集体经营性财产收益权量化的具体办法，以进一步细化操作流程、明确量化标准和规范管理要求，为全国各地农村集体经济组织开展收益权量化工作提供更具针对性和可操作性的指导。具体办法可以包括以下内容：一是量化方法与流程。制订科学合理的量化方案。明确份额的性质、数量、变动情况等信息。二是明确动态调整机制。根据成员情况和经营性财产状况变化，建立收益权份额的动态调整机制。三是收益分配依据与实施、分配程序和监督管理。

▶条文参见

《民法典》第342条

第四十一条　新型农村集体经济多样化发展途径

农村集体经济组织可以探索通过资源发包、物业出租、居间服务、经营性财产参股等多样化途径发展新型农村集体经济。

▶理解与适用

为提升集体经济活力与竞争力，农村集体经济组织可积极探索通过资源发包、物业出租、居间服务、经营性财产参股等多样化途径，大力发展新型农村集体经济。一是资源发包。农村集体经济组织拥有丰富的集体资源，如未承包到户的"四荒地"、机动地、林地、草原、养殖水面等，通过依法开展资源发包，能有效盘活这些资源，实现集体增收。二是物业出租。在城中村、城郊村以及经济发达村等具有独特区位优势的区域，农村集体经济组织可充分利用这一优势，大力发展物业经济。比如，对集体所有的闲置建筑物，如老校舍、旧村部、废弃厂房等进行改造盘活。再如，积极投资新建厂房、门面房、扶贫车间、仓储设施、停车场、温室大棚等经营性物业。三是居间服务。居间服务是农村集体经济组织拓展收入来源的创新途径。农村集体经济组织可凭借自身熟悉本地资源、了解农户需求、掌握市场信息的优势，积极开展多种居间服务业务，如土地流转中介服务、劳务介绍服务。四是经营性财产参股。农村集体经济组织可利用自身拥有的经营性财产，如集体资金、固定资产（房屋、设备等）、无形资产（商标权、专利权等）

以及政府帮扶资金等,与其他市场主体开展股份合作,通过经营性财产参股的方式,参与各类乡村产业项目,分享产业发展红利。

▶条文参见

《民法典》第339条、第961条;《土地管理法》第63条;《乡村振兴促进法》第19条

第四十二条　收益使用和分配

农村集体经济组织当年收益应当按照农村集体经济组织章程规定提取公积公益金,用于弥补亏损、扩大生产经营等,剩余的可分配收益按照量化给农村集体经济组织成员的集体经营性财产收益权份额进行分配。

▶理解与适用

[提取公积公益金]

农村集体经济组织应当按照章程规定提取公积公益金。用途主要包括两个方面:一是用于弥补亏损。在经营活动中,难免会遭遇诸如市场波动、自然灾害等不利因素,导致经营亏损。例如,农产品市场价格大幅下跌,使得以农产品种植、销售为主业的集体经济组织收入锐减,出现亏损局面。此时,公积公益金便可用于填补亏空,维持组织的正常运转。二是扩大生产经营。随着农村产业结构调整和市场竞争加剧,集体经济组织要发展壮大,需不断拓展业务领域、更新生产设备、引进先进技术等。公积公益金可为这些举措提供资金支持,助力集体经济组织实现可持续发展。此外,公积公益金还可用于发展农村公益事业,如修建乡村道路、改善水利设施、建设文化活动中心等。

[剩余可分配收益分配]

提取公积公益金后的剩余可分配收益,按照量化给农村集体经济组织成员的集体经营性财产收益权份额进行分配。分配过程严格遵循"同股同权、同股同利"原则,杜绝歧视和不公平对待。分配前应当编制收益分配方案,明确可分配收益的总额、各成员应分配的收益金额、分配方式(如现金发放、转账至成员账户等)、分配时间等关键内容。考虑到农村集体经济组织成员情况和经营状况会发生变化,收益分配应建立动态调整机制。比如,集体经营性财产发生新增投资、资产处置、经营效益大幅波动等重大变动,应重新评估和调整成员的收益权份额及可分配收益金额,确保分配结果与实际经营状况相适应。

▶条文参见

《农民专业合作社法》第44条

第四十三条　集体财产管理

农村集体经济组织应当加强集体财产管理,建立集体财产清查、保管、使用、处置、公开等制度,促进集体财产保值增值。

省、自治区、直辖市可以根据实际情况,制定本行政区域农村集体财产管理具体办法,实现集体财产管理制度化、规范化和信息化。

▶理解与适用

[集体财产管理制度]

为确保集体财产的安全与保值增值,农村集体经济组织应当依据相关法律法规,加强集体财产管理,建立集体财产清查、保管、使用、处置、公开等制度。具体内容包括:一是集体财产清查制度。清查范围包括集体所有的各类资产。在清查过程中,需对各类财产的数量、质量、权属、使用状况、价值等进行全面核实。应定期开展集体财产清查,特殊情况下可根据实际需要随时组织清查。清查结束后,清查小组需编制清查报告,详细记录清查过程中发现的问题,并提出处理建议。二是集体财产保管制度。应明确集体财产的保管责任主体,构建分工明确、责任到人的保管体系。针对不同类型的集体财产,要配备相应的保管设施,营造适宜的保管环境。针对保管过程中可能面临的风险,如自然灾害风险、人为破坏风险、市场波动风险等,采取有效的防控措施。三是集体财产使用制度。集体财产的使用应遵循效益最大化、合理合规、保障成员权益等原则。要建立严格的集体财产使用审批制度,规范财产使用行为。要定期对集体财产的使用效益进行评估,检验使用效果是否达到预期目标。四是集体财产处置制度。集体财产处置包括资产的出售、转让、报废、报损、对外捐赠等行为。集体财产处置需遵循规范的程序进行,处置收入属于农村集体经济组织全体成员所有,必须纳入财务统一管理,严禁任何单位或个人截留、挪用、私分。五是集体财产公开制度。应将集体财产的相关信息全面、真实、及时地向成员公开。要明确集体财产信息的公开时间与频率,保障成员的知情权。成员有权对公开的集体财产信息进行查询、质疑和提出建议

[集体财产管理具体办法]

为提升农村集体财产管理水平,本法授权省、自治区、直辖市可以根据本行政区域的实际情况,制定农村集体财产管理具体办法。具体办法应结合当地农村集体经济发展特点、资源禀赋、政策环境等因素,对集体财产清查、保管、使用、处置、公开等制度进行细化和完善,明确各项工作的具体标准、操作流程、责任主体、监督机制等内容,推动集体财产管理工

作的制度化、规范化和信息化。通过制定具体办法,形成完整、系统的管理制度体系,使集体财产管理工作有章可循,统一管理标准和操作要求,确保管理工作的公平公正,利用现代信息技术手段,建立农村集体财产信息化管理平台,实现集体财产信息的实时采集、动态监测、高效管理和便捷查询,提高管理效率和透明度。

▶条文参见

《民法典》第261条;《村民委员会组织法》第24条

第四十四条　财务管理和会计核算制度

农村集体经济组织应当按照国务院有关部门制定的农村集体经济组织财务会计制度进行财务管理和会计核算。

农村集体经济组织应当根据会计业务的需要,设置会计机构,或者设置会计人员并指定会计主管人员,也可以按照规定委托代理记账。

集体所有的资金不得存入以个人名义开立的账户。

▶理解与适用

[财务管理和会计核算]

《农村集体经济组织财务制度》中规定了会计科目的设置与运用、会计凭证的填制与审核、会计账簿的登记与管理、财务报表的编制与报送等内容,为农村集体经济组织的财务管理和会计核算提供标准的操作指南。农村集体经济组织必须严格规范财务管理流程,确保会计核算精准无误。在会计科目设置上,针对农村集体经济组织的资产、负债、所有者权益、收入、费用等要素,均有明确且符合其业务特点的科目分类,如设置"农业资产"科目来专门核算牲畜(禽)资产和林木资产等,精准反映农村集体经济组织特有的经济业务。

[会计工作模式]

农村集体经济组织需要依据自身会计业务的复杂程度和规模大小，灵活选择合适的会计工作模式。对于规模较大、经济业务繁多且复杂的农村集体经济组织，设置专门的会计机构是较为适宜的选择。在该机构中，应合理配备具备专业知识和技能的会计人员，明确各岗位的职责与分工。对于规模较小、业务相对简单的农村集体经济组织，可在内部有关机构中设置会计人员，并指定具备丰富经验和较强专业能力的会计主管人员。会计主管人员不仅要承担日常会计核算工作，还需对其他会计人员进行业务指导与监督，确保会计工作符合规范要求。此外，农村集体经济组织也可依照相关规定委托代理记账。在委托代理记账模式下，既可以选择委托经财政部门批准设立、具备从事会计代理记账业务资质的中介机构，也可以委托乡镇人民政府或街道办事处（村级会计委托代理服务）。

[资金管理的禁止性规定]

集体所有的资金作为农村集体经济组织的重要资产，应统一存入经合法程序开设的农村集体经济组织银行账户，该账户需以农村集体经济组织的名义进行开设，并按照银行相关规定进行管理。集体资金在存入银行过程中，要选择信誉良好、服务优质、安全性高的金融机构，确保资金存储安全。同时，农村集体经济组织应建立健全资金存储管理制度，明确资金存入、支取、对账等环节的操作流程与责任人员。农村集体经济组织必须严格遵守规定，严禁将集体所有的资金存入以个人名义开立的账户。此外，农村集体经济组织的监事会或监事要加强对集体资金存储情况的监督，定期检查银行账户资金收支记录、核对银行对账单等，对发现的问题及时提出整改建议，保障集体资金安全。

▶条文参见

《农村集体经济组织财务制度》

第四十五条　财务公开制度

农村集体经济组织应当定期将财务情况向农村集体经济组织成员公布。集体财产使用管理情况、涉及农村集体经济组织及其成员利益的重大事项应当及时公布。农村集体经济组织理事会应当保证所公布事项的真实性。

▶理解与适用

农村集体经济组织的财务公开主要包括三个方面：一是农村集体经济组织有责任定期向其成员公布财务情况。公开内容包括财务计划、各项收入、支出、财产状况、债权债务以及收益分配等多维度信息。例如，财务计划中包含财务收支计划、固定资产购建计划、农业基本建设计划等；各项收入涉及村提留、发包及上交收入、集体统一经营收入、土地补偿费等；支出则包括生产性建设支出、公益福利事业支出、村组干部工资及奖金、招待费支出等。二是及时公布的事项。包括集体财产使用管理情况、涉及农村集体经济组织及其成员利益的重大事项。三是理事会职责。农村集体经济组织理事会在财务公开工作中肩负着重要责任，应当确保所公布事项的真实性。在公开前，理事会应组织专门人员对拟公开的财务信息和集体财产使用管理情况等进行全面审核。在审核过程中，要仔细核对财务账目与原始凭证，确保数据准确无误；对集体财产的使用情况，要实地核查，验证其与公开内容是否相符。成员若对公开事项存在疑问或认为信息不真实，理事会应及时予以回应，必要时重新审查公开内容并再次公开。

▶条文参见

《农村集体经济组织财务制度》

第四十六条　年度报告制度

农村集体经济组织应当编制年度经营报告、年度财务会计报告和收益分配方案,并于成员大会、成员代表大会召开十日前,提供给农村集体经济组织成员查阅。

▶理解与适用

[报告内容]

农村集体经济组织应当严格按照国务院有关部门制定的农村集体经济组织财务会计制度,开展年度经营报告、年度财务会计报告和收益分配方案的编制工作。一是年度经营报告。是反映农村集体经济组织全年经营活动状况的重要文件,需全面涵盖组织在本年度内的经营项目、经营成果、发展策略执行情况等内容。二是年度财务会计报告。内容包括资产负债表、收益及收益分配表、会计报表附注等。资产负债表要如实反映农村集体经济组织在特定日期的财务状况,收益及收益分配表需清晰呈现年度内的收入来源、支出项目及金额,如经营收入、投资收益、发包及上交收入、生产性支出、管理费用、公益福利支出等。三是收益分配方案。要依据年度可分配收益情况确定分配总额。确定分配总额后,按照"偿还村级债务、提取公积公益金、提取福利费、提取管理费、向集体经济组织成员分红、其他分配"等顺序进行分配安排。

[报告程序和用途]

在完成年度经营报告、年度财务会计报告和收益分配方案的编制后,农村集体经济组织必须在成员大会、成员代表大会召开十日前,将这些资料提供给成员查阅,充分保障成员的知情权,使其有足够的时间深入了解组织的经营状况、财务情况及收益分配计划，以便在会议中能充分行使表决权，参与组织决策。提供的方式有多个途径，如可在固定的村务公开栏张贴纸质报告与方案，方便成员随时查看，也可以利用现代信息技术，通过农村集体资产监督管理平台、微信群、公众号等线上渠道发布。为确保成员对资料内容的理解，可在资料后附上简要说明或解读，对关键数据、重要事项进行解释。

▶条文参见

《农村集体经济组织财务制度》

第四十七条　审计监督制度

农村集体经济组织应当依法接受审计监督。

县级以上地方人民政府农业农村主管部门和乡镇人民政府、街道办事处根据情况对农村集体经济组织开展定期审计、专项审计。审计办法由国务院农业农村主管部门制定。

审计机关依法对农村集体经济组织接受、运用财政资金的真实、合法和效益情况进行审计监督。

▶理解与适用

农村集体经济组织依法接受审计监督，是保障其规范运营、维护成员合法权益、推动集体经济健康发展的关键环节。审计监督主要包括两个方面：一是定期审计和专项审计。县级以上地方人民政府农业农村主管部门和乡镇人民政府、街道办事处依据实际情况，对农村集体经济组织开展定期审计与专项审计。定期审计一般按照年度或季度等固定周期进行，全面审查农村集体经济组织的财务收支、资产负债、经营成果等情况，确保组织运营的规范性与持续性。专项审计则聚焦特定事项或领域，如对重大投资项目、集体土地流转、扶贫资金使用等进行针对性审查。二是审计机关审计。审计机关依法对农村集体经济组织接受、运用财政资金的真实、合法和效益情况进行审计监督。在真实性方面，重点审查农村集体经济组织接受的财政资金是否如实入账，资金收支记录是否准确无误，有无虚报冒领、隐瞒截留等情况。在合法性方面，重点关注财政资金的使用是否符合国家法律法规、政策以及相关资金管理办法的规定。在审计实施过程中，农村集体经济组织有义务积极配合审计工作。

▶条文参见

《农村集体经济组织财务制度》；《农村集体经济组织审计规定》

第四十八条　农村集体经济组织外部监督制度

农村集体经济组织应当自觉接受有关机关和组织对集体财产使用管理情况的监督。

▶理解与适用

农村集体经济组织肩负着管理集体资产、推动集体经济发展、保障成员权益的重任，其集体财产涵盖集体所有的各类资产。为确保集体财产的安全、完整与合理利用，农村集体经济组织应当自觉接受有关机关和组织对集体财产使用管理情况的全面监督。一是监督主体。涉及多个层面与领域，如县级以上地方人民政府农业农村主管部门会同财政、审计等部门，对集体财产的运营管理情况进行综合监督检查。乡镇人民政府、街道办事处作为基层管理机构，对本行政区域内农村集体经济组织的集体财产使用管理情况进行日常监督。监事会作为内部监督组织，对集体财产的使用管理情况进行全程监督。二是监督内容。涵盖集体财产使用管理的各个环节，如集体财产的使用规划、集体财产的日常经营管理活动、集体财产的财务收支情况等。三是监督方式。包括定期审计、专项检查、信息公开等多种形式。

▶条文参见

《农村集体经济组织财务制度》

第六章 扶持措施

第四十九条 财政支持

县级以上人民政府应当合理安排资金，支持农村集体经济组织发展新型农村集体经济、服务集体成员。

各级财政支持的农业发展和农村建设项目，依法将适宜的项目优先交由符合条件的农村集体经济组织承担。国家对欠发达地区和革命老区、民族地区、边疆地区的农村集体经济组织给予优先扶助。

县级以上人民政府有关部门应当依法加强对财政补助资金使用情况的监督。

▶理解与适用

[资金支持]

县级以上人民政府负有支持农村集体经济组织发展的职责。在资金支持方面，应当结合各地农村集体经济发展的实际状况、资源禀赋以及市场需求等因素，进行科学合理的统筹规划与安排。比如，通过设立专项发展资金，为农村集体经济组织开展特色产业项目、提升农业生产效率、完善农村基础设施建设等提供有力的资金保障，助力农村集体经济组织发展新型农村集体经济，为集体成员提供更为优质、多元的服务。

[项目扶持]

在农业发展和农村建设项目的承接上,各级财政支持的相关项目,应依据法律法规,在项目筛选与招标过程中,对适宜的项目进行明确界定,并优先考虑将其交由具备相应资质、管理规范、运营良好的农村集体经济组织承担。这主要是为农村集体经济组织创造更多的发展机遇,增强其自身的造血功能,推动其在实践中不断积累经验、提升能力,还能使项目更好地与农村实际相结合,提高项目实施的效果与效益,实现农业发展、农村建设与农村集体经济组织壮大的多赢局面。

[优先扶助]

区域发展平衡性与协调性至关重要,国家对于欠发达地区以及革命老区、民族地区、边疆地区的农村集体经济组织,给予重点扶持。在政策制定、资金分配、项目安排等方面,向这些地区倾斜,通过财政补贴、税收优惠、金融支持等多种方式,助力这些地区的农村集体经济组织克服发展过程中面临的资金短缺、技术落后、人才匮乏等难题,加快发展步伐,逐步缩小与发达地区的差距,实现共同繁荣发展。

[资金监管]

县级以上人民政府有关部门应当加强有关资金监管。针对财政补助资金,需建立健全全面、系统、严格的监督机制,从资金的拨付、使用到项目的实施进度、资金流向等各个环节,进行实时跟踪与动态监管。通过定期审计、专项检查、信息公开等方式,确保财政补助资金专款专用,防止出现资金被截留、挪用、浪费等现象,切实提高资金的使用效率,保障农村集体经济组织的合法权益,让财政补助资金真正发挥出推动农村集体经济发展、服务集体成员的最大效能。

第五十条　税收优惠

农村集体经济组织依法履行纳税义务，依法享受税收优惠。

农村集体经济组织开展生产经营管理活动或者因开展农村集体产权制度改革办理土地、房屋权属变更，按照国家规定享受税收优惠。

▶理解与适用

依法履行纳税义务，是农村集体经济组织遵循国家税收制度的基本要求；税收优惠，是国家对农村集体经济组织扶持的重要形式。一是依法纳税。农村集体经济组织在开展农产品种植与销售、乡村旅游服务提供、农村手工业产品制造与流通等各类生产经营活动中，只要产生了符合国家税法规定的应税行为，就应当按照既定的税种、税率以及纳税申报流程，及时、足额地缴纳税款。通过依法纳税，确保农村集体经济组织能够在合法合规的框架内持续运营，与其他市场主体共同营造健康有序的经济环境。二是享受税收优惠。在生产经营管理活动中，农村集体经济组织从事种植粮食作物、培育优良种苗、开展生态养殖等国家鼓励的农业产业项目，通常可以依据相关税收政策，享受增值税、企业所得税等方面的减免优惠。比如，在企业所得税方面，对于从事农、林、牧、渔业项目的所得，按照规定可以享受免征或减征的优惠。在农村集体产权制度改革过程中，当农村集体经济组织办理土地、房屋权属变更时，按照国家规定享受税收优惠。比如，经过股份合作制改革后的农村集体经济组织，在继承原集体经济组织的土地和房屋所有权时，可免除缴纳契税。

第五十一条　集体公益等支出计入成本

农村集体经济组织用于集体公益和综合服务、保障村级组织和村务运转等支出，按照国家规定计入相应成本。

▶理解与适用

农村集体经济组织担负着为集体成员提供公共服务与保障村级治理有序运行的职责。为保障相关职责履行，本法规定农村集体经济组织用于集体公益和综合服务、保障村级组织和村务运转等支出，可按照国家规定计入相应成本。一是集体公益和综合服务支出。主要是提升农村居民的生活质量等方面的支出，如农村基础设施建设方面，对村内道路的修缮与维护费用可计入成本。再如，农村饮水工程涉及的水源地保护与建设、供水管道的铺设与维护、水质监测与净化设备的购置与运行费用，可依法依规纳入成本核算。此外，农村集体经济组织出资建设乡村学校的图书馆、多媒体教室等教学设施，或者组织开展各类文化活动，如文艺演出、民俗展览等，其产生的费用，包括场地租赁、设备购置、人员报酬等，可按照国家相关规定在财务核算时计入相应成本。二是保障村级组织和村务运转的支出。村级组织日常办公费用，如办公用品的采购、办公场地的租赁与维护费用等，是维持村级组织正常运转的基础开支，可依法依规计入成本。在人员薪酬方面，村级组织工作人员，如村会计等的工资、福利以及培训费用，按照国家规定也应纳入成本核算范围。此外，村务活动的开展，如村民代表大会的组织费用，包括会议场地布置、资料印刷、参会人员交通补贴等，以及村务公开栏的制作与更新费用等，可作为保障村务运转的支出，依据国家规定计入相应成本。通过将这些支出合理纳入成本核算，享受相应的税收等政策。

▶条文参见

《农村集体经济组织财务制度》

第五十二条　金融支持措施

国家鼓励政策性金融机构立足职能定位,在业务范围内采取多种形式对农村集体经济组织发展新型农村集体经济提供多渠道资金支持。

国家鼓励商业性金融机构为农村集体经济组织及其成员提供多样化金融服务,优先支持符合条件的农村集体经济发展项目,支持农村集体经济组织开展集体经营性财产股权质押贷款;鼓励融资担保机构为农村集体经济组织提供融资担保服务;鼓励保险机构为农村集体经济组织提供保险服务。

▶理解与适用

[政策性金融机构支持]

国家鼓励政策性金融机构充分立足自身职能定位,在业务开展范围内,积极探索并采用多种形式,为农村集体经济组织发展新型农村集体经济提供多渠道资金支持。比如,农业发展银行等政策性银行,可通过专项贷款业务,针对农村集体经济组织开展现代化农田水利灌溉系统、规模化农产品仓储物流设施等大型农业基础设施建设项目,提供长期、大额且利率优惠的信贷资金。政策性金融机构还可与政府部门合作,设立产业发展基金,以股权或债权投资的方式,直接参与到农村集体经济组织的特色产业项目中,如对农村集体经济组织主导的特色农产品深加工产业进行投资,助力其引进先进生产设备与技术,提升产品附加值,增强市场竞争力,推动新型农村集体经济实现高质量发展。

[商业性金融机构支持]

国家鼓励商业性金融机构为农村集体经济组织及其成员量

身定制多样化金融服务。一是项目贷款。对依托当地自然资源优势开发的乡村生态旅游项目、结合传统手工艺打造的特色文化产业项目等符合条件的农村集体经济发展项目,优先给予信贷支持。二是集体经营性财产股权质押贷款。农村集体经济组织在完成产权制度改革后,拥有明晰的集体经营性资产股权。商业性金融机构可创新推出股权质押贷款产品。农村集体经济组织以其持有的集体经营性财产股权作为质押物,向金融机构申请贷款,盘活农村集体资产,拓宽融资渠道,促进集体产权市场化流转。

[融资担保机构支持]

国家鼓励融资担保机构积极为农村集体经济组织提供融资担保服务。融资担保机构可通过专业的风险评估与担保增信服务,帮助农村集体经济组织获得金融机构的信贷支持。在担保额度方面,根据农村集体经济组织的经营规模、项目前景等因素,合理确定担保金额。在担保费率上,给予一定优惠,降低农村集体经济组织的融资成本。同时,融资担保机构在提供担保服务过程中,应当加强对项目的跟踪与监管,及时发现潜在的风险并协助解决,促进融资活动的顺利开展。

[保险机构支持]

国家鼓励保险机构为农村集体经济组织提供全面的保险服务,构建风险屏障。针对农村集体经济组织从事的种植业、养殖业等产业,保险机构可推出多样化的农业保险产品,如农作物种植保险、畜禽养殖保险等。在农村集体经济组织开展的其他经营活动方面,如乡村旅游项目中游客意外伤害保险、农村集体资产财产保险等,保险机构提供的保险服务能够有效转移各类风险,为农村集体经济组织的持续经营保驾护航,增强其抵御风险的能力。

▶条文参见

《农业法》第86条;《商业银行法》第3条

第五十三条　建设用地和土地整理新增耕地

乡镇人民政府编制村庄规划应当根据实际需要合理安排集体经济发展各项建设用地。

土地整理新增耕地形成土地指标交易的收益,应当保障农村集体经济组织和相关权利人的合法权益。

▶理解与适用

[合理安排建设用地]

乡镇人民政府作为村庄规划编制的责任主体,在规划过程中,需充分考虑农村集体经济组织的发展需求,根据实际需要合理安排集体经济发展各项建设用地。在规划前期,应当深入农村集体经济组织开展调研,详细了解其现有的产业基础、未来的发展规划以及对建设用地的实际需求。在具体规划编制过程中,要严格遵循国家相关法律法规以及国土空间规划的总体要求。不得突破生态保护红线和永久基本农田保护范围,保障农村生态环境安全和粮食生产安全。对于一些关联性较强的产业项目,可规划建设产业园区,将农村集体经济组织的相关产业集中布局,实现资源共享、设施共建,提升产业集聚效应。此外,还要充分考虑建设用地的配套设施建设,如水电供应、污水处理、通信网络等,为农村集体经济组织的生产经营活动提供良好的基础条件。

[土地整理新增收益用途]

土地整理新增耕地形成土地指标交易收益,应当保障农村集体经济组织和相关权利人的合法权益。农村集体经济组织作为土地的所有者代表,对土地整理新增耕地及其形成的土地指标交易收益享有重要权益。当土地整理新增耕地形成土地指标并进行交易时，农村集体经济组织可按照一定比例获得交易收益，用于壮大集体经济、发展农村公益事业、改善成员生活条件等方面。对于相关权利人，如参与土地整理项目的施工方、技术服务机构等，其合法权益同样应得到保障。施工方应按照合同约定，获得相应的工程款项，确保其在土地整理过程中的投入得到合理回报。技术服务机构在提供土地整理规划设计、质量监测等专业服务后，也应依据协议收取服务费用。同时，对于因土地整理项目而涉及土地权益调整的农户，要给予妥善的补偿和安置。若农户的部分土地被纳入土地整理范围，导致其原有土地使用权益发生变化，农村集体经济组织应在收益分配中考虑给予这些农户适当的经济补偿，或者通过调整土地承包关系等方式，保障农户的土地权益不受损害。

▶条文参见

《土地管理法》第60条、第63条；《乡村振兴促进法》第67条

第五十四条　人才扶持

县级人民政府和乡镇人民政府、街道办事处应当加强农村集体经济组织经营管理队伍建设，制定农村集体经济组织人才培养计划，完善激励机制，支持和引导各类人才服务新型农村集体经济发展。

▶理解与适用

县级人民政府以及乡镇人民政府、街道办事处作为农村基层治理的主体，承担农村集体经济组织人才扶持的重要职责。一是加强农村集体经济组织经营管理队伍建设。通过深入调研农村集体经济组织的经营现状与人才需求，全面了解经营管理队伍的年龄结构、学历层次、专业技能分布等情况，为后续制

订科学合理的人才培养计划和政策措施提供坚实依据。培养对象包括组织现有的管理人员，如理事会成员、财务人员等，以及有潜力的农村青年、返乡创业人员。培养内容可针对农村集体经济组织的财务管理需求，开设财务会计、成本核算、财务风险管理等课程，以及开展市场调研、品牌建设、电商运营等培训，帮助经营管理人员掌握现代营销手段。二是完善激励机制，支持和引导各类人才服务新型农村集体经济发展。通过设立人才专项奖励基金、开展职称评定、提供优厚的薪酬待遇与福利保障等激励机制，吸引各类人才。具体支持和引导措施方面，可以加强与高校、科研机构的合作，建立人才交流与合作机制，鼓励高校涉农专业的学生到农村集体经济组织实习实践，毕业后优先到农村就业创业。吸引城市人才下乡参与农村集体经济发展，如通过制定优惠政策、提供创业扶持资金、税收减免、土地使用优惠等，鼓励城市中的企业家、专业技术人才、经营管理人才到农村投资兴业，与农村集体经济组织开展合作项目。

▶条文参见

《职业教育法》第25条；《就业促进法》第24条

第五十五条　农村集体经济组织其他支持措施

各级人民政府应当在用水、用电、用气以及网络、交通等公共设施和农村人居环境基础设施配置方面为农村集体经济组织建设发展提供支持。

▶理解与适用

各级人政府应当在公共设施配置方面对农村集体经济组织建设发展提供支持。具体包括以下几个方面：一是用水设施支持。对于以农业生产为主的农村集体经济组织，若其从事大规模种植、养殖产业，对灌溉用水需求巨大，政府可通过财政投入，协助建设大型灌溉水利工程，如修建水库、灌溉渠道等。对于部分偏远地区农村集体经济组织存在的水源地水质不佳、供水设施老化等问题，应加大资金投入，对水源进行净化处理，更新升级供水管道与设备。二是用电设施支持。应将农村集体经济组织所在区域的电网改造升级项目纳入规划，加大资金投入，提升电网供电能力与稳定性。对于农村集体经济组织开展的乡村旅游项目，政府支持电力部门在景区、民宿等场所优化电力布局，保障旅游旺季用电需求，提升游客体验，助力乡村旅游产业可持续发展。三是用气设施支持。农村集体经济组织相对集中的区域，政府可与燃气公司合作，通过财政补贴、政策优惠等方式，鼓励燃气公司投资建设燃气管网。四是网络设施支持。政府加大对农村地区网络建设的投入，推动宽带网络、移动通信网络向农村集体经济组织延伸覆盖。通过实施"宽带乡村"等工程，降低网络建设运营成本，鼓励通信运营商在农村地区加大网络基站建设力度，提升网络信号质量与带宽速度。五是交通设施支持。政府加强农村公路建设与维护，提高农村公路的通达深度与通行能力。对于农村集体经济组织发展特色产业所需的专用道路，如农产品运输通道、乡村旅游景区道路等，应优先规划建设。六是农村人居环境基础设施配置支持。政府应加大对农村生活垃圾处理、污水处理等基础设施建设的投入，保护农村生态环境，实现农村集体经济发展与生态环境保护的协调共进。

第七章 争议的解决和法律责任

第五十六条　内部纠纷解决机制

对确认农村集体经济组织成员身份有异议,或者农村集体经济组织因内部管理、运行、收益分配等发生纠纷的,当事人可以请求乡镇人民政府、街道办事处或者县级人民政府农业农村主管部门调解解决;不愿调解或者调解不成的,可以向农村土地承包仲裁机构申请仲裁,也可以直接向人民法院提起诉讼。

确认农村集体经济组织成员身份时侵害妇女合法权益,导致社会公共利益受损的,检察机关可以发出检察建议或者依法提起公益诉讼。

▶ 理解与适用

[内部纠纷解决机制]

主要包括以下三个方面:一是请求调解。对确认农村集体经济组织成员身份产生异议,或者农村集体经济组织因内部管理、运行、收益分配等方面发生纠纷时,当事人首先可以请求乡镇人民政府、街道办事处或者县级人民政府农业农村主管部门进行调解。这些基层政府部门及专业主管部门,熟悉农村集体经济组织的运作模式与当地实际情况,能够凭借其专业知识和行政资源,积极协调各方利益诉求,化解矛盾纠纷。二是申请仲裁。若当事人不愿选择调解,或者经过调解后纠纷仍未得到妥善解决,可以向农村土地承包仲裁机构申请仲裁。仲裁程序相对灵活、高效,能够快速解决纠纷,减少当事人的时间与经济成本。农村土地承包仲裁机构依据相关法律法规以及农村集体经济组织的实际情况,秉持公平、公正、公开的原则进行仲裁。三是提起诉讼。当事人还有权不经仲裁，直接向人民法院提起诉讼。比如，针对成员资格案件，法院经过审理，综合考虑当事人在村的生产生活情况、对集体的贡献以及相关法律法规，判决该农村集体经济组织是否应重新认定成员资格。

[检察监督与公益诉讼]

确认农村集体经济组织成员身份时侵害妇女合法权益，导致社会公共利益受损的，检察机关根据妇女权益保障法等有关规定依法介入。成员身份确认时对妇女权益造成侵害，主要包括出嫁女权益受剥夺、离婚妇女成员资格被不合理取消等情形。当此类情况发生且损害社会公共利益时，检察机关通过深入调查核实，向相关农村集体经济组织或其主管部门发出具有针对性的检察建议，指出存在的问题，提出整改要求与期限，督促其依法纠正错误行为，保障妇女合法权益。如果检察建议未能得到有效落实，或者侵害妇女合法权益的情形较为严重，检察机关有权依法提起公益诉讼。

▶条文参见

《妇女权益保障法》第77条；《民事诉讼法》第55条；《行政诉讼法》第25条

第五十七条　撤销侵害行为

农村集体经济组织成员大会、成员代表大会、理事会或者农村集体经济组织负责人作出的决定侵害农村集体经济组织成员合法权益的，受侵害的农村集体经济组织成员可以请求人民法院予以撤销。但是，农村集体经济组织按照该决定与善意相对人形成的民事法律关系不受影响。

受侵害的农村集体经济组织成员自知道或者应当知道撤销事由之日起一年内或者自该决定作出之日起五年内未行使撤销权的，撤销权消灭。

▶理解与适用

　　农村集体经济组织的成员大会、成员代表大会、理事会作为重要决策机构，负责人作为执行主体，作出的决定如果侵害成员合法权益的，受侵害的成员可以请求撤销。这一制度主要包括三个方面的内容：一是撤销情形。有关决定存在非法剥夺成员收益分配权、不合理限制成员参与集体事务管理权利、擅自处置集体资产损害集体利益等侵害成员合法权益的情形时，受侵害成员有权请求人民法院予以撤销。比如，理事会在未遵循章程规定的分配方案，私自降低部分成员的分红比例，被侵害成员可凭借相关证据，向法院提起诉讼，要求撤销该不合理的分配决定。二是善意相对人保护。法律在保护受侵害成员权益的同时，也充分考虑到了交易安全与善意相对人的合法权益。农村集体经济组织按照上述被撤销的决定，与善意相对人形成了民事法律关系，该民事法律关系不受影响。即使相关决定被法院撤销，但只要相对人在交易过程中不知道存在侵害成员权益的情形，属于善意无过失的一方，其与农村集体经济组织基于该决定形成的合同关系、物权变动关系等民事法律关系依然有效。三是撤销权行使期限。为维护法律关系的稳定性，避免因权利长期不行使导致法律关系处于不确定状态，法律对受侵害成员的撤销权行使期限作出了明确规定。受侵害的农村集体经济组织成员自知道或者应当知道撤销事由之日起一年内，或者自该决定作出之日起五年内未行使撤销权的，撤销权消灭。其中，"知道或者应当知道撤销事由之日起一年内"属于除斥期间，强调的是成员主观认知层面。当成员实际知晓决定侵害其权益，或基于正常认知能力应当发现权益受侵害时，需在一年内行使撤销权。

▶条文参见

《民法典》第252条、第265条

第五十八条　有关人员法律责任

农村集体经济组织理事会成员、监事会成员或者监事、主要经营管理人员有本法第三十五条第二款规定行为的，由乡镇人民政府、街道办事处或者县级人民政府农业农村主管部门责令限期改正；情节严重的，依法给予处分或者行政处罚；造成集体财产损失的，依法承担赔偿责任；构成犯罪的，依法追究刑事责任。

前款规定的人员违反本法规定，以集体财产为本人或者他人债务提供担保的，该担保无效。

▶理解与适用

[有关人员法律责任]

农村集体经济组织理事会成员、监事会成员、监事及主要经营管理人员担负组织运营管理职责，其履职行为直接关系集体资产安全与成员利益，如果实施第35条第2款列举的侵占、挪用、私分、损坏集体资产，违规处置集体资源，滥用职权谋取私利等行为，将被依法追究法律责任：一是由上级责令限期改正。即乡镇人民政府、街道办事处或县级人民政府农业农村主管部门将依法责令其限期改正，通过行政干预及时纠正违规行为，最大程度降低集体资产损失风险。二是处分和行政处罚。对于情节严重的违法违规行为，将依法给予处分或行政处罚。处分包括给予警告、记过、记大过、撤职、开除等。行政处罚则由具有执法权的部门，根据具体违法行为性质实施罚款、没收违法所得、吊销相关从业资格等。三是赔偿责任。赔偿范围不仅包括直接经济损失，如被侵占的资金、损坏的设备价值，还涵盖间接损失，如因违规决策导致的项目预期收益损失。实践中,可由专业审计机构对损失金额进行评估,确定赔偿数额。四是刑事责任。如果违反刑法相关规定,将依法追究刑事责任,如管理人员利用职务便利,将集体资产据为己有且数额较大,可能构成职务侵占罪;挪用集体资金归个人使用或借贷给他人,涉嫌挪用资金罪。

[违规担保后果]

针对有关人员违反法律法规,擅自以集体财产为本人或他人债务提供担保的行为,本法明确规定该担保行为自始无效。这一规定旨在切断违规担保对集体财产的侵害,保障集体资产安全。在担保无效后,农村集体经济组织有权要求解除担保关系,恢复集体财产原状。若因违规担保行为导致集体财产面临被执行风险,涉事人员需承担排除妨碍、赔偿损失等责任,确保集体财产安全不受侵害。同时,相关部门将对违规担保行为进行调查,视情节轻重依法追究涉事人员行政或刑事责任。

第五十九条　侵害农村集体经济组织合法权益的诉讼救济

对于侵害农村集体经济组织合法权益的行为,农村集体经济组织可以依法向人民法院提起诉讼。

▶理解与适用

农村集体经济组织作为农村集体资产的管理运营主体,其合法权益受法律严格保护。对非法侵占集体土地、恶意拖欠集体资产租金,或内部人员违规处置集体资源等侵害行为,农村集体经济组织有权向人民法院提起诉讼,维护集体合法权益与集体资产安全。从诉讼类型来看,若涉及集体土地权益纠纷,如其他组织或个人擅自占用农村集体经济组织的耕地、林地等进行非农建设,或在土地征收过程中,政府部门未依法依规给予合理补偿、安置,损害农村集体经济组织对土地的合法权益,农村集体经济组织可依法提起侵权之诉或行政诉讼。对内部人员侵害集体权益的行为，同样可通过诉讼途径解决，如针对理事会成员、监事会成员、监事或主要经营管理人员违反法律法规或农村集体经济组织章程，实施侵占、挪用、私分集体财产，将集体财产低价折股、转让、租赁等行为，农村集体经济组织有权向法院提起诉讼，要求涉事人员返还财产、赔偿损失，并依法追究其法律责任。

▶条文参见

《民法典》第399条、第440条

第六十条　内部人员赔偿诉讼

农村集体经济组织理事会成员、监事会成员或者监事、主要经营管理人员执行职务时违反法律法规或者农村集体经济组织章程的规定，给农村集体经济组织造成损失的，应当依法承担赔偿责任。

前款规定的人员有前款行为的，农村集体经济组织理事会、监事会或者监事应当向人民法院提起诉讼；未及时提起诉讼的，十名以上具有完全民事行为能力的农村集体经济组织成员可以书面请求监事会或者监事向人民法院提起诉讼。

监事会或者监事收到书面请求后拒绝提起诉讼或者自收到请求之日起十五日内未提起诉讼的，前款规定的提出书面请求的农村集体经济组织成员可以为农村集体经济组织的利益，以自己的名义向人民法院提起诉讼。

▶理解与适用

[有关人员赔偿责任]

农村集体经济组织理事会成员、监事会成员、监事及主要经营管理人员在执行职务过程中，应严格遵守本法和民法典等法律法规以及组织章程的规定，如果出现超越权限签订合同、违规处置集体资产、滥用职权谋取私利等行为，给农村集体经济组织造成损失的，应依法承担赔偿责任。例如，理事会成员未经集体决策，擅自将集体建设用地以明显低于市场的价格出租给关联企业，应依法赔偿租金差价损失等责任。

[组织内部机构的诉讼责任]

当有关人员出现违规行为并造成损失时，农村集体经济组织理事会、监事会或监事应主动承担起维护集体利益的职责，向人民法院提起诉讼。如果理事会、监事会或监事未及时提起诉讼，十名以上具有完全民事行为能力的农村集体经济组织成员可通过书面形式请求监事会或监事向法院提起诉讼，督促监事会启动诉讼程序。

[成员代位诉讼]

当监事会或监事收到书面请求后拒绝提起诉讼，或者自收到请求之日起十五日内未提起诉讼的，提出书面请求的农村集体经济组织成员有权为维护集体利益，以自己的名义向人民法院提起诉讼。法院在审理时，对成员提起代位诉讼的主体资格、管理人员违规行为的证据等进行审查，核实成员是否符合人数要求、是否已履行前置督促程序，以及管理人员违规事实是否清楚等，依法作出判决。

▶条文参见

《民法典》第1165条；《村民委员会组织法》第36条；《农民专业合作社法》第36条；《民事诉讼法》第56条

第六十一条　章程和决定违法的责任

农村集体经济组织章程或者农村集体经济组织成员大会、成员代表大会所作的决定违反本法或者其他法律法规规定的，由乡镇人民政府、街道办事处或者县级人民政府农业农村主管部门责令限期改正。

▶理解与适用

农村集体经济组织章程是其运行的基本准则，成员大会、成员代表大会所作决定直接影响组织发展方向与成员切身利益，应当严格遵守本法和相关法律法规规定。实践中的违法行为有多重形式。比如，章程存在成员资格认定标准违反男女平等原则、集体资产处置程序规定模糊等，成员大会、成员代表大会作出的决定擅自改变集体土地用途、不合理分配集体收益等，乡镇人民政府、街道办事处或者县级人民政府农业农村主管部门将依法介入，进行调查核实与认定，在确认章程或者决定存在违法违规问题后，下达责令限期改正通知书。通过定期要求农村集体经济组织提交整改工作进展报告、实地检查整改措施执行情况等方式，确保整改工作有序推进。

▶条文参见

《妇女权益保障法》第75条

第六十二条　地方人民政府及其有关部门的法律责任

地方人民政府及其有关部门非法干预农村集体经济组织经营管理和财产管理活动或者未依法履行相应监管职责的，由上级人民政府责令限期改正；情节严重的，依法追究相关责任人员的法律责任。

▶理解与适用

农村集体经济组织依法享有独立开展经营管理活动的自主权，能够自主运营、管理集体财产。地方人民政府及其有关部门非法干预农村集体经济组织经营管理和财产管理活动或者未依法履行相应监管职责的，应当依法承担法律责任。上级人民政府主要通过多种渠道获取地方政府及其有关部门违规干预或监管失职线索，如农村集体经济组织及成员的投诉举报、上级部门专项检查发现、媒体曝光事件等。接到线索后，上级政府组织调查，依据法律法规，对收集的证据进行分析，精准认定地方政府及其部门的违规行为性质与程度，如果认定存在非法干预或监管失职问题，正式下达责令限期改正通知书。对于情节严重的违法违规行为，如因非法干预导致农村集体经济组织重大资产损失、长期监管失职引发集体财务管理混乱等，依据有关法律法规规定，追究相关责任人员的行政、刑事等法律责任。

▶条文参见

《农业法》第93条、第96条；《土地管理法》第79条；《农村土地承包法》第65条；《监察法》第11条；《监察法实施条例》第13条；《公务员法》第61条

第六十三条　行政复议和行政诉讼

农村集体经济组织对行政机关的行政行为不服的，可以依法申请行政复议或者提起行政诉讼。

▶理解与适用

农村集体经济组织对行政机关的行政行为不服的，可以依法申请行政复议或者提起行政诉讼，维护自身权益与组织的平稳运营：一是申请行政复议。行政复议旨在监督行政机关依法行政，纠正违法或不当行政行为。农村集体经济组织对行政机关作出的行政处罚、行政强制措施、行政许可相关决定、行政收费行为等行政行为不服的，有权依据行政复议法的规定，向有管辖权的行政复议机关提出复议申请。二是提起行政诉讼。根据行政诉讼法的规定，农村集体经济组织作为原告，认为行政机关的行政行为侵犯其对农村集体土地的所有权、使用权的，如在土地征收、土地确权、土地用途

变更审批等涉及集体土地管理的行政行为中权益受损，可向人民法院提起行政诉讼。

▶条文参见

《行政复议法》第2条、第11条；《行政诉讼法》第2条、第12条

第八章　附　　则

第六十四条　**代行职能**

> 未设立农村集体经济组织的，村民委员会、村民小组可以依法代行农村集体经济组织的职能。
>
> 村民委员会、村民小组依法代行农村集体经济组织职能的，讨论决定有关集体财产和成员权益的事项参照适用本法的相关规定。

▶理解与适用

在农村集体经济组织体系中，存在部分区域因种种原因尚未设立独立的农村集体经济组织的情况。因此本法规定，未设立农村集体经济组织的，村民委员会、村民小组可以依法代行农村集体经济组织的职能，保障农村集体经济事务有序开展。村民委员会作为村民自我管理、自我教育、自我服务的基层群众性自治组织，在农村事务管理中扮演着重要角色，村民小组作为农村基层的最小单元，在代行农村集体经济组织职能时，在讨论决定有关集体财产和成员权益的事项上，参照适用本法的相关规定。比如，以集体收益分配为例，要充分考虑成员对集体的贡献、成员资格等因素，遵循公平、公正、公开原则。在分配方案制订过程中，需广泛征求成员意见，召开村民会议

或村民代表会议进行讨论表决，确保分配方案经多数成员同意，等等。

▶条文参见

《民法典》第 60 条、第 262 条

第六十五条　已登记组织效力确认

本法施行前已经按照国家规定登记的农村集体经济组织及其名称，本法施行后在法人登记证书有效期限内继续有效。

▶理解与适用

本法自 2025 年 5 月 1 日起正式施行。考虑到本法施行前，已经有一些农村集体经济组织根据农业农村部等有关部门的规定完成登记，取得了合法的市场主体地位，在推动农村经济发展、管理集体资产、开展经营活动等方面发挥了积极作用，本法施行后应充分稳定改革成果，明确指出此类已登记的农村集体经济组织，在其持有的法人登记证书有效期限内，组织本身及其所使用的名称继续有效，避免因组织变动或名称变更给交易等活动带来影响，保障农村集体经济组织的稳定运营，维护其在市场中的信誉与形象。当然，已经登记的农村集体经济组织，应当根据本法的规定进一步完善内部治理结构、规范经营管理流程、强化成员权益保障，更好地适应市场经济发展需求。

第六十六条　成员确认的溯及力

本法施行前农村集体经济组织开展农村集体产权制度改革时已经被确认的成员，本法施行后不需要重新确认。

▶理解与适用

在农村集体产权制度改革过程中，各地依据相关政策有序推进农村集体经济组织成员身份确认工作，按照尊重历史、兼顾现实、程序规范、群众认可的原则，综合考量户籍关系、农村土地承包关系、对集体积累的贡献等因素确认成员身份。一些农村集体经济组织通过严格程序，确认组织成员名单，建立了成员档案资料。规定本法施行后，不需要对改革过程中已确认的成员重新认定，有利于成员结构的相对稳定。当然，在本法实施后，农村集体经济组织应当依照法律规定，持续完善成员名册管理，将成员名册报乡镇人民政府、街道办事处和县级人民政府农业农村主管部门备案，以便接受监督管理。

第六十七条　生效日期

本法自2025年5月1日起施行。

▶理解与适用

法律施行日期是指法律开始施行并发生法律效力的日期。2024年6月28日，第十四届全国人民代表大会常务委员会第十次会议表决通过《农村集体经济组织法》。这部法律的颁布，标志着农村集体经济组织的运行管理迈入全新的法治轨道，具有里程碑式的意义。基于实施本法需进行前期准备的考虑，本条规定本法自2025年5月1日起施行，为法律生效预留了一定的准备期间。本法施行后，各地农村集体经济组织、相关政府及其部门、广大农村集体经济组织成员，应当依据本法开展工作与活动。

实用核心法规

中华人民共和国村民委员会组织法

(1998年11月4日第九届全国人民代表大会常务委员会第五次会议通过 2010年10月28日第十一届全国人民代表大会常务委员会第十七次会议修订 根据2018年12月29日第十三届全国人民代表大会常务委员会第七次会议《关于修改〈中华人民共和国村民委员会组织法〉〈中华人民共和国城市居民委员会组织法〉的决定》修正)

第一章 总 则

第一条 为了保障农村村民实行自治,由村民依法办理自己的事情,发展农村基层民主,维护村民的合法权益,促进社会主义新农村建设,根据宪法,制定本法。

第二条 村民委员会是村民自我管理、自我教育、自我服务的基层群众性自治组织,实行民主选举、民主决策、民主管理、民主监督。

村民委员会办理本村的公共事务和公益事业,调解民间纠纷,协助维护社会治安,向人民政府反映村民的意见、要求和提出建议。

村民委员会向村民会议、村民代表会议负责并报告工作。

第三条 村民委员会根据村民居住状况、人口多少,按照便于群众自治,有利于经济发展和社会管理的原则设立。

村民委员会的设立、撤销、范围调整,由乡、民族乡、镇的人民政府提出,经村民会议讨论同意,报县级人民政府批准。

村民委员会可以根据村民居住状况、集体土地所有权关系等分设若干村民小组。

第四条 中国共产党在农村的基层组织，按照中国共产党章程进行工作，发挥领导核心作用，领导和支持村民委员会行使职权；依照宪法和法律，支持和保障村民开展自治活动、直接行使民主权利。

第五条 乡、民族乡、镇的人民政府对村民委员会的工作给予指导、支持和帮助，但是不得干预依法属于村民自治范围内的事项。

村民委员会协助乡、民族乡、镇的人民政府开展工作。

第二章 村民委员会的组成和职责

第六条 村民委员会由主任、副主任和委员共三至七人组成。

村民委员会成员中，应当有妇女成员，多民族村民居住的村应当有人数较少的民族的成员。

对村民委员会成员，根据工作情况，给予适当补贴。

第七条 村民委员会根据需要设人民调解、治安保卫、公共卫生与计划生育等委员会。村民委员会成员可以兼任下属委员会的成员。人口少的村的村民委员会可以不设下属委员会，由村民委员会成员分工负责人民调解、治安保卫、公共卫生与计划生育等工作。

第八条 村民委员会应当支持和组织村民依法发展各种形式的合作经济和其他经济，承担本村生产的服务和协调工作，促进农村生产建设和经济发展。

村民委员会依照法律规定，管理本村属于村农民集体所有的土地和其他财产，引导村民合理利用自然资源，保护和改善生态环境。

村民委员会应当尊重并支持集体经济组织依法独立进行经济活动的自主权，维护以家庭承包经营为基础、统分结合的双层经营体制，保障集体经济组织和村民、承包经营户、联户或者合伙的合法财产权和其他合法权益。

第九条 村民委员会应当宣传宪法、法律、法规和国家的政策,教育和推动村民履行法律规定的义务、爱护公共财产,维护村民的合法权益,发展文化教育,普及科技知识,促进男女平等,做好计划生育工作,促进村与村之间的团结、互助,开展多种形式的社会主义精神文明建设活动。

村民委员会应当支持服务性、公益性、互助性社会组织依法开展活动,推动农村社区建设。

多民族村民居住的村,村民委员会应当教育和引导各民族村民增进团结、互相尊重、互相帮助。

第十条 村民委员会及其成员应当遵守宪法、法律、法规和国家的政策,遵守并组织实施村民自治章程、村规民约,执行村民会议、村民代表会议的决定、决议,办事公道,廉洁奉公,热心为村民服务,接受村民监督。

第三章 村民委员会的选举

第十一条 村民委员会主任、副主任和委员,由村民直接选举产生。任何组织或者个人不得指定、委派或者撤换村民委员会成员。

村民委员会每届任期五年,届满应当及时举行换届选举。村民委员会成员可以连选连任。

第十二条 村民委员会的选举,由村民选举委员会主持。

村民选举委员会由主任和委员组成,由村民会议、村民代表会议或者各村民小组会议推选产生。

村民选举委员会成员被提名为村民委员会成员候选人,应当退出村民选举委员会。

村民选举委员会成员退出村民选举委员会或者因其他原因出缺的,按照原推选结果依次递补,也可以另行推选。

第十三条 年满十八周岁的村民,不分民族、种族、性别、职业、家庭出身、宗教信仰、教育程度、财产状况、居住期限,都有选举权和被选举权;但是,依照法律被剥夺政治权利的人除外。

村民委员会选举前,应当对下列人员进行登记,列入参加选举的村民名单:

(一)户籍在本村并且在本村居住的村民;

(二)户籍在本村,不在本村居住,本人表示参加选举的村民;

(三)户籍不在本村,在本村居住一年以上,本人申请参加选举,并且经村民会议或者村民代表会议同意参加选举的公民。

已在户籍所在村或者居住村登记参加选举的村民,不得再参加其他地方村民委员会的选举。

第十四条 登记参加选举的村民名单应当在选举日的二十日前由村民选举委员会公布。

对登记参加选举的村民名单有异议的,应当自名单公布之日起五日内向村民选举委员会申诉,村民选举委员会应当自收到申诉之日起三日内作出处理决定,并公布处理结果。

第十五条 选举村民委员会,由登记参加选举的村民直接提名候选人。村民提名候选人,应当从全体村民利益出发,推荐奉公守法、品行良好、公道正派、热心公益、具有一定文化水平和工作能力的村民为候选人。候选人的名额应当多于应选名额。村民选举委员会应当组织候选人与村民见面,由候选人介绍履行职责的设想,回答村民提出的问题。

选举村民委员会,有登记参加选举的村民过半数投票,选举有效;候选人获得参加投票的村民过半数的选票,始得当选。当选人数不足应选名额的,不足的名额另行选举。另行选举的,第一次投票未当选的人员得票多的为候选人,候选人以得票多的当选,但是所得票数不得少于已投选票总数的三分之一。

选举实行无记名投票、公开计票的方法,选举结果应当当场公布。选举时，应当设立秘密写票处。

登记参加选举的村民，选举期间外出不能参加投票的，可以书面委托本村有选举权的近亲属代为投票。村民选举委员会应当公布委托人和受委托人的名单。

具体选举办法由省、自治区、直辖市的人民代表大会常务委员会规定。

第十六条 本村五分之一以上有选举权的村民或者三分之一以上的村民代表联名，可以提出罢免村民委员会成员的要求，并说明要求罢免的理由。被提出罢免的村民委员会成员有权提出申辩意见。

罢免村民委员会成员，须有登记参加选举的村民过半数投票，并须经投票的村民过半数通过。

第十七条 以暴力、威胁、欺骗、贿赂、伪造选票、虚报选举票数等不正当手段当选村民委员会成员的，当选无效。

对以暴力、威胁、欺骗、贿赂、伪造选票、虚报选举票数等不正当手段，妨害村民行使选举权、被选举权，破坏村民委员会选举的行为，村民有权向乡、民族乡、镇的人民代表大会和人民政府或者县级人民代表大会常务委员会和人民政府及其有关主管部门举报，由乡级或者县级人民政府负责调查并依法处理。

第十八条 村民委员会成员丧失行为能力或者被判处刑罚的，其职务自行终止。

第十九条 村民委员会成员出缺，可以由村民会议或者村民代表会议进行补选。补选程序参照本法第十五条的规定办理。补选的村民委员会成员的任期到本届村民委员会任期届满时止。

第二十条 村民委员会应当自新一届村民委员会产生之日起十日内完成工作移交。工作移交由村民选举委员会主持，由乡、民族乡、镇的人民政府监督。

第四章 村民会议和村民代表会议

第二十一条 村民会议由本村十八周岁以上的村民组成。

村民会议由村民委员会召集。有十分之一以上的村民或者三分之一以上的村民代表提议,应当召集村民会议。召集村民会议,应当提前十天通知村民。

第二十二条 召开村民会议,应当有本村十八周岁以上村民的过半数,或者本村三分之二以上的户的代表参加,村民会议所作决定应当经到会人员的过半数通过。法律对召开村民会议及作出决定另有规定的,依照其规定。

召开村民会议,根据需要可以邀请驻本村的企业、事业单位和群众组织派代表列席。

第二十三条 村民会议审议村民委员会的年度工作报告,评议村民委员会成员的工作;有权撤销或者变更村民委员会不适当的决定;有权撤销或者变更村民代表会议不适当的决定。

村民会议可以授权村民代表会议审议村民委员会的年度工作报告,评议村民委员会成员的工作,撤销或者变更村民委员会不适当的决定。

第二十四条 涉及村民利益的下列事项,经村民会议讨论决定方可办理:

(一)本村享受误工补贴的人员及补贴标准;
(二)从村集体经济所得收益的使用;
(三)本村公益事业的兴办和筹资筹劳方案及建设承包方案;
(四)土地承包经营方案;
(五)村集体经济项目的立项、承包方案;
(六)宅基地的使用方案;
(七)征地补偿费的使用、分配方案;
(八)以借贷、租赁或者其他方式处分村集体财产;
(九)村民会议认为应当由村民会议讨论决定的涉及村民利益的其他事项。

村民会议可以授权村民代表会议讨论决定前款规定的事项。

法律对讨论决定村集体经济组织财产和成员权益的事项另有规定的,依照其规定。

第二十五条 人数较多或者居住分散的村，可以设立村民代表会议，讨论决定村民会议授权的事项。村民代表会议由村民委员会成员和村民代表组成，村民代表应当占村民代表会议组成人员的五分之四以上，妇女村民代表应当占村民代表会议组成人员的三分之一以上。

村民代表由村民按每五户至十五户推选一人，或者由各村民小组推选若干人。村民代表的任期与村民委员会的任期相同。村民代表可以连选连任。

村民代表应当向其推选户或者村民小组负责，接受村民监督。

第二十六条 村民代表会议由村民委员会召集。村民代表会议每季度召开一次。有五分之一以上的村民代表提议，应当召集村民代表会议。

村民代表会议有三分之二以上的组成人员参加方可召开，所作决定应当经到会人员的过半数同意。

第二十七条 村民会议可以制定和修改村民自治章程、村规民约，并报乡、民族乡、镇的人民政府备案。

村民自治章程、村规民约以及村民会议或者村民代表会议的决定不得与宪法、法律、法规和国家的政策相抵触，不得有侵犯村民的人身权利、民主权利和合法财产权利的内容。

村民自治章程、村规民约以及村民会议或者村民代表会议的决定违反前款规定的，由乡、民族乡、镇的人民政府责令改正。

第二十八条 召开村民小组会议，应当有本村民小组十八周岁以上的村民三分之二以上，或者本村民小组三分之二以上的户的代表参加，所作决定应当经到会人员的过半数同意。

村民小组组长由村民小组会议推选。村民小组组长任期与村民委员会的任期相同，可以连选连任。

属于村民小组的集体所有的土地、企业和其他财产的经营管理以及公益事项的办理，由村民小组会议依照有关法律的规定讨论决定，所作决定及实施情况应当及时向本村民小组的村民公布。

第五章　民主管理和民主监督

第二十九条　村民委员会应当实行少数服从多数的民主决策机制和公开透明的工作原则，建立健全各种工作制度。

第三十条　村民委员会实行村务公开制度。

村民委员会应当及时公布下列事项，接受村民的监督：

（一）本法第二十三条、第二十四条规定的由村民会议、村民代表会议讨论决定的事项及其实施情况；

（二）国家计划生育政策的落实方案；

（三）政府拨付和接受社会捐赠的救灾救助、补贴补助等资金、物资的管理使用情况；

（四）村民委员会协助人民政府开展工作的情况；

（五）涉及本村村民利益，村民普遍关心的其他事项。

前款规定事项中，一般事项至少每季度公布一次；集体财务往来较多的，财务收支情况应当每月公布一次；涉及村民利益的重大事项应当随时公布。

村民委员会应当保证所公布事项的真实性，并接受村民的查询。

第三十一条　村民委员会不及时公布应当公布的事项或者公布的事项不真实的，村民有权向乡、民族乡、镇的人民政府或者县级人民政府及其有关主管部门反映，有关人民政府或者主管部门应当负责调查核实，责令依法公布；经查证确有违法行为的，有关人员应当依法承担责任。

第三十二条　村应当建立村务监督委员会或者其他形式的村务监督机构，负责村民民主理财，监督村务公开等制度的落实，其成员由村民会议或者村民代表会议在村民中推选产生，其中应有具备财会、管理知识的人员。村民委员会成员及其近亲属不得担任村务监督机构成员。村务监督机构成员向村民会议和村民代表会议负责，可以列席村民委员会会议。

第三十三条　村民委员会成员以及由村民或者村集体承担误工补贴的聘用人员，应当接受村民会议或者村民代表会议对其履行职责情况的民主评议。民主评议每年至少进行一次，由村务监督机构主持。

村民委员会成员连续两次被评议不称职的，其职务终止。

第三十四条　村民委员会和村务监督机构应当建立村务档案。村务档案包括：选举文件和选票，会议记录，土地发包方案和承包合同，经济合同，集体财务账目，集体资产登记文件，公益设施基本资料，基本建设资料，宅基地使用方案，征地补偿费使用及分配方案等。村务档案应当真实、准确、完整、规范。

第三十五条　村民委员会成员实行任期和离任经济责任审计，审计包括下列事项：

（一）本村财务收支情况；

（二）本村债权债务情况；

（三）政府拨付和接受社会捐赠的资金、物资管理使用情况；

（四）本村生产经营和建设项目的发包管理以及公益事业建设项目招标投标情况；

（五）本村资金管理使用以及本村集体资产、资源的承包、租赁、担保、出让情况，征地补偿费的使用、分配情况；

（六）本村五分之一以上的村民要求审计的其他事项。

村民委员会成员的任期和离任经济责任审计，由县级人民政府农业部门、财政部门或者乡、民族乡、镇的人民政府负责组织，审计结果应当公布，其中离任经济责任审计结果应当在下一届村民委员会选举之前公布。

第三十六条　村民委员会或者村民委员会成员作出的决定侵害村民合法权益的，受侵害的村民可以申请人民法院予以撤销，责任人依法承担法律责任。

村民委员会不依照法律、法规的规定履行法定义务的，由乡、民族乡、镇的人民政府责令改正。

乡、民族乡、镇的人民政府干预依法属于村民自治范围事项的，由上一级人民政府责令改正。

第六章 附 则

第三十七条 人民政府对村民委员会协助政府开展工作应当提供必要的条件；人民政府有关部门委托村民委员会开展工作需要经费的，由委托部门承担。

村民委员会办理本村公益事业所需的经费，由村民会议通过筹资筹劳解决；经费确有困难的，由地方人民政府给予适当支持。

第三十八条 驻在农村的机关、团体、部队、国有及国有控股企业、事业单位及其人员不参加村民委员会组织，但应当通过多种形式参与农村社区建设，并遵守有关村规民约。

村民委员会、村民会议或者村民代表会议讨论决定与前款规定的单位有关的事项，应当与其协商。

第三十九条 地方各级人民代表大会和县级以上地方各级人民代表大会常务委员会在本行政区域内保证本法的实施，保障村民依法行使自治权利。

第四十条 省、自治区、直辖市的人民代表大会常务委员会根据本法，结合本行政区域的实际情况，制定实施办法。

第四十一条 本法自公布之日起施行。

中华人民共和国农民专业合作社法

（2006年10月31日第十届全国人民代表大会常务委员会第二十四次会议通过 2017年12月27日第十二届全国人民代表大会常务委员会第三十一次会议修订 2017年12月27日中华人民共和国主席令第83号公布 自2018年7月1日起施行）

第一章 总 则

第一条 为了规范农民专业合作社的组织和行为，鼓励、支持、引导农民专业合作社的发展，保护农民专业合作社及其成员的合法权益，推进农业农村现代化，制定本法。

第二条 本法所称农民专业合作社，是指在农村家庭承包经营基础上，农产品的生产经营者或者农业生产经营服务的提供者、利用者，自愿联合、民主管理的互助性经济组织。

第三条 农民专业合作社以其成员为主要服务对象，开展以下一种或者多种业务：

（一）农业生产资料的购买、使用；

（二）农产品的生产、销售、加工、运输、贮藏及其他相关服务；

（三）农村民间工艺及制品、休闲农业和乡村旅游资源的开发经营等；

（四）与农业生产经营有关的技术、信息、设施建设运营等服务。

第四条 农民专业合作社应当遵循下列原则：

（一）成员以农民为主体；

（二）以服务成员为宗旨，谋求全体成员的共同利益；

（三）入社自愿、退社自由；

（四）成员地位平等，实行民主管理；

（五）盈余主要按照成员与农民专业合作社的交易量（额）比例返还。

第五条 农民专业合作社依照本法登记，取得法人资格。

农民专业合作社对由成员出资、公积金、国家财政直接补助、他人捐赠以及合法取得的其他资产所形成的财产，享有占有、使用和处分的权利，并以上述财产对债务承担责任。

第六条 农民专业合作社成员以其账户内记载的出资额和公积金份额为限对农民专业合作社承担责任。

第七条 国家保障农民专业合作社享有与其他市场主体平等的法律地位。

国家保护农民专业合作社及其成员的合法权益，任何单位和个人不得侵犯。

第八条 农民专业合作社从事生产经营活动，应当遵守法律，遵守社会公德、商业道德，诚实守信，不得从事与章程规定无关的活动。

第九条 农民专业合作社为扩大生产经营和服务的规模，发展产业化经营，提高市场竞争力，可以依法自愿设立或者加入农民专业合作社联合社。

第十条 国家通过财政支持、税收优惠和金融、科技、人才的扶持以及产业政策引导等措施，促进农民专业合作社的发展。

国家鼓励和支持公民、法人和其他组织为农民专业合作社提供帮助和服务。

对发展农民专业合作社事业做出突出贡献的单位和个人，按照国家有关规定予以表彰和奖励。

第十一条 县级以上人民政府应当建立农民专业合作社工作的综合协调机制，统筹指导、协调、推动农民专业合作社的建设和发展。

县级以上人民政府农业主管部门、其他有关部门和组织应当依据各自职责,对农民专业合作社的建设和发展给予指导、扶持和服务。

第二章 设立和登记

第十二条 设立农民专业合作社,应当具备下列条件:
(一)有五名以上符合本法第十九条、第二十条规定的成员;
(二)有符合本法规定的章程;
(三)有符合本法规定的组织机构;
(四)有符合法律、行政法规规定的名称和章程确定的住所;
(五)有符合章程规定的成员出资。

第十三条 农民专业合作社成员可以用货币出资,也可以用实物、知识产权、土地经营权、林权等可以用货币估价并可以依法转让的非货币财产,以及章程规定的其他方式作价出资;但是,法律、行政法规规定不得作为出资的财产除外。

农民专业合作社成员不得以对该社或者其他成员的债权,充抵出资;不得以缴纳的出资,抵销对该社或者其他成员的债务。

第十四条 设立农民专业合作社,应当召开由全体设立人参加的设立大会。设立时自愿成为该社成员的人为设立人。

设立大会行使下列职权:
(一)通过本社章程,章程应当由全体设立人一致通过;
(二)选举产生理事长、理事、执行监事或者监事会成员;
(三)审议其他重大事项。

第十五条 农民专业合作社章程应当载明下列事项:
(一)名称和住所;
(二)业务范围;
(三)成员资格及入社、退社和除名;
(四)成员的权利和义务;
(五)组织机构及其产生办法、职权、任期、议事规则;

（六）成员的出资方式、出资额，成员出资的转让、继承、担保；

（七）财务管理和盈余分配、亏损处理；

（八）章程修改程序；

（九）解散事由和清算办法；

（十）公告事项及发布方式；

（十一）附加表决权的设立、行使方式和行使范围；

（十二）需要载明的其他事项。

第十六条 设立农民专业合作社，应当向工商行政管理部门提交下列文件，申请设立登记：

（一）登记申请书；

（二）全体设立人签名、盖章的设立大会纪要；

（三）全体设立人签名、盖章的章程；

（四）法定代表人、理事的任职文件及身份证明；

（五）出资成员签名、盖章的出资清单；

（六）住所使用证明；

（七）法律、行政法规规定的其他文件。

登记机关应当自受理登记申请之日起二十日内办理完毕，向符合登记条件的申请者颁发营业执照，登记类型为农民专业合作社。

农民专业合作社法定登记事项变更的，应当申请变更登记。

登记机关应当将农民专业合作社的登记信息通报同级农业等有关部门。

农民专业合作社登记办法由国务院规定。办理登记不得收取费用。

第十七条 农民专业合作社应当按照国家有关规定，向登记机关报送年度报告，并向社会公示。

第十八条 农民专业合作社可以依法向公司等企业投资，以其出资额为限对所投资企业承担责任。

第三章 成　员

第十九条　具有民事行为能力的公民，以及从事与农民专业合作社业务直接有关的生产经营活动的企业、事业单位或者社会组织，能够利用农民专业合作社提供的服务，承认并遵守农民专业合作社章程，履行章程规定的入社手续的，可以成为农民专业合作社的成员。但是，具有管理公共事务职能的单位不得加入农民专业合作社。

农民专业合作社应当置备成员名册，并报登记机关。

第二十条　农民专业合作社的成员中，农民至少应当占成员总数的百分之八十。

成员总数二十人以下的，可以有一个企业、事业单位或者社会组织成员；成员总数超过二十人的，企业、事业单位和社会组织成员不得超过成员总数的百分之五。

第二十一条　农民专业合作社成员享有下列权利：

（一）参加成员大会，并享有表决权、选举权和被选举权，按照章程规定对本社实行民主管理；

（二）利用本社提供的服务和生产经营设施；

（三）按照章程规定或者成员大会决议分享盈余；

（四）查阅本社的章程、成员名册、成员大会或者成员代表大会记录、理事会会议决议、监事会会议决议、财务会计报告、会计账簿和财务审计报告；

（五）章程规定的其他权利。

第二十二条　农民专业合作社成员大会选举和表决，实行一人一票制，成员各享有一票的基本表决权。

出资额或者与本社交易量（额）较大的成员按照章程规定，可以享有附加表决权。本社的附加表决权总票数，不得超过本社成员基本表决权总票数的百分之二十。享有附加表决权的成员及其享有的附加表决权数，应当在每次成员大会召开时告知出席会议的全体成员。

第二十三条 农民专业合作社成员承担下列义务：

（一）执行成员大会、成员代表大会和理事会的决议；

（二）按照章程规定向本社出资；

（三）按照章程规定与本社进行交易；

（四）按照章程规定承担亏损；

（五）章程规定的其他义务。

第二十四条 符合本法第十九条、第二十条规定的公民、企业、事业单位或者社会组织，要求加入已成立的农民专业合作社，应当向理事长或者理事会提出书面申请，经成员大会或者成员代表大会表决通过后，成为本社成员。

第二十五条 农民专业合作社成员要求退社的，应当在会计年度终了的三个月前向理事长或者理事会提出书面申请；其中，企业、事业单位或者社会组织成员退社，应当在会计年度终了的六个月前提出；章程另有规定的，从其规定。退社成员的成员资格自会计年度终了时终止。

第二十六条 农民专业合作社成员不遵守农民专业合作社的章程、成员大会或者成员代表大会的决议，或者严重危害其他成员及农民专业合作社利益的，可以予以除名。

成员的除名，应当经成员大会或者成员代表大会表决通过。

在实施前款规定时，应当为该成员提供陈述意见的机会。

被除名成员的成员资格自会计年度终了时终止。

第二十七条 成员在其资格终止前与农民专业合作社已订立的合同，应当继续履行；章程另有规定或者与本社另有约定的除外。

第二十八条 成员资格终止的，农民专业合作社应当按照章程规定的方式和期限，退还记载在该成员账户内的出资额和公积金份额；对成员资格终止前的可分配盈余，依照本法第四十四条的规定向其返还。

资格终止的成员应当按照章程规定分摊资格终止前本社的亏损及债务。

第四章 组织机构

第二十九条 农民专业合作社成员大会由全体成员组成,是本社的权力机构,行使下列职权:

(一) 修改章程;

(二) 选举和罢免理事长、理事、执行监事或者监事会成员;

(三) 决定重大财产处置、对外投资、对外担保和生产经营活动中的其他重大事项;

(四) 批准年度业务报告、盈余分配方案、亏损处理方案;

(五) 对合并、分立、解散、清算,以及设立、加入联合社等作出决议;

(六) 决定聘用经营管理人员和专业技术人员的数量、资格和任期;

(七) 听取理事长或者理事会关于成员变动情况的报告,对成员的入社、除名等作出决议;

(八) 公积金的提取及使用;

(九) 章程规定的其他职权。

第三十条 农民专业合作社召开成员大会,出席人数应当达到成员总数三分之二以上。

成员大会选举或者作出决议,应当由本社成员表决权总数过半数通过;作出修改章程或者合并、分立、解散,以及设立、加入联合社的决议应当由本社成员表决权总数的三分之二以上通过。章程对表决权数有较高规定的,从其规定。

第三十一条 农民专业合作社成员大会每年至少召开一次,会议的召集由章程规定。有下列情形之一的,应当在二十日内召开临时成员大会:

（一）百分之三十以上的成员提议；

（二）执行监事或者监事会提议；

（三）章程规定的其他情形。

第三十二条 农民专业合作社成员超过一百五十人的，可以按照章程规定设立成员代表大会。成员代表大会按照章程规定可以行使成员大会的部分或者全部职权。

依法设立成员代表大会的，成员代表人数一般为成员总人数的百分之十，最低人数为五十一人。

第三十三条 农民专业合作社设理事长一名，可以设理事会。理事长为本社的法定代表人。

农民专业合作社可以设执行监事或者监事会。理事长、理事、经理和财务会计人员不得兼任监事。

理事长、理事、执行监事或者监事会成员，由成员大会从本社成员中选举产生，依照本法和章程的规定行使职权，对成员大会负责。

理事会会议、监事会会议的表决，实行一人一票。

第三十四条 农民专业合作社的成员大会、成员代表大会、理事会、监事会，应当将所议事项的决定作成会议记录，出席会议的成员、成员代表、理事、监事应当在会议记录上签名。

第三十五条 农民专业合作社的理事长或者理事会可以按照成员大会的决定聘任经理和财务会计人员，理事长或者理事可以兼任经理。经理按照章程规定或者理事会的决定，可以聘任其他人员。

经理按照章程规定和理事长或者理事会授权，负责具体生产经营活动。

第三十六条 农民专业合作社的理事长、理事和管理人员不得有下列行为：

（一）侵占、挪用或者私分本社资产；

（二）违反章程规定或者未经成员大会同意，将本社资金借贷给他人或者以本社资产为他人提供担保；

（三）接受他人与本社交易的佣金归为己有；

（四）从事损害本社经济利益的其他活动。

理事长、理事和管理人员违反前款规定所得的收入，应当归本社所有；给本社造成损失的，应当承担赔偿责任。

第三十七条 农民专业合作社的理事长、理事、经理不得兼任业务性质相同的其他农民专业合作社的理事长、理事、监事、经理。

第三十八条 执行与农民专业合作社业务有关公务的人员，不得担任农民专业合作社的理事长、理事、监事、经理或者财务会计人员。

第五章　财务管理

第三十九条 农民专业合作社应当按照国务院财政部门制定的财务会计制度进行财务管理和会计核算。

第四十条 农民专业合作社的理事长或者理事会应当按照章程规定，组织编制年度业务报告、盈余分配方案、亏损处理方案以及财务会计报告，于成员大会召开的十五日前，置备于办公地点，供成员查阅。

第四十一条 农民专业合作社与其成员的交易、与利用其提供的服务的非成员的交易，应当分别核算。

第四十二条 农民专业合作社可以按照章程规定或者成员大会决议从当年盈余中提取公积金。公积金用于弥补亏损、扩大生产经营或者转为成员出资。

每年提取的公积金按照章程规定量化为每个成员的份额。

第四十三条 农民专业合作社应当为每个成员设立成员账户，主要记载下列内容：

（一）该成员的出资额；

（二）量化为该成员的公积金份额；

（三）该成员与本社的交易量（额）。

第四十四条 在弥补亏损、提取公积金后的当年盈余，为农民专业合作社的可分配盈余。可分配盈余主要按照成员与本社的交易量（额）比例返还。

可分配盈余按成员与本社的交易量（额）比例返还的返还总额不得低于可分配盈余的百分之六十；返还后的剩余部分，以成员账户中记载的出资额和公积金份额，以及本社接受国家财政直接补助和他人捐赠形成的财产平均量化到成员的份额，按比例分配给本社成员。

经成员大会或者成员代表大会表决同意，可以将全部或者部分可分配盈余转为对农民专业合作社的出资，并记载在成员账户中。

具体分配办法按照章程规定或者经成员大会决议确定。

第四十五条 设立执行监事或者监事会的农民专业合作社，由执行监事或者监事会负责对本社的财务进行内部审计，审计结果应当向成员大会报告。

成员大会也可以委托社会中介机构对本社的财务进行审计。

第六章 合并、分立、解散和清算

第四十六条 农民专业合作社合并，应当自合并决议作出之日起十日内通知债权人。合并各方的债权、债务应当由合并后存续或者新设的组织承继。

第四十七条 农民专业合作社分立，其财产作相应的分割，并应当自分立决议作出之日起十日内通知债权人。分立前的债务由分立后的组织承担连带责任。但是，在分立前与债权人就债务清偿达成的书面协议另有约定的除外。

第四十八条 农民专业合作社因下列原因解散：
（一）章程规定的解散事由出现；

（二）成员大会决议解散；

（三）因合并或者分立需要解散；

（四）依法被吊销营业执照或者被撤销。

因前款第一项、第二项、第四项原因解散的，应当在解散事由出现之日起十五日内由成员大会推举成员组成清算组，开始解散清算。逾期不能组成清算组的，成员、债权人可以向人民法院申请指定成员组成清算组进行清算，人民法院应当受理该申请，并及时指定成员组成清算组进行清算。

第四十九条　清算组自成立之日起接管农民专业合作社，负责处理与清算有关未了结业务，清理财产和债权、债务，分配清偿债务后的剩余财产，代表农民专业合作社参与诉讼、仲裁或者其他法律程序，并在清算结束时办理注销登记。

第五十条　清算组应当自成立之日起十日内通知农民专业合作社成员和债权人，并于六十日内在报纸上公告。债权人应当自接到通知之日起三十日内，未接到通知的自公告之日起四十五日内，向清算组申报债权。如果在规定期间内全部成员、债权人均已收到通知，免除清算组的公告义务。

债权人申报债权，应当说明债权的有关事项，并提供证明材料。清算组应当对债权进行审查、登记。

在申报债权期间，清算组不得对债权人进行清偿。

第五十一条　农民专业合作社因本法第四十八条第一款的原因解散，或者人民法院受理破产申请时，不能办理成员退社手续。

第五十二条　清算组负责制定包括清偿农民专业合作社员工的工资及社会保险费用，清偿所欠税款和其他各项债务，以及分配剩余财产在内的清算方案，经成员大会通过或者申请人民法院确认后实施。

清算组发现农民专业合作社的财产不足以清偿债务的，应当依法向人民法院申请破产。

第五十三条　农民专业合作社接受国家财政直接补助形成的财产，在解散、破产清算时，不得作为可分配剩余资产分配给成员,具体按照国务院财政部门有关规定执行。

第五十四条 清算组成员应当忠于职守,依法履行清算义务,因故意或者重大过失给农民专业合作社成员及债权人造成损失的,应当承担赔偿责任。

第五十五条 农民专业合作社破产适用企业破产法的有关规定。但是,破产财产在清偿破产费用和共益债务后,应当优先清偿破产前与农民成员已发生交易但尚未结清的款项。

第七章 农民专业合作社联合社

第五十六条 三个以上的农民专业合作社在自愿的基础上,可以出资设立农民专业合作社联合社。

农民专业合作社联合社应当有自己的名称、组织机构和住所,由联合社全体成员制定并承认的章程,以及符合章程规定的成员出资。

第五十七条 农民专业合作社联合社依照本法登记,取得法人资格,领取营业执照,登记类型为农民专业合作社联合社。

第五十八条 农民专业合作社联合社以其全部财产对该社的债务承担责任;农民专业合作社联合社的成员以其出资额为限对农民专业合作社联合社承担责任。

第五十九条 农民专业合作社联合社应当设立由全体成员参加的成员大会,其职权包括修改农民专业合作社联合社章程,选举和罢免农民专业合作社联合社理事长、理事和监事,决定农民专业合作社联合社的经营方案及盈余分配,决定对外投资和担保方案等重大事项。

农民专业合作社联合社不设成员代表大会,可以根据需要设立理事会、监事会或者执行监事。理事长、理事应当由成员社选派的人员担任。

第六十条 农民专业合作社联合社的成员大会选举和表决,

实行一社一票。

第六十一条　农民专业合作社联合社可分配盈余的分配办法，按照本法规定的原则由农民专业合作社联合社章程规定。

第六十二条　农民专业合作社联合社成员退社，应当在会计年度终了的六个月前以书面形式向理事会提出。退社成员的成员资格自会计年度终了时终止。

第六十三条　本章对农民专业合作社联合社没有规定的，适用本法关于农民专业合作社的规定。

第八章　扶持措施

第六十四条　国家支持发展农业和农村经济的建设项目，可以委托和安排有条件的农民专业合作社实施。

第六十五条　中央和地方财政应当分别安排资金，支持农民专业合作社开展信息、培训、农产品标准与认证、农业生产基础设施建设、市场营销和技术推广等服务。国家对革命老区、民族地区、边疆地区和贫困地区的农民专业合作社给予优先扶助。

县级以上人民政府有关部门应当依法加强对财政补助资金使用情况的监督。

第六十六条　国家政策性金融机构应当采取多种形式，为农民专业合作社提供多渠道的资金支持。具体支持政策由国务院规定。

国家鼓励商业性金融机构采取多种形式，为农民专业合作社及其成员提供金融服务。

国家鼓励保险机构为农民专业合作社提供多种形式的农业保险服务。鼓励农民专业合作社依法开展互助保险。

第六十七条　农民专业合作社享受国家规定的对农业生产、加工、流通、服务和其他涉农经济活动相应的税收优惠。

第六十八条　农民专业合作社从事农产品初加工用电执行农

业生产用电价格，农民专业合作社生产性配套辅助设施用地按农用地管理，具体办法由国务院有关部门规定。

第九章　法律责任

第六十九条　侵占、挪用、截留、私分或者以其他方式侵犯农民专业合作社及其成员的合法财产，非法干预农民专业合作社及其成员的生产经营活动，向农民专业合作社及其成员摊派，强迫农民专业合作社及其成员接受有偿服务，造成农民专业合作社经济损失的，依法追究法律责任。

第七十条　农民专业合作社向登记机关提供虚假登记材料或者采取其他欺诈手段取得登记的，由登记机关责令改正，可以处五千元以下罚款；情节严重的，撤销登记或者吊销营业执照。

第七十一条　农民专业合作社连续两年未从事经营活动的，吊销其营业执照。

第七十二条　农民专业合作社在依法向有关主管部门提供的财务报告等材料中，作虚假记载或者隐瞒重要事实的，依法追究法律责任。

第十章　附　　则

第七十三条　国有农场、林场、牧场、渔场等企业中实行承包租赁经营、从事农业生产经营或者服务的职工，兴办农民专业合作社适用本法。

第七十四条　本法自2018年7月1日起施行。

中华人民共和国土地管理法

（1986年6月25日第六届全国人民代表大会常务委员会第十六次会议通过　根据1988年12月29日第七届全国人民代表大会常务委员会第五次会议《关于修改〈中华人民共和国土地管理法〉的决定》第一次修正　1998年8月29日第九届全国人民代表大会常务委员会第四次会议修订　根据2004年8月28日第十届全国人民代表大会常务委员会第十一次会议《关于修改〈中华人民共和国土地管理法〉的决定》第二次修正　根据2019年8月26日第十三届全国人民代表大会常务委员会第十二次会议《关于修改〈中华人民共和国土地管理法〉、〈中华人民共和国城市房地产管理法〉的决定》第三次修正）

第一章　总　则

第一条　为了加强土地管理，维护土地的社会主义公有制，保护、开发土地资源，合理利用土地，切实保护耕地，促进社会经济的可持续发展，根据宪法，制定本法。

第二条　中华人民共和国实行土地的社会主义公有制，即全民所有制和劳动群众集体所有制。

全民所有，即国家所有土地的所有权由国务院代表国家行使。

任何单位和个人不得侵占、买卖或者以其他形式非法转让土地。土地使用权可以依法转让。

国家为了公共利益的需要，可以依法对土地实行征收或者征用并给予补偿。

国家依法实行国有土地有偿使用制度。但是，国家在法律规定的范围内划拨国有土地使用权的除外。

第三条 十分珍惜、合理利用土地和切实保护耕地是我国的基本国策。各级人民政府应当采取措施，全面规划，严格管理，保护、开发土地资源，制止非法占用土地的行为。

第四条 国家实行土地用途管制制度。

国家编制土地利用总体规划，规定土地用途，将土地分为农用地、建设用地和未利用地。严格限制农用地转为建设用地，控制建设用地总量，对耕地实行特殊保护。

前款所称农用地是指直接用于农业生产的土地，包括耕地、林地、草地、农田水利用地、养殖水面等；建设用地是指建造建筑物、构筑物的土地，包括城乡住宅和公共设施用地、工矿用地、交通水利设施用地、旅游用地、军事设施用地等；未利用地是指农用地和建设用地以外的土地。

使用土地的单位和个人必须严格按照土地利用总体规划确定的用途使用土地。

第五条 国务院自然资源主管部门统一负责全国土地的管理和监督工作。

县级以上地方人民政府自然资源主管部门的设置及其职责，由省、自治区、直辖市人民政府根据国务院有关规定确定。

第六条 国务院授权的机构对省、自治区、直辖市人民政府以及国务院确定的城市人民政府土地利用和土地管理情况进行督察。

第七条 任何单位和个人都有遵守土地管理法律、法规的义务，并有权对违反土地管理法律、法规的行为提出检举和控告。

第八条 在保护和开发土地资源、合理利用土地以及进行有关的科学研究等方面成绩显著的单位和个人，由人民政府给予奖励。

第二章 土地的所有权和使用权

第九条 城市市区的土地属于国家所有。

农村和城市郊区的土地，除由法律规定属于国家所有的以外，属于农民集体所有；宅基地和自留地、自留山，属于农民集体所有。

第十条 国有土地和农民集体所有的土地，可以依法确定给单位或者个人使用。使用土地的单位和个人，有保护、管理和合理利用土地的义务。

第十一条 农民集体所有的土地依法属于村农民集体所有的，由村集体经济组织或者村民委员会经营、管理；已经分别属于村内两个以上农村集体经济组织的农民集体所有的，由村内各该农村集体经济组织或者村民小组经营、管理；已经属于乡（镇）农民集体所有的，由乡（镇）农村集体经济组织经营、管理。

第十二条 土地的所有权和使用权的登记，依照有关不动产登记的法律、行政法规执行。

依法登记的土地的所有权和使用权受法律保护，任何单位和个人不得侵犯。

第十三条 农民集体所有和国家所有依法由农民集体使用的耕地、林地、草地，以及其他依法用于农业的土地，采取农村集体经济组织内部的家庭承包方式承包，不宜采取家庭承包方式的荒山、荒沟、荒丘、荒滩等，可以采取招标、拍卖、公开协商等方式承包，从事种植业、林业、畜牧业、渔业生产。家庭承包的耕地的承包期为三十年，草地的承包期为三十年至五十年，林地的承包期为三十年至七十年；耕地承包期届满后再延长三十年，草地、林地承包期届满后依法相应延长。

国家所有依法用于农业的土地可以由单位或者个人承包经营，从事种植业、林业、畜牧业、渔业生产。

发包方和承包方应当依法订立承包合同，约定双方的权利和义务。承包经营土地的单位和个人，有保护和按照承包合同约定的用途合理利用土地的义务。

第十四条 土地所有权和使用权争议，由当事人协商解决；协商不成的，由人民政府处理。

单位之间的争议，由县级以上人民政府处理；个人之间、个人与单位之间的争议，由乡级人民政府或者县级以上人民政府处理。

当事人对有关人民政府的处理决定不服的，可以自接到处理决定通知之日起三十日内，向人民法院起诉。

在土地所有权和使用权争议解决前，任何一方不得改变土地利用现状。

第三章 土地利用总体规划

第十五条 各级人民政府应当依据国民经济和社会发展规划、国土整治和资源环境保护的要求、土地供给能力以及各项建设对土地的需求，组织编制土地利用总体规划。

土地利用总体规划的规划期限由国务院规定。

第十六条 下级土地利用总体规划应当依据上一级土地利用总体规划编制。

地方各级人民政府编制的土地利用总体规划中的建设用地总量不得超过上一级土地利用总体规划确定的控制指标，耕地保有量不得低于上一级土地利用总体规划确定的控制指标。

省、自治区、直辖市人民政府编制的土地利用总体规划，应当确保本行政区域内耕地总量不减少。

第十七条 土地利用总体规划按照下列原则编制：

（一）落实国土空间开发保护要求，严格土地用途管制；

（二）严格保护永久基本农田，严格控制非农业建设占用农用地；

（三）提高土地节约集约利用水平；

（四）统筹安排城乡生产、生活、生态用地，满足乡村产业和基础设施用地合理需求，促进城乡融合发展；

（五）保护和改善生态环境，保障土地的可持续利用；

（六）占用耕地与开发复垦耕地数量平衡、质量相当。

第十八条 国家建立国土空间规划体系。编制国土空间规划应当坚持生态优先，绿色、可持续发展，科学有序统筹安排生态、农业、城镇等功能空间，优化国土空间结构和布局，提升国土空间开发、保护的质量和效率。

经依法批准的国土空间规划是各类开发、保护、建设活动的基本依据。已经编制国土空间规划的，不再编制土地利用总体规划和城乡规划。

第十九条 县级土地利用总体规划应当划分土地利用区，明确土地用途。

乡（镇）土地利用总体规划应当划分土地利用区，根据土地使用条件，确定每一块土地的用途，并予以公告。

第二十条 土地利用总体规划实行分级审批。

省、自治区、直辖市的土地利用总体规划，报国务院批准。

省、自治区人民政府所在地的市、人口在一百万以上的城市以及国务院指定的城市的土地利用总体规划，经省、自治区人民政府审查同意后，报国务院批准。

本条第二款、第三款规定以外的土地利用总体规划，逐级上报省、自治区、直辖市人民政府批准；其中，乡（镇）土地利用总体规划可以由省级人民政府授权的设区的市、自治州人民政府批准。

土地利用总体规划一经批准，必须严格执行。

第二十一条 城市建设用地规模应当符合国家规定的标准，充分利用现有建设用地，不占或者尽量少占农用地。

城市总体规划、村庄和集镇规划，应当与土地利用总体规划相衔接，城市总体规划、村庄和集镇规划中建设用地规模不得超过土地利用总体规划确定的城市和村庄、集镇建设用地规模。

在城市规划区内、村庄和集镇规划区内，城市和村庄、集镇建设用地应当符合城市规划、村庄和集镇规划。

第二十二条 江河、湖泊综合治理和开发利用规划，应当与土地利用总体规划相衔接。在江河、湖泊、水库的管理和保护范围以及蓄洪滞洪区内，土地利用应当符合江河、湖泊综合治理和开发利用规划，符合河道、湖泊行洪、蓄洪和输水的要求。

第二十三条　各级人民政府应当加强土地利用计划管理，实行建设用地总量控制。

土地利用年度计划，根据国民经济和社会发展计划、国家产业政策、土地利用总体规划以及建设用地和土地利用的实际状况编制。土地利用年度计划应当对本法第六十三条规定的集体经营性建设用地作出合理安排。土地利用年度计划的编制审批程序与土地利用总体规划的编制审批程序相同，一经审批下达，必须严格执行。

第二十四条　省、自治区、直辖市人民政府应当将土地利用年度计划的执行情况列为国民经济和社会发展计划执行情况的内容，向同级人民代表大会报告。

第二十五条　经批准的土地利用总体规划的修改，须经原批准机关批准；未经批准，不得改变土地利用总体规划确定的土地用途。

经国务院批准的大型能源、交通、水利等基础设施建设用地，需要改变土地利用总体规划的，根据国务院的批准文件修改土地利用总体规划。

经省、自治区、直辖市人民政府批准的能源、交通、水利等基础设施建设用地，需要改变土地利用总体规划的，属于省级人民政府土地利用总体规划批准权限内的，根据省级人民政府的批准文件修改土地利用总体规划。

第二十六条　国家建立土地调查制度。

县级以上人民政府自然资源主管部门会同同级有关部门进行土地调查。土地所有者或者使用者应当配合调查，并提供有关资料。

第二十七条　县级以上人民政府自然资源主管部门会同同级有关部门根据土地调查成果、规划土地用途和国家制定的统一标准，评定土地等级。

第二十八条 国家建立土地统计制度。

县级以上人民政府统计机构和自然资源主管部门依法进行土地统计调查，定期发布土地统计资料。土地所有者或者使用者应当提供有关资料，不得拒报、迟报，不得提供不真实、不完整的资料。

统计机构和自然资源主管部门共同发布的土地面积统计资料是各级人民政府编制土地利用总体规划的依据。

第二十九条 国家建立全国土地管理信息系统，对土地利用状况进行动态监测。

第四章 耕地保护

第三十条 国家保护耕地，严格控制耕地转为非耕地。

国家实行占用耕地补偿制度。非农业建设经批准占用耕地的，按照"占多少，垦多少"的原则，由占用耕地的单位负责开垦与所占用耕地的数量和质量相当的耕地；没有条件开垦或者开垦的耕地不符合要求的，应当按照省、自治区、直辖市的规定缴纳耕地开垦费，专款用于开垦新的耕地。

省、自治区、直辖市人民政府应当制定开垦耕地计划，监督占用耕地的单位按照计划开垦耕地或者按照计划组织开垦耕地，并进行验收。

第三十一条 县级以上地方人民政府可以要求占用耕地的单位将所占用耕地耕作层的土壤用于新开垦耕地、劣质地或者其他耕地的土壤改良。

第三十二条 省、自治区、直辖市人民政府应当严格执行土地利用总体规划和土地利用年度计划，采取措施，确保本行政区域内耕地总量不减少、质量不降低。耕地总量减少的，由国务院责令在规定期限内组织开垦与所减少耕地的数量与质量相当的耕地；耕地质量降低的，由国务院责令在规定期限内组织整治。新开垦和整治的耕地由国务院自然资源主管部门会同农业农村主管部门验收。

个别省、直辖市确因土地后备资源匮乏，新增建设用地后，新开垦耕地的数量不足以补偿所占用耕地的数量的，必须报经国务院批准减免本行政区域内开垦耕地的数量，易地开垦数量和质量相当的耕地。

第三十三条 国家实行永久基本农田保护制度。下列耕地应当根据土地利用总体规划划为永久基本农田，实行严格保护：

（一）经国务院农业农村主管部门或者县级以上地方人民政府批准确定的粮、棉、油、糖等重要农产品生产基地内的耕地；

（二）有良好的水利与水土保持设施的耕地，正在实施改造计划以及可以改造的中、低产田和已建成的高标准农田；

（三）蔬菜生产基地；

（四）农业科研、教学试验田；

（五）国务院规定应当划为永久基本农田的其他耕地。

各省、自治区、直辖市划定的永久基本农田一般应当占本行政区域内耕地的百分之八十以上，具体比例由国务院根据各省、自治区、直辖市耕地实际情况规定。

第三十四条 永久基本农田划定以乡（镇）为单位进行，由县级人民政府自然资源主管部门会同同级农业农村主管部门组织实施。永久基本农田应当落实到地块，纳入国家永久基本农田数据库严格管理。

乡（镇）人民政府应当将永久基本农田的位置、范围向社会公告，并设立保护标志。

第三十五条 永久基本农田经依法划定后，任何单位和个人不得擅自占用或者改变其用途。国家能源、交通、水利、军事设施等重点建设项目选址确实难以避让永久基本农田，涉及农用地转用或者土地征收的，必须经国务院批准。

禁止通过擅自调整县级土地利用总体规划、乡（镇）土地利用总体规划等方式规避永久基本农田农用地转用或者土地征收的审批。

第三十六条 各级人民政府应当采取措施，引导因地制宜轮作休耕，改良土壤，提高地力，维护排灌工程设施，防止土地荒漠化、盐渍化、水土流失和土壤污染。

第三十七条 非农业建设必须节约使用土地，可以利用荒地的，不得占用耕地；可以利用劣地的，不得占用好地。

禁止占用耕地建窑、建坟或者擅自在耕地上建房、挖砂、采石、采矿、取土等。

禁止占用永久基本农田发展林果业和挖塘养鱼。

第三十八条 禁止任何单位和个人闲置、荒芜耕地。已经办理审批手续的非农业建设占用耕地，一年内不用而又可以耕种并收获的，应当由原耕种该幅耕地的集体或者个人恢复耕种，也可以由用地单位组织耕种；一年以上未动工建设的，应当按照省、自治区、直辖市的规定缴纳闲置费；连续二年未使用的，经原批准机关批准，由县级以上人民政府无偿收回用地单位的土地使用权；该幅土地原为农民集体所有的，应当交由原农村集体经济组织恢复耕种。

在城市规划区范围内，以出让方式取得土地使用权进行房地产开发的闲置土地，依照《中华人民共和国城市房地产管理法》的有关规定办理。

第三十九条 国家鼓励单位和个人按照土地利用总体规划，在保护和改善生态环境、防止水土流失和土地荒漠化的前提下，开发未利用的土地；适宜开发为农用地的，应当优先开发成农用地。

国家依法保护开发者的合法权益。

第四十条 开垦未利用的土地，必须经过科学论证和评估，在土地利用总体规划划定的可开垦的区域内，经依法批准后进行。禁止毁坏森林、草原开垦耕地，禁止围湖造田和侵占江河滩地。

根据土地利用总体规划，对破坏生态环境开垦、围垦的土地，有计划有步骤地退耕还林、还牧、还湖。

第四十一条 开发未确定使用权的国有荒山、荒地、荒滩从事种植业、林业、畜牧业、渔业生产的，经县级以上人民政府依法批准，可以确定给开发单位或者个人长期使用。

第四十二条 国家鼓励土地整理。县、乡（镇）人民政府应当组织农村集体经济组织，按照土地利用总体规划，对田、水、路、林、村综合整治，提高耕地质量，增加有效耕地面积，改善农业生产条件和生态环境。

地方各级人民政府应当采取措施，改造中、低产田，整治闲散地和废弃地。

第四十三条 因挖损、塌陷、压占等造成土地破坏，用地单位和个人应当按照国家有关规定负责复垦；没有条件复垦或者复垦不符合要求的，应当缴纳土地复垦费，专项用于土地复垦。复垦的土地应当优先用于农业。

第五章 建设用地

第四十四条 建设占用土地，涉及农用地转为建设用地的，应当办理农用地转用审批手续。

永久基本农田转为建设用地的，由国务院批准。

在土地利用总体规划确定的城市和村庄、集镇建设用地规模范围内，为实施该规划而将永久基本农田以外的农用地转为建设用地的，按土地利用年度计划分批次按照国务院规定由原批准土地利用总体规划的机关或者其授权的机关批准。在已批准的农用地转用范围内，具体建设项目用地可以由市、县人民政府批准。

在土地利用总体规划确定的城市和村庄、集镇建设用地规模范围外，将永久基本农田以外的农用地转为建设用地的，由国务院或者国务院授权的省、自治区、直辖市人民政府批准。

第四十五条 为了公共利益的需要，有下列情形之一，确需征收农民集体所有的土地的，可以依法实施征收：

（一）军事和外交需要用地的；

（二）由政府组织实施的能源、交通、水利、通信、邮政等基础设施建设需要用地的；

（三）由政府组织实施的科技、教育、文化、卫生、体育、生态环境和资源保护、防灾减灾、文物保护、社区综合服务、社会福利、市政公用、优抚安置、英烈保护等公共事业需要用地的；

（四）由政府组织实施的扶贫搬迁、保障性安居工程建设需要用地的；

（五）在土地利用总体规划确定的城镇建设用地范围内，经省级以上人民政府批准由县级以上地方人民政府组织实施的成片开发建设需要用地的；

（六）法律规定为公共利益需要可以征收农民集体所有的土地的其他情形。

前款规定的建设活动，应当符合国民经济和社会发展规划、土地利用总体规划、城乡规划和专项规划；第（四）项、第（五）项规定的建设活动，还应当纳入国民经济和社会发展年度计划；第（五）项规定的成片开发并应当符合国务院自然资源主管部门规定的标准。

第四十六条 征收下列土地的，由国务院批准：

（一）永久基本农田；

（二）永久基本农田以外的耕地超过三十五公顷的；

（三）其他土地超过七十公顷的。

征收前款规定以外的土地的，由省、自治区、直辖市人民政府批准。

征收农用地的，应当依照本法第四十四条的规定先行办理农用地转用审批。其中，经国务院批准农用地转用的，同时办理征地审批手续，不再另行办理征地审批；经省、自治区、直辖市人民政府在征地批准权限内批准农用地转用的，同时办理征地审批手续，不再另行办理征地审批，超过征地批准权限的，应当依照本条第一款的规定另行办理征地审批。

第四十七条 国家征收土地的，依照法定程序批准后，由县级以上地方人民政府予以公告并组织实施。

县级以上地方人民政府拟申请征收土地的，应当开展拟征收土地现状调查和社会稳定风险评估，并将征收范围、土地现状、征收目的、补偿标准、安置方式和社会保障等在拟征收土地所在的乡（镇）和村、村民小组范围内公告至少三十日，听取被征地的农村集体经济组织及其成员、村民委员会和其他利害关系人的意见。

多数被征地的农村集体经济组织成员认为征地补偿安置方案不符合法律、法规规定的，县级以上地方人民政府应当组织召开听证会，并根据法律、法规的规定和听证会情况修改方案。

拟征收土地的所有权人、使用权人应当在公告规定期限内，持不动产权属证明材料办理补偿登记。县级以上地方人民政府应当组织有关部门测算并落实有关费用，保证足额到位，与拟征收土地的所有权人、使用权人就补偿、安置等签订协议；个别确实难以达成协议的，应当在申请征收土地时如实说明。

相关前期工作完成后，县级以上地方人民政府方可申请征收土地。

第四十八条 征收土地应当给予公平、合理的补偿，保障被征地农民原有生活水平不降低、长远生计有保障。

征收土地应当依法及时足额支付土地补偿费、安置补助费以及农村村民住宅、其他地上附着物和青苗等的补偿费用，并安排被征地农民的社会保障费用。

征收农用地的土地补偿费、安置补助费标准由省、自治区、直辖市通过制定公布区片综合地价确定。制定区片综合地价应当综合考虑土地原用途、土地资源条件、土地产值、土地区位、土地供求关系、人口以及经济社会发展水平等因素，并至少每三年调整或者重新公布一次。

征收农用地以外的其他土地、地上附着物和青苗等的补偿标准，由省、自治区、直辖市制定。对其中的农村村民住宅，应当按照先补偿后搬迁、居住条件有改善的原则，尊重农村村民意愿，采取重新安排宅基地建房、提供安置房或者货币补偿等方式给予公平、合理的补偿，并对因征收造成的搬迁、临时安置等费用予以补偿，保障农村村民居住的权利和合法的住房财产权益。

县级以上地方人民政府应当将被征地农民纳入相应的养老等社会保障体系。被征地农民的社会保障费用主要用于符合条件的被征地农民的养老保险等社会保险缴费补贴。被征地农民社会保障费用的筹集、管理和使用办法，由省、自治区、直辖市制定。

第四十九条　被征地的农村集体经济组织应当将征收土地的补偿费用的收支状况向本集体经济组织的成员公布，接受监督。

禁止侵占、挪用被征收土地单位的征地补偿费用和其他有关费用。

第五十条　地方各级人民政府应当支持被征地的农村集体经济组织和农民从事开发经营，兴办企业。

第五十一条　大中型水利、水电工程建设征收土地的补偿费标准和移民安置办法，由国务院另行规定。

第五十二条　建设项目可行性研究论证时，自然资源主管部门可以根据土地利用总体规划、土地利用年度计划和建设用地标准，对建设用地有关事项进行审查，并提出意见。

第五十三条　经批准的建设项目需要使用国有建设用地的，建设单位应当持法律、行政法规规定的有关文件，向有批准权的县级以上人民政府自然资源主管部门提出建设用地申请，经自然资源主管部门审查，报本级人民政府批准。

第五十四条　建设单位使用国有土地，应当以出让等有偿使用方式取得；但是，下列建设用地，经县级以上人民政府依法批准，可以以划拨方式取得：

（一）国家机关用地和军事用地；

（二）城市基础设施用地和公益事业用地；

（三）国家重点扶持的能源、交通、水利等基础设施用地；

（四）法律、行政法规规定的其他用地。

第五十五条 以出让等有偿使用方式取得国有土地使用权的建设单位，按照国务院规定的标准和办法，缴纳土地使用权出让金等土地有偿使用费和其他费用后，方可使用土地。

自本法施行之日起，新增建设用地的土地有偿使用费，百分之三十上缴中央财政，百分之七十留给有关地方人民政府。具体使用管理办法由国务院财政部门会同有关部门制定，并报国务院批准。

第五十六条 建设单位使用国有土地的，应当按照土地使用权出让等有偿使用合同的约定或者土地使用权划拨批准文件的规定使用土地；确需改变该幅土地建设用途的，应当经有关人民政府自然资源主管部门同意，报原批准用地的人民政府批准。其中，在城市规划区内改变土地用途的，在报批前，应当先经有关城市规划行政主管部门同意。

第五十七条 建设项目施工和地质勘查需要临时使用国有土地或者农民集体所有的土地的，由县级以上人民政府自然资源主管部门批准。其中，在城市规划区内的临时用地，在报批前，应当先经有关城市规划行政主管部门同意。土地使用者应当根据土地权属，与有关自然资源主管部门或者农村集体经济组织、村民委员会签订临时使用土地合同，并按照合同的约定支付临时使用土地补偿费。

临时使用土地的使用者应当按照临时使用土地合同约定的用途使用土地，并不得修建永久性建筑物。

临时使用土地期限一般不超过二年。

第五十八条 有下列情形之一的，由有关人民政府自然资源主管部门报经原批准用地的人民政府或者有批准权的人民政府批准，可以收回国有土地使用权：

（一）为实施城市规划进行旧城区改建以及其他公共利益需要，确需使用土地的；

（二）土地出让等有偿使用合同约定的使用期限届满，土地使

用者未申请续期或者申请续期未获批准的;

(三)因单位撤销、迁移等原因,停止使用原划拨的国有土地的;

(四)公路、铁路、机场、矿场等经核准报废的。

依照前款第(一)项的规定收回国有土地使用权的,对土地使用权人应当给予适当补偿。

第五十九条 乡镇企业、乡(镇)村公共设施、公益事业、农村村民住宅等乡(镇)村建设,应当按照村庄和集镇规划,合理布局,综合开发,配套建设;建设用地,应当符合乡(镇)土地利用总体规划和土地利用年度计划,并依照本法第四十四条、第六十条、第六十一条、第六十二条的规定办理审批手续。

第六十条 农村集体经济组织使用乡(镇)土地利用总体规划确定的建设用地兴办企业或者与其他单位、个人以土地使用权入股、联营等形式共同举办企业的,应当持有关批准文件,向县级以上地方人民政府自然资源主管部门提出申请,按照省、自治区、直辖市规定的批准权限,由县级以上地方人民政府批准;其中,涉及占用农用地的,依照本法第四十四条的规定办理审批手续。

按照前款规定兴办企业的建设用地,必须严格控制。省、自治区、直辖市可以按照乡镇企业的不同行业和经营规模,分别规定用地标准。

第六十一条 乡(镇)村公共设施、公益事业建设,需要使用土地的,经乡(镇)人民政府审核,向县级以上地方人民政府自然资源主管部门提出申请,按照省、自治区、直辖市规定的批准权限,由县级以上地方人民政府批准;其中,涉及占用农用地的,依照本法第四十四条的规定办理审批手续。

第六十二条 农村村民一户只能拥有一处宅基地,其宅基地的面积不得超过省、自治区、直辖市规定的标准。

人均土地少、不能保障一户拥有一处宅基地的地区,县级人民政府在充分尊重农村村民意愿的基础上,可以采取措施,按照省、自治区、直辖市规定的标准保障农村村民实现户有所居。

农村村民建住宅，应当符合乡（镇）土地利用总体规划、村庄规划，不得占用永久基本农田，并尽量使用原有的宅基地和村内空闲地。编制乡（镇）土地利用总体规划、村庄规划应当统筹并合理安排宅基地用地，改善农村村民居住环境和条件。

农村村民住宅用地，由乡（镇）人民政府审核批准；其中，涉及占用农用地的，依照本法第四十四条的规定办理审批手续。

农村村民出卖、出租、赠与住宅后，再申请宅基地的，不予批准。

国家允许进城落户的农村村民依法自愿有偿退出宅基地，鼓励农村集体经济组织及其成员盘活利用闲置宅基地和闲置住宅。

国务院农业农村主管部门负责全国农村宅基地改革和管理有关工作。

第六十三条 土地利用总体规划、城乡规划确定为工业、商业等经营性用途，并经依法登记的集体经营性建设用地，土地所有权人可以通过出让、出租等方式交由单位或者个人使用，并应当签订书面合同，载明土地界址、面积、动工期限、使用期限、土地用途、规划条件和双方其他权利义务。

前款规定的集体经营性建设用地出让、出租等，应当经本集体经济组织成员的村民会议三分之二以上成员或者三分之二以上村民代表的同意。

通过出让等方式取得的集体经营性建设用地使用权可以转让、互换、出资、赠与或者抵押，但法律、行政法规另有规定或者土地所有权人、土地使用权人签订的书面合同另有约定的除外。

集体经营性建设用地的出租，集体建设用地使用权的出让及其最高年限、转让、互换、出资、赠与、抵押等，参照同类用途的国有建设用地执行。具体办法由国务院制定。

第六十四条 集体建设用地的使用者应当严格按照土地利用总体规划、城乡规划确定的用途使用土地。

第六十五条 在土地利用总体规划制定前已建的不符合土地

利用总体规划确定的用途的建筑物、构筑物，不得重建、扩建。

第六十六条 有下列情形之一的，农村集体经济组织报经原批准用地的人民政府批准，可以收回土地使用权：

（一）为乡（镇）村公共设施和公益事业建设，需要使用土地的；

（二）不按照批准的用途使用土地的；

（三）因撤销、迁移等原因而停止使用土地的。

依照前款第（一）项规定收回农民集体所有的土地的，对土地使用权人应当给予适当补偿。

收回集体经营性建设用地使用权，依照双方签订的书面合同办理，法律、行政法规另有规定的除外。

第六章 监督检查

第六十七条 县级以上人民政府自然资源主管部门对违反土地管理法律、法规的行为进行监督检查。

县级以上人民政府农业农村主管部门对违反农村宅基地管理法律、法规的行为进行监督检查的，适用本法关于自然资源主管部门监督检查的规定。

土地管理监督检查人员应当熟悉土地管理法律、法规，忠于职守、秉公执法。

第六十八条 县级以上人民政府自然资源主管部门履行监督检查职责时，有权采取下列措施：

（一）要求被检查的单位或者个人提供有关土地权利的文件和资料，进行查阅或者予以复制；

（二）要求被检查的单位或者个人就有关土地权利的问题作出说明；

（三）进入被检查单位或者个人非法占用的土地现场进行勘测；

（四）责令非法占用土地的单位或者个人停止违反土地管理法律、法规的行为。

第六十九条 土地管理监督检查人员履行职责，需要进入现场进行勘测、要求有关单位或者个人提供文件、资料和作出说明的，应当出示土地管理监督检查证件。

第七十条 有关单位和个人对县级以上人民政府自然资源主管部门就土地违法行为进行的监督检查应当支持与配合，并提供工作方便，不得拒绝与阻碍土地管理监督检查人员依法执行职务。

第七十一条 县级以上人民政府自然资源主管部门在监督检查工作中发现国家工作人员的违法行为，依法应当给予处分的，应当依法予以处理；自己无权处理的，应当依法移送监察机关或者有关机关处理。

第七十二条 县级以上人民政府自然资源主管部门在监督检查工作中发现土地违法行为构成犯罪的，应当将案件移送有关机关，依法追究刑事责任；尚不构成犯罪的，应当依法给予行政处罚。

第七十三条 依照本法规定应当给予行政处罚，而有关自然资源主管部门不给予行政处罚的，上级人民政府自然资源主管部门有权责令有关自然资源主管部门作出行政处罚决定或者直接给予行政处罚，并给予有关自然资源主管部门的负责人处分。

第七章 法律责任

第七十四条 买卖或者以其他形式非法转让土地的，由县级以上人民政府自然资源主管部门没收违法所得；对违反土地利用总体规划擅自将农用地改为建设用地的，限期拆除在非法转让的土地上新建的建筑物和其他设施，恢复土地原状，对符合土地利用总体规划的，没收在非法转让的土地上新建的建筑物和其他设施；可以并处罚款；对直接负责的主管人员和其他直接责任人员，依法给予处分；构成犯罪的，依法追究刑事责任。

第七十五条　违反本法规定，占用耕地建窑、建坟或者擅自在耕地上建房、挖砂、采石、采矿、取土等，破坏种植条件的，或者因开发土地造成土地荒漠化、盐渍化的，由县级以上人民政府自然资源主管部门、农业农村主管部门等按照职责责令限期改正或者治理，可以并处罚款；构成犯罪的，依法追究刑事责任。

第七十六条　违反本法规定，拒不履行土地复垦义务的，由县级以上人民政府自然资源主管部门责令限期改正；逾期不改正的，责令缴纳复垦费，专项用于土地复垦，可以处以罚款。

第七十七条　未经批准或者采取欺骗手段骗取批准，非法占用土地的，由县级以上人民政府自然资源主管部门责令退还非法占用的土地，对违反土地利用总体规划擅自将农用地改为建设用地的，限期拆除在非法占用的土地上新建的建筑物和其他设施，恢复土地原状，对符合土地利用总体规划的，没收在非法占用的土地上新建的建筑物和其他设施，可以并处罚款；对非法占用土地单位的直接负责的主管人员和其他直接责任人员，依法给予处分；构成犯罪的，依法追究刑事责任。

超过批准的数量占用土地，多占的土地以非法占用土地论处。

第七十八条　农村村民未经批准或者采取欺骗手段骗取批准，非法占用土地建住宅的，由县级以上人民政府农业农村主管部门责令退还非法占用的土地，限期拆除在非法占用的土地上新建的房屋。

超过省、自治区、直辖市规定的标准，多占的土地以非法占用土地论处。

第七十九条　无权批准征收、使用土地的单位或者个人非法批准占用土地的，超越批准权限非法批准占用土地的，不按照土地利用总体规划确定的用途批准用地的，或者违反法律规定的程序批准占用、征收土地的，其批准文件无效，对非法批准征收、使用土地的直接负责的主管人员和其他直接责任人员，依法给予处分；构成犯罪的，依法追究刑事责任。非法批准、使用的土地应当收回，有关当事人拒不归还的，以非法占用土地论处。

非法批准征收、使用土地，对当事人造成损失的，依法应当承担赔偿责任。

第八十条 侵占、挪用被征收土地单位的征地补偿费用和其他有关费用，构成犯罪的，依法追究刑事责任；尚不构成犯罪的，依法给予处分。

第八十一条 依法收回国有土地使用权当事人拒不交出土地的，临时使用土地期满拒不归还的，或者不按照批准的用途使用国有土地的，由县级以上人民政府自然资源主管部门责令交还土地，处以罚款。

第八十二条 擅自将农民集体所有的土地通过出让、转让使用权或者出租等方式用于非农业建设，或者违反本法规定，将集体经营性建设用地通过出让、出租等方式交由单位或者个人使用的，由县级以上人民政府自然资源主管部门责令限期改正，没收违法所得，并处罚款。

第八十三条 依照本法规定，责令限期拆除在非法占用的土地上新建的建筑物和其他设施的，建设单位或者个人必须立即停止施工，自行拆除；对继续施工的，作出处罚决定的机关有权制止。建设单位或者个人对责令限期拆除的行政处罚决定不服的，可以在接到责令限期拆除决定之日起十五日内，向人民法院起诉；期满不起诉又不自行拆除的，由作出处罚决定的机关依法申请人民法院强制执行，费用由违法者承担。

第八十四条 自然资源主管部门、农业农村主管部门的工作人员玩忽职守、滥用职权、徇私舞弊，构成犯罪的，依法追究刑事责任；尚不构成犯罪的，依法给予处分。

第八章 附 则

第八十五条 外商投资企业使用土地的，适用本法；法律另有规定的，从其规定。

第八十六条　在根据本法第十八条的规定编制国土空间规划前，经依法批准的土地利用总体规划和城乡规划继续执行。

第八十七条　本法自 1999 年 1 月 1 日起施行。

中华人民共和国农村土地承包法

（2002 年 8 月 29 日第九届全国人民代表大会常务委员会第二十九次会议通过　根据 2009 年 8 月 27 日第十一届全国人民代表大会常务委员会第十次会议《关于修改部分法律的决定》第一次修正　根据 2018 年 12 月 29 日第十三届全国人民代表大会常务委员会第七次会议《关于修改〈中华人民共和国农村土地承包法〉的决定》第二次修正）

第一章　总　　则

第一条　为了巩固和完善以家庭承包经营为基础、统分结合的双层经营体制，保持农村土地承包关系稳定并长久不变，维护农村土地承包经营当事人的合法权益，促进农业、农村经济发展和农村社会和谐稳定，根据宪法，制定本法。

第二条　本法所称农村土地，是指农民集体所有和国家所有依法由农民集体使用的耕地、林地、草地，以及其他依法用于农业的土地。

第三条　国家实行农村土地承包经营制度。

农村土地承包采取农村集体经济组织内部的家庭承包方式，不宜采取家庭承包方式的荒山、荒沟、荒丘、荒滩等农村土地，可以采取招标、拍卖、公开协商等方式承包。

第四条　农村土地承包后，土地的所有权性质不变。承包地不得买卖。

第五条 农村集体经济组织成员有权依法承包由本集体经济组织发包的农村土地。

任何组织和个人不得剥夺和非法限制农村集体经济组织成员承包土地的权利。

第六条 农村土地承包，妇女与男子享有平等的权利。承包中应当保护妇女的合法权益，任何组织和个人不得剥夺、侵害妇女应当享有的土地承包经营权。

第七条 农村土地承包应当坚持公开、公平、公正的原则，正确处理国家、集体、个人三者的利益关系。

第八条 国家保护集体土地所有者的合法权益，保护承包方的土地承包经营权，任何组织和个人不得侵犯。

第九条 承包方承包土地后，享有土地承包经营权，可以自己经营，也可以保留土地承包权，流转其承包地的土地经营权，由他人经营。

第十条 国家保护承包方依法、自愿、有偿流转土地经营权，保护土地经营权人的合法权益，任何组织和个人不得侵犯。

第十一条 农村土地承包经营应当遵守法律、法规，保护土地资源的合理开发和可持续利用。未经依法批准不得将承包地用于非农建设。

国家鼓励增加对土地的投入，培肥地力，提高农业生产能力。

第十二条 国务院农业农村、林业和草原主管部门分别依照国务院规定的职责负责全国农村土地承包经营及承包经营合同管理的指导。

县级以上地方人民政府农业农村、林业和草原等主管部门分别依照各自职责，负责本行政区域内农村土地承包经营及承包经营合同管理。

乡（镇）人民政府负责本行政区域内农村土地承包经营及承包经营合同管理。

第二章 家庭承包

第一节 发包方和承包方的权利和义务

第十三条 农民集体所有的土地依法属于村农民集体所有的，由村集体经济组织或者村民委员会发包；已经分别属于村内两个以上农村集体经济组织的农民集体所有的，由村内各该农村集体经济组织或者村民小组发包。村集体经济组织或者村民委员会发包的，不得改变村内各集体经济组织农民集体所有的土地的所有权。

国家所有依法由农民集体使用的农村土地，由使用该土地的农村集体经济组织、村民委员会或者村民小组发包。

第十四条 发包方享有下列权利：

（一）发包本集体所有的或者国家所有依法由本集体使用的农村土地；

（二）监督承包方依照承包合同约定的用途合理利用和保护土地；

（三）制止承包方损害承包地和农业资源的行为；

（四）法律、行政法规规定的其他权利。

第十五条 发包方承担下列义务：

（一）维护承包方的土地承包经营权，不得非法变更、解除承包合同；

（二）尊重承包方的生产经营自主权，不得干涉承包方依法进行正常的生产经营活动；

（三）依照承包合同约定为承包方提供生产、技术、信息等服务；

（四）执行县、乡（镇）土地利用总体规划，组织本集体经济组织内的农业基础设施建设；

（五）法律、行政法规规定的其他义务。

第十六条 家庭承包的承包方是本集体经济组织的农户。农户内家庭成员依法平等享有承包土地的各项权益。

第十七条 承包方享有下列权利：

（一）依法享有承包地使用、收益的权利，有权自主组织生产经营和处置产品；

（二）依法互换、转让土地承包经营权；

（三）依法流转土地经营权；

（四）承包地被依法征收、征用、占用的，有权依法获得相应的补偿；

（五）法律、行政法规规定的其他权利。

第十八条 承包方承担下列义务：

（一）维持土地的农业用途，未经依法批准不得用于非农建设；

（二）依法保护和合理利用土地，不得给土地造成永久性损害；

（三）法律、行政法规规定的其他义务。

第二节　承包的原则和程序

第十九条 土地承包应当遵循以下原则：

（一）按照规定统一组织承包时，本集体经济组织成员依法平等地行使承包土地的权利，也可以自愿放弃承包土地的权利；

（二）民主协商，公平合理；

（三）承包方案应当按照本法第十三条的规定，依法经本集体经济组织成员的村民会议三分之二以上成员或者三分之二以上村民代表的同意；

（四）承包程序合法。

第二十条 土地承包应当按照以下程序进行：

（一）本集体经济组织成员的村民会议选举产生承包工作

小组；

（二）承包工作小组依照法律、法规的规定拟订并公布承包方案；

（三）依法召开本集体经济组织成员的村民会议，讨论通过承包方案；

（四）公开组织实施承包方案；

（五）签订承包合同。

第三节　承包期限和承包合同

第二十一条　耕地的承包期为三十年。草地的承包期为三十年至五十年。林地的承包期为三十年至七十年。

前款规定的耕地承包期届满后再延长三十年，草地、林地承包期届满后依照前款规定相应延长。

第二十二条　发包方应当与承包方签订书面承包合同。

承包合同一般包括以下条款：

（一）发包方、承包方的名称，发包方负责人和承包方代表的姓名、住所；

（二）承包土地的名称、坐落、面积、质量等级；

（三）承包期限和起止日期；

（四）承包土地的用途；

（五）发包方和承包方的权利和义务；

（六）违约责任。

第二十三条　承包合同自成立之日起生效。承包方自承包合同生效时取得土地承包经营权。

第二十四条　国家对耕地、林地和草地等实行统一登记，登记机构应当向承包方颁发土地承包经营权证或者林权证等证书，并登记造册，确认土地承包经营权。

土地承包经营权证或者林权证等证书应当将具有土地承包经营权的全部家庭成员列入。

登记机构除按规定收取证书工本费外，不得收取其他费用。

第二十五条　承包合同生效后，发包方不得因承办人或者负责人的变动而变更或者解除，也不得因集体经济组织的分立或者合并而变更或者解除。

第二十六条　国家机关及其工作人员不得利用职权干涉农村土地承包或者变更、解除承包合同。

第四节　土地承包经营权的保护和互换、转让

第二十七条　承包期内，发包方不得收回承包地。

国家保护进城农户的土地承包经营权。不得以退出土地承包经营权作为农户进城落户的条件。

承包期内，承包农户进城落户的，引导支持其按照自愿有偿原则依法在本集体经济组织内转让土地承包经营权或者将承包地交回发包方，也可以鼓励其流转土地经营权。

承包期内，承包方交回承包地或者发包方依法收回承包地时，承包方对其在承包地上投入而提高土地生产能力的，有权获得相应的补偿。

第二十八条　承包期内，发包方不得调整承包地。

承包期内，因自然灾害严重毁损承包地等特殊情形对个别农户之间承包的耕地和草地需要适当调整的，必须经本集体经济组织成员的村民会议三分之二以上成员或者三分之二以上村民代表的同意，并报乡（镇）人民政府和县级人民政府农业农村、林业和草原等主管部门批准。承包合同中约定不得调整的，按照其约定。

第二十九条　下列土地应当用于调整承包土地或者承包给新增人口：

（一）集体经济组织依法预留的机动地；

（二）通过依法开垦等方式增加的；

（三）发包方依法收回和承包方依法、自愿交回的。

第三十条　承包期内，承包方可以自愿将承包地交回发包方。承包方自愿交回承包地的，可以获得合理补偿，但是应当提前半年以书面形式通知发包方。承包方在承包期内交回承包地的，在承包期内不得再要求承包土地。

第三十一条　承包期内，妇女结婚，在新居住地未取得承包地的，发包方不得收回其原承包地；妇女离婚或者丧偶，仍在原居住地生活或者不在原居住地生活但在新居住地未取得承包地的，发包方不得收回其原承包地。

第三十二条　承包人应得的承包收益，依照继承法的规定继承。

林地承包的承包人死亡，其继承人可以在承包期内继续承包。

第三十三条　承包方之间为方便耕种或者各自需要，可以对属于同一集体经济组织的土地的土地承包经营权进行互换，并向发包方备案。

第三十四条　经发包方同意，承包方可以将全部或者部分的土地承包经营权转让给本集体经济组织的其他农户，由该农户同发包方确立新的承包关系，原承包方与发包方在该土地上的承包关系即行终止。

第三十五条　土地承包经营权互换、转让的，当事人可以向登记机构申请登记。未经登记，不得对抗善意第三人。

第五节　土地经营权

第三十六条　承包方可以自主决定依法采取出租（转包）、入股或者其他方式向他人流转土地经营权，并向发包方备案。

第三十七条　土地经营权人有权在合同约定的期限内占有农村土地，自主开展农业生产经营并取得收益。

第三十八条　土地经营权流转应当遵循以下原则：

（一）依法、自愿、有偿，任何组织和个人不得强迫或者阻碍土地经营权流转；

（二）不得改变土地所有权的性质和土地的农业用途，不得破坏农业综合生产能力和农业生态环境；

（三）流转期限不得超过承包期的剩余期限；

（四）受让方须有农业经营能力或者资质；

（五）在同等条件下，本集体经济组织成员享有优先权。

第三十九条 土地经营权流转的价款，应当由当事人双方协商确定。流转的收益归承包方所有，任何组织和个人不得擅自截留、扣缴。

第四十条 土地经营权流转，当事人双方应当签订书面流转合同。

土地经营权流转合同一般包括以下条款：

（一）双方当事人的姓名、住所；

（二）流转土地的名称、坐落、面积、质量等级；

（三）流转期限和起止日期；

（四）流转土地的用途；

（五）双方当事人的权利和义务；

（六）流转价款及支付方式；

（七）土地被依法征收、征用、占用时有关补偿费的归属；

（八）违约责任。

承包方将土地交由他人代耕不超过一年的，可以不签订书面合同。

第四十一条 土地经营权流转期限为五年以上的，当事人可以向登记机构申请土地经营权登记。未经登记，不得对抗善意第三人。

第四十二条 承包方不得单方解除土地经营权流转合同，但受让方有下列情形之一的除外：

（一）擅自改变土地的农业用途；

（二）弃耕抛荒连续两年以上；

（三）给土地造成严重损害或者严重破坏土地生态环境；

（四）其他严重违约行为。

第四十三条 经承包方同意，受让方可以依法投资改良土壤，建设农业生产附属、配套设施，并按照合同约定对其投资部分获得合理补偿。

第四十四条 承包方流转土地经营权的，其与发包方的承包关系不变。

第四十五条 县级以上地方人民政府应当建立工商企业等社会资本通过流转取得土地经营权的资格审查、项目审核和风险防范制度。

工商企业等社会资本通过流转取得土地经营权的，本集体经济组织可以收取适量管理费用。

具体办法由国务院农业农村、林业和草原主管部门规定。

第四十六条 经承包方书面同意，并向本集体经济组织备案，受让方可以再流转土地经营权。

第四十七条 承包方可以用承包地的土地经营权向金融机构融资担保，并向发包方备案。受让方通过流转取得的土地经营权，经承包方书面同意并向发包方备案，可以向金融机构融资担保。

担保物权自融资担保合同生效时设立。当事人可以向登记机构申请登记；未经登记，不得对抗善意第三人。

实现担保物权时，担保物权人有权就土地经营权优先受偿。

土地经营权融资担保办法由国务院有关部门规定。

第三章 其他方式的承包

第四十八条 不宜采取家庭承包方式的荒山、荒沟、荒丘、荒滩等农村土地，通过招标、拍卖、公开协商等方式承包的，适用本章规定。

第四十九条 以其他方式承包农村土地的，应当签订承包合同，承包方取得土地经营权。当事人的权利和义务、承包期限等，由双方协商确定。以招标、拍卖方式承包的，承包费通过公开竞标、竞价确定；以公开协商等方式承包的，承包费由双方议定。

第五十条 荒山、荒沟、荒丘、荒滩等可以直接通过招标、拍卖、公开协商等方式实行承包经营，也可以将土地经营权折股分给本集体经济组织成员后，再实行承包经营或者股份合作经营。

承包荒山、荒沟、荒丘、荒滩的，应当遵守有关法律、行政法规的规定，防止水土流失，保护生态环境。

第五十一条 以其他方式承包农村土地，在同等条件下，本集体经济组织成员有权优先承包。

第五十二条 发包方将农村土地发包给本集体经济组织以外的单位或者个人承包，应当事先经本集体经济组织成员的村民会议三分之二以上成员或者三分之二以上村民代表的同意，并报乡（镇）人民政府批准。

由本集体经济组织以外的单位或者个人承包的，应当对承包方的资信情况和经营能力进行审查后，再签订承包合同。

第五十三条 通过招标、拍卖、公开协商等方式承包农村土地，经依法登记取得权属证书的，可以依法采取出租、入股、抵押或者其他方式流转土地经营权。

第五十四条 依照本章规定通过招标、拍卖、公开协商等方式取得土地经营权的，该承包人死亡，其应得的承包收益，依照继承法的规定继承；在承包期内，其继承人可以继续承包。

第四章　争议的解决和法律责任

第五十五条 因土地承包经营发生纠纷的，双方当事人可以通过协商解决，也可以请求村民委员会、乡（镇）人民政府等调解解决。

当事人不愿协商、调解或者协商、调解不成的，可以向农村土地承包仲裁机构申请仲裁，也可以直接向人民法院起诉。

第五十六条 任何组织和个人侵害土地承包经营权、土地经营权的，应当承担民事责任。

第五十七条 发包方有下列行为之一的，应当承担停止侵害、排除妨碍、消除危险、返还财产、恢复原状、赔偿损失等民事责任：

（一）干涉承包方依法享有的生产经营自主权；

（二）违反本法规定收回、调整承包地；

（三）强迫或者阻碍承包方进行土地承包经营权的互换、转让或者土地经营权流转；

（四）假借少数服从多数强迫承包方放弃或者变更土地承包经营权；

（五）以划分"口粮田"和"责任田"等为由收回承包地搞招标承包；

（六）将承包地收回抵顶欠款；

（七）剥夺、侵害妇女依法享有的土地承包经营权；

（八）其他侵害土地承包经营权的行为。

第五十八条 承包合同中违背承包方意愿或者违反法律、行政法规有关不得收回、调整承包地等强制性规定的约定无效。

第五十九条 当事人一方不履行合同义务或者履行义务不符合约定的，应当依法承担违约责任。

第六十条 任何组织和个人强迫进行土地承包经营权互换、转让或者土地经营权流转的，该互换、转让或者流转无效。

第六十一条 任何组织和个人擅自截留、扣缴土地承包经营权互换、转让或者土地经营权流转收益的，应当退还。

第六十二条 违反土地管理法规，非法征收、征用、占用土地或者贪污、挪用土地征收、征用补偿费用，构成犯罪的，依法追究刑事责任；造成他人损害的，应当承担损害赔偿等责任。

第六十三条 承包方、土地经营权人违法将承包地用于非农建设的，由县级以上地方人民政府有关主管部门依法予以处罚。

承包方给承包地造成永久性损害的，发包方有权制止，并有权要求赔偿由此造成的损失。

第六十四条 土地经营权人擅自改变土地的农业用途、弃耕抛荒连续两年以上、给土地造成严重损害或者严重破坏土地生态环境，承包方在合理期限内不解除土地经营权流转合同的，发包方有权要求终止土地经营权流转合同。土地经营权人对土地和土地生态环境造成的损害应当予以赔偿。

第六十五条 国家机关及其工作人员有利用职权干涉农村土地承包经营，变更、解除承包经营合同，干涉承包经营当事人依法享有的生产经营自主权，强迫、阻碍承包经营当事人进行土地承包经营权互换、转让或者土地经营权流转等侵害土地承包经营权、土地经营权的行为，给承包经营当事人造成损失的，应当承担损害赔偿等责任；情节严重的，由上级机关或者所在单位给予直接责任人员处分；构成犯罪的，依法追究刑事责任。

第五章 附 则

第六十六条 本法实施前已经按照国家有关农村土地承包的规定承包，包括承包期限长于本法规定的，本法实施后继续有效，不得重新承包土地。未向承包方颁发土地承包经营权证或者林权证等证书的，应当补发证书。

第六十七条 本法实施前已经预留机动地的，机动地面积不得超过本集体经济组织耕地总面积的百分之五。不足百分之五的，不得再增加机动地。

本法实施前未留机动地的，本法实施后不得再留机动地。

第六十八条 各省、自治区、直辖市人民代表大会常务委员会可以根据本法，结合本行政区域的实际情况，制定实施办法。

第六十九条 确认农村集体经济组织成员身份的原则、程序等，由法律、法规规定。

第七十条 本法自 2003 年 3 月 1 日起施行。

中华人民共和国乡村振兴促进法

(2021年4月29日第十三届全国人民代表大会常务委员会第二十八次会议通过 2021年4月29日中华人民共和国主席令第77号公布 自2021年6月1日起施行)

第一章 总 则

第一条 为了全面实施乡村振兴战略，促进农业全面升级、农村全面进步、农民全面发展，加快农业农村现代化，全面建设社会主义现代化国家，制定本法。

第二条 全面实施乡村振兴战略，开展促进乡村产业振兴、人才振兴、文化振兴、生态振兴、组织振兴，推进城乡融合发展等活动，适用本法。

本法所称乡村，是指城市建成区以外具有自然、社会、经济特征和生产、生活、生态、文化等多重功能的地域综合体，包括乡镇和村庄等。

第三条 促进乡村振兴应当按照产业兴旺、生态宜居、乡风文明、治理有效、生活富裕的总要求，统筹推进农村经济建设、政治建设、文化建设、社会建设、生态文明建设和党的建设，充分发挥乡村在保障农产品供给和粮食安全、保护生态环境、传承发展中华民族优秀传统文化等方面的特有功能。

第四条 全面实施乡村振兴战略，应当坚持中国共产党的领导，贯彻创新、协调、绿色、开放、共享的新发展理念，走中国特色社会主义乡村振兴道路，促进共同富裕，遵循以下原则：

（一）坚持农业农村优先发展，在干部配备上优先考虑，在要素配置上优先满足，在资金投入上优先保障，在公共服务上优先安排；

（二）坚持农民主体地位，充分尊重农民意愿，保障农民民主权利和其他合法权益，调动农民的积极性、主动性、创造性，维护农民根本利益；

（三）坚持人与自然和谐共生，统筹山水林田湖草沙系统治理，推动绿色发展，推进生态文明建设；

（四）坚持改革创新，充分发挥市场在资源配置中的决定性作用，更好发挥政府作用，推进农业供给侧结构性改革和高质量发展，不断解放和发展乡村社会生产力，激发农村发展活力；

（五）坚持因地制宜、规划先行、循序渐进，顺应村庄发展规律，根据乡村的历史文化、发展现状、区位条件、资源禀赋、产业基础分类推进。

第五条 国家巩固和完善以家庭承包经营为基础、统分结合的双层经营体制，发展壮大农村集体所有制经济。

第六条 国家建立健全城乡融合发展的体制机制和政策体系，推动城乡要素有序流动、平等交换和公共资源均衡配置，坚持以工补农、以城带乡，推动形成工农互促、城乡互补、协调发展、共同繁荣的新型工农城乡关系。

第七条 国家坚持以社会主义核心价值观为引领，大力弘扬民族精神和时代精神，加强乡村优秀传统文化保护和公共文化服务体系建设，繁荣发展乡村文化。

每年农历秋分日为中国农民丰收节。

第八条 国家实施以我为主、立足国内、确保产能、适度进口、科技支撑的粮食安全战略，坚持藏粮于地、藏粮于技，采取措施不断提高粮食综合生产能力，建设国家粮食安全产业带，完善粮食加工、流通、储备体系，确保谷物基本自给、口粮绝对安全，保障国家粮食安全。

国家完善粮食加工、储存、运输标准，提高粮食加工出品率和利用率，推动节粮减损。

第九条 国家建立健全中央统筹、省负总责、市县乡抓落实的乡村振兴工作机制。

各级人民政府应当将乡村振兴促进工作纳入国民经济和社会发展规划，并建立乡村振兴考核评价制度、工作年度报告制度和监督检查制度。

第十条 国务院农业农村主管部门负责全国乡村振兴促进工作的统筹协调、宏观指导和监督检查；国务院其他有关部门在各自职责范围内负责有关的乡村振兴促进工作。

县级以上地方人民政府农业农村主管部门负责本行政区域内乡村振兴促进工作的统筹协调、指导和监督检查；县级以上地方人民政府其他有关部门在各自职责范围内负责有关的乡村振兴促进工作。

第十一条 各级人民政府及其有关部门应当采取多种形式，广泛宣传乡村振兴促进相关法律法规和政策，鼓励、支持人民团体、社会组织、企事业单位等社会各方面参与乡村振兴促进相关活动。

对在乡村振兴促进工作中作出显著成绩的单位和个人，按照国家有关规定给予表彰和奖励。

第二章 产业发展

第十二条 国家完善农村集体产权制度，增强农村集体所有制经济发展活力，促进集体资产保值增值，确保农民受益。

各级人民政府应当坚持以农民为主体，以乡村优势特色资源为依托，支持、促进农村一二三产业融合发展，推动建立现代农业产业体系、生产体系和经营体系，推进数字乡村建设，培育新产业、新业态、新模式和新型农业经营主体，促进小农户和现代农业发展有机衔接。

第十三条 国家采取措施优化农业生产力布局，推进农业结构调整，发展优势特色产业，保障粮食和重要农产品有效供给和质量安全，推动品种培优、品质提升、品牌打造和标准化生产，推动农业对外开放，提高农业质量、效益和竞争力。

国家实行重要农产品保障战略，分品种明确保障目标，构建科学合理、安全高效的重要农产品供给保障体系。

第十四条 国家建立农用地分类管理制度，严格保护耕地，严格控制农用地转为建设用地，严格控制耕地转为林地、园地等其他类型农用地。省、自治区、直辖市人民政府应当采取措施确保耕地总量不减少、质量有提高。

国家实行永久基本农田保护制度，建设粮食生产功能区、重要农产品生产保护区，建设并保护高标准农田。

地方各级人民政府应当推进农村土地整理和农用地科学安全利用，加强农田水利等基础设施建设，改善农业生产条件。

第十五条 国家加强农业种质资源保护利用和种质资源库建设，支持育种基础性、前沿性和应用技术研究，实施农作物和畜禽等良种培育、育种关键技术攻关，鼓励种业科技成果转化和优良品种推广，建立并实施种业国家安全审查机制，促进种业高质量发展。

第十六条 国家采取措施加强农业科技创新，培育创新主体，构建以企业为主体、产学研协同的创新机制，强化高等学校、科研机构、农业企业创新能力，建立创新平台，加强新品种、新技术、新装备、新产品研发，加强农业知识产权保护，推进生物种业、智慧农业、设施农业、农产品加工、绿色农业投入品等领域创新，建设现代农业产业技术体系，推动农业农村创新驱动发展。

国家健全农业科研项目评审、人才评价、成果产权保护制度，保障对农业科技基础性、公益性研究的投入，激发农业科技人员创新积极性。

第十七条 国家加强农业技术推广体系建设，促进建立有利于农业科技成果转化推广的激励机制和利益分享机制，鼓励企业、高等学校、职业学校、科研机构、科学技术社会团体、农民专业合作社、农业专业化社会化服务组织、农业科技人员等创新推广方式，开展农业技术推广服务。

第十八条　国家鼓励农业机械生产研发和推广应用，推进主要农作物生产全程机械化，提高设施农业、林草业、畜牧业、渔业和农产品初加工的装备水平，推动农机农艺融合、机械化信息化融合，促进机械化生产与农田建设相适应、服务模式与农业适度规模经营相适应。

国家鼓励农业信息化建设，加强农业信息监测预警和综合服务，推进农业生产经营信息化。

第十九条　各级人民政府应当发挥农村资源和生态优势，支持特色农业、休闲农业、现代农产品加工业、乡村手工业、绿色建材、红色旅游、乡村旅游、康养和乡村物流、电子商务等乡村产业的发展；引导新型经营主体通过特色化、专业化经营，合理配置生产要素，促进乡村产业深度融合；支持特色农产品优势区、现代农业产业园、农业科技园、农村创业园、休闲农业和乡村旅游重点村镇等的建设；统筹农产品生产地、集散地、销售地市场建设，加强农产品流通骨干网络和冷链物流体系建设；鼓励企业获得国际通行的农产品认证，增强乡村产业竞争力。

发展乡村产业应当符合国土空间规划和产业政策、环境保护的要求。

第二十条　各级人民政府应当完善扶持政策，加强指导服务，支持农民、返乡入乡人员在乡村创业创新，促进乡村产业发展和农民就业。

第二十一条　各级人民政府应当建立健全有利于农民收入稳定增长的机制，鼓励支持农民拓宽增收渠道，促进农民增加收入。

国家采取措施支持农村集体经济组织发展，为本集体成员提供生产生活服务，保障成员从集体经营收入中获得收益分配的权利。

国家支持农民专业合作社、家庭农场和涉农企业、电子商务企业、农业专业化社会化服务组织等以多种方式与农民建立紧密型利益联结机制，让农民共享全产业链增值收益。

第二十二条　各级人民政府应当加强国有农（林、牧、渔）

场规划建设，推进国有农（林、牧、渔）场现代农业发展，鼓励国有农（林、牧、渔）场在农业农村现代化建设中发挥示范引领作用。

第二十三条　各级人民政府应当深化供销合作社综合改革，鼓励供销合作社加强与农民利益联结，完善市场运作机制，强化为农服务功能，发挥其为农服务综合性合作经济组织的作用。

第三章　人才支撑

第二十四条　国家健全乡村人才工作体制机制，采取措施鼓励和支持社会各方面提供教育培训、技术支持、创业指导等服务，培养本土人才，引导城市人才下乡，推动专业人才服务乡村，促进农业农村人才队伍建设。

第二十五条　各级人民政府应当加强农村教育工作统筹，持续改善农村学校办学条件，支持开展网络远程教育，提高农村基础教育质量，加大乡村教师培养力度，采取公费师范教育等方式吸引高等学校毕业生到乡村任教，对长期在乡村任教的教师在职称评定等方面给予优待，保障和改善乡村教师待遇，提高乡村教师学历水平、整体素质和乡村教育现代化水平。

各级人民政府应当采取措施加强乡村医疗卫生队伍建设，支持县乡村医疗卫生人员参加培训、进修，建立县乡村上下贯通的职业发展机制，对在乡村工作的医疗卫生人员实行优惠待遇，鼓励医学院校毕业生到乡村工作，支持医师到乡村医疗卫生机构执业、开办乡村诊所、普及医疗卫生知识，提高乡村医疗卫生服务能力。

各级人民政府应当采取措施培育农业科技人才、经营管理人才、法律服务人才、社会工作人才，加强乡村文化人才队伍建设，培育乡村文化骨干力量。

第二十六条　各级人民政府应当采取措施，加强职业教育和继续教育，组织开展农业技能培训、返乡创业就业培训和职业技能培训，培养有文化、懂技术、善经营、会管理的高素质农民和农村实用人才、创新创业带头人。

第二十七条　县级以上人民政府及其教育行政部门应当指导、支持高等学校、职业学校设置涉农相关专业，加大农村专业人才培养力度，鼓励高等学校、职业学校毕业生到农村就业创业。

第二十八条　国家鼓励城市人才向乡村流动，建立健全城乡、区域、校地之间人才培养合作与交流机制。

县级以上人民政府应当建立鼓励各类人才参与乡村建设的激励机制，搭建社会工作和乡村建设志愿服务平台，支持和引导各类人才通过多种方式服务乡村振兴。

乡镇人民政府和村民委员会、农村集体经济组织应当为返乡入乡人员和各类人才提供必要的生产生活服务。农村集体经济组织可以根据实际情况提供相关的福利待遇。

第四章　文化繁荣

第二十九条　各级人民政府应当组织开展新时代文明实践活动，加强农村精神文明建设，不断提高乡村社会文明程度。

第三十条　各级人民政府应当采取措施丰富农民文化体育生活，倡导科学健康的生产生活方式，发挥村规民约积极作用，普及科学知识，推进移风易俗，破除大操大办、铺张浪费等陈规陋习，提倡孝老爱亲、勤俭节约、诚实守信，促进男女平等，创建文明村镇、文明家庭，培育文明乡风、良好家风、淳朴民风，建设文明乡村。

第三十一条　各级人民政府应当健全完善乡村公共文化体育设施网络和服务运行机制，鼓励开展形式多样的农民群众性文化体育、节日民俗等活动，充分利用广播电视、视听网络和书籍报刊，拓展乡村文化服务渠道，提供便利可及的公共文化服务。

各级人民政府应当支持农业农村农民题材文艺创作，鼓励制作反映农民生产生活和乡村振兴实践的优秀文艺作品。

第三十二条　各级人民政府应当采取措施保护农业文化遗产和非物质文化遗产，挖掘优秀农业文化深厚内涵，弘扬红色文化，传承和发展优秀传统文化。

县级以上地方人民政府应当加强对历史文化名镇名村、传统村落和乡村风貌、少数民族特色村寨的保护，开展保护状况监测和评估，采取措施防御和减轻火灾、洪水、地震等灾害。

第三十三条　县级以上地方人民政府应当坚持规划引导、典型示范，有计划地建设特色鲜明、优势突出的农业文化展示区、文化产业特色村落，发展乡村特色文化体育产业，推动乡村地区传统工艺振兴，积极推动智慧广电乡村建设，活跃繁荣农村文化市场。

第五章　生态保护

第三十四条　国家健全重要生态系统保护制度和生态保护补偿机制，实施重要生态系统保护和修复工程，加强乡村生态保护和环境治理，绿化美化乡村环境，建设美丽乡村。

第三十五条　国家鼓励和支持农业生产者采用节水、节肥、节药、节能等先进的种植养殖技术，推动种养结合、农业资源综合开发，优先发展生态循环农业。

各级人民政府应当采取措施加强农业面源污染防治，推进农业投入品减量化、生产清洁化、废弃物资源化、产业模式生态化，引导全社会形成节约适度、绿色低碳、文明健康的生产生活和消费方式。

第三十六条　各级人民政府应当实施国土综合整治和生态修复，加强森林、草原、湿地等保护修复，开展荒漠化、石漠化、水土流失综合治理，改善乡村生态环境。

第三十七条 各级人民政府应当建立政府、村级组织、企业、农民等各方面参与的共建共管共享机制，综合整治农村水系，因地制宜推广卫生厕所和简便易行的垃圾分类，治理农村垃圾和污水，加强乡村无障碍设施建设，鼓励和支持使用清洁能源、可再生能源，持续改善农村人居环境。

第三十八条 国家建立健全农村住房建设质量安全管理制度和相关技术标准体系，建立农村低收入群体安全住房保障机制。建设农村住房应当避让灾害易发区域，符合抗震、防洪等基本安全要求。

县级以上地方人民政府应当加强农村住房建设管理和服务，强化新建农村住房规划管控，严格禁止违法占用耕地建房；鼓励农村住房设计体现地域、民族和乡土特色，鼓励农村住房建设采用新型建造技术和绿色建材，引导农民建设功能现代、结构安全、成本经济、绿色环保、与乡村环境相协调的宜居住房。

第三十九条 国家对农业投入品实行严格管理，对剧毒、高毒、高残留的农药、兽药采取禁用限用措施。农产品生产经营不得使用国家禁用的农药、兽药或者其他有毒有害物质，不得违反农产品质量安全标准和国家有关规定超剂量、超范围使用农药、兽药、肥料、饲料添加剂等农业投入品。

第四十条 国家实行耕地养护、修复、休耕和草原森林河流湖泊休养生息制度。县级以上人民政府及其有关部门依法划定江河湖海限捕、禁捕的时间和区域，并可以根据地下水超采情况，划定禁止、限制开采地下水区域。

禁止违法将污染环境、破坏生态的产业、企业向农村转移。禁止违法将城镇垃圾、工业固体废物、未经达标处理的城镇污水等向农业农村转移。禁止向农用地排放重金属或者其他有毒有害物质含量超标的污水、污泥，以及可能造成土壤污染的清淤底泥、尾矿、矿渣等；禁止将有毒有害废物用作肥料或者用于造田和土地复垦。

地方各级人民政府及其有关部门应当采取措施，推进废旧农膜和农药等农业投入品包装废弃物回收处理，推进农作物秸秆、畜禽粪污的资源化利用，严格控制河流湖库、近岸海域投饵网箱养殖。

第六章 组织建设

第四十一条 建立健全党委领导、政府负责、民主协商、社会协同、公众参与、法治保障、科技支撑的现代乡村社会治理体制和自治、法治、德治相结合的乡村社会治理体系，建设充满活力、和谐有序的善治乡村。

地方各级人民政府应当加强乡镇人民政府社会管理和服务能力建设，把乡镇建成乡村治理中心、农村服务中心、乡村经济中心。

第四十二条 中国共产党农村基层组织，按照中国共产党章程和有关规定发挥全面领导作用。村民委员会、农村集体经济组织等应当在乡镇党委和村党组织的领导下，实行村民自治，发展集体所有制经济，维护农民合法权益，并应当接受村民监督。

第四十三条 国家建立健全农业农村工作干部队伍的培养、配备、使用、管理机制，选拔优秀干部充实到农业农村工作干部队伍，采取措施提高农业农村工作干部队伍的能力和水平，落实农村基层干部相关待遇保障，建设懂农业、爱农村、爱农民的农业农村工作干部队伍。

第四十四条 地方各级人民政府应当构建简约高效的基层管理体制，科学设置乡镇机构，加强乡村干部培训，健全农村基层服务体系，夯实乡村治理基础。

第四十五条 乡镇人民政府应当指导和支持农村基层群众性自治组织规范化、制度化建设，健全村民委员会民主决策机制和村务公开制度，增强村民自我管理、自我教育、自我服务、自我监督能力。

第四十六条　各级人民政府应当引导和支持农村集体经济组织发挥依法管理集体资产、合理开发集体资源、服务集体成员等方面的作用，保障农村集体经济组织的独立运营。

县级以上地方人民政府应当支持发展农民专业合作社、家庭农场、农业企业等多种经营主体，健全农业农村社会化服务体系。

第四十七条　县级以上地方人民政府应当采取措施加强基层群团组织建设，支持、规范和引导农村社会组织发展，发挥基层群团组织、农村社会组织团结群众、联系群众、服务群众等方面的作用。

第四十八条　地方各级人民政府应当加强基层执法队伍建设，鼓励乡镇人民政府根据需要设立法律顾问和公职律师，鼓励有条件的地方在村民委员会建立公共法律服务工作室，深入开展法治宣传教育和人民调解工作，健全乡村矛盾纠纷调处化解机制，推进法治乡村建设。

第四十九条　地方各级人民政府应当健全农村社会治安防控体系，加强农村警务工作，推动平安乡村建设；健全农村公共安全体系，强化农村公共卫生、安全生产、防灾减灾救灾、应急救援、应急广播、食品、药品、交通、消防等安全管理责任。

第七章　城乡融合

第五十条　各级人民政府应当协同推进乡村振兴战略和新型城镇化战略的实施，整体筹划城镇和乡村发展，科学有序统筹安排生态、农业、城镇等功能空间，优化城乡产业发展、基础设施、公共服务设施等布局，逐步健全全民覆盖、普惠共享、城乡一体的基本公共服务体系，加快县域城乡融合发展，促进农业高质高效、乡村宜居宜业、农民富裕富足。

第五十一条　县级人民政府和乡镇人民政府应当优化本行政区域内乡村发展布局，按照尊重农民意愿、方便群众生产生活、保持乡村功能和特色的原则，因地制宜安排村庄布局，依法编制村庄规划，分类有序推进村庄建设，严格规范村庄撤并，严禁违背农民意愿、违反法定程序撤并村庄。

第五十二条　县级以上地方人民政府应当统筹规划、建设、管护城乡道路以及垃圾污水处理、供水供电供气、物流、客运、信息通信、广播电视、消防、防灾减灾等公共基础设施和新型基础设施，推动城乡基础设施互联互通，保障乡村发展能源需求，保障农村饮用水安全，满足农民生产生活需要。

第五十三条　国家发展农村社会事业，促进公共教育、医疗卫生、社会保障等资源向农村倾斜，提升乡村基本公共服务水平，推进城乡基本公共服务均等化。

国家健全乡村便民服务体系，提升乡村公共服务数字化智能化水平，支持完善村级综合服务设施和综合信息平台，培育服务机构和服务类社会组织，完善服务运行机制，促进公共服务与自我服务有效衔接，增强生产生活服务功能。

第五十四条　国家完善城乡统筹的社会保障制度，建立健全保障机制，支持乡村提高社会保障管理服务水平；建立健全城乡居民基本养老保险待遇确定和基础养老金标准正常调整机制，确保城乡居民基本养老保险待遇随经济社会发展逐步提高。

国家支持农民按照规定参加城乡居民基本养老保险、基本医疗保险，鼓励具备条件的灵活就业人员和农业产业化从业人员参加职工基本养老保险、职工基本医疗保险等社会保险。

国家推进城乡最低生活保障制度统筹发展，提高农村特困人员供养等社会救助水平，加强对农村留守儿童、妇女和老年人以及残疾人、困境儿童的关爱服务，支持发展农村普惠型养老服务和互助性养老。

第五十五条　国家推动形成平等竞争、规范有序、城乡统一的人力资源市场，健全城乡均等的公共就业创业服务制度。

县级以上地方人民政府应当采取措施促进在城镇稳定就业和生活的农民自愿有序进城落户，不得以退出土地承包经营权、宅基地使用权、集体收益分配权等作为农民进城落户的条件；推进取得居住证的农民及其随迁家属享受城镇基本公共服务。

国家鼓励社会资本到乡村发展与农民利益联结型项目，鼓励城市居民到乡村旅游、休闲度假、养生养老等，但不得破坏乡村生态环境，不得损害农村集体经济组织及其成员的合法权益。

第五十六条 县级以上人民政府应当采取措施促进城乡产业协同发展，在保障农民主体地位的基础上健全联农带农激励机制，实现乡村经济多元化和农业全产业链发展。

第五十七条 各级人民政府及其有关部门应当采取措施鼓励农民进城务工，全面落实城乡劳动者平等就业、同工同酬，依法保障农民工工资支付和社会保障权益。

第八章　扶持措施

第五十八条 国家建立健全农业支持保护体系和实施乡村振兴战略财政投入保障制度。县级以上人民政府应当优先保障用于乡村振兴的财政投入，确保投入力度不断增强、总量持续增加、与乡村振兴目标任务相适应。

省、自治区、直辖市人民政府可以依法发行政府债券，用于现代农业设施建设和乡村建设。

各级人民政府应当完善涉农资金统筹整合长效机制，强化财政资金监督管理，全面实施预算绩效管理，提高财政资金使用效益。

第五十九条 各级人民政府应当采取措施增强脱贫地区内生发展能力，建立农村低收入人口、欠发达地区帮扶长效机制，持续推进脱贫地区发展；建立健全易返贫致贫人口动态监测预警和帮扶机制，实现巩固拓展脱贫攻坚成果同乡村振兴有效衔接。

国家加大对革命老区、民族地区、边疆地区实施乡村振兴战略的支持力度。

第六十条　国家按照增加总量、优化存量、提高效能的原则，构建以高质量绿色发展为导向的新型农业补贴政策体系。

第六十一条　各级人民政府应当坚持取之于农、主要用之于农的原则，按照国家有关规定调整完善土地使用权出让收入使用范围，提高农业农村投入比例，重点用于高标准农田建设、农田水利建设、现代种业提升、农村供水保障、农村人居环境整治、农村土地综合整治、耕地及永久基本农田保护、村庄公共设施建设和管护、农村教育、农村文化和精神文明建设支出，以及与农业农村直接相关的山水林田湖草沙生态保护修复、以工代赈工程建设等。

第六十二条　县级以上人民政府设立的相关专项资金、基金应当按照规定加强对乡村振兴的支持。

国家支持以市场化方式设立乡村振兴基金，重点支持乡村产业发展和公共基础设施建设。

县级以上地方人民政府应当优化乡村营商环境，鼓励创新投融资方式，引导社会资本投向乡村。

第六十三条　国家综合运用财政、金融等政策措施，完善政府性融资担保机制，依法完善乡村资产抵押担保权能，改进、加强乡村振兴的金融支持和服务。

财政出资设立的农业信贷担保机构应当主要为从事农业生产和与农业生产直接相关的经营主体服务。

第六十四条　国家健全多层次资本市场，多渠道推动涉农企业股权融资，发展并规范债券市场，促进涉农企业利用多种方式融资；丰富农产品期货品种，发挥期货市场价格发现和风险分散功能。

第六十五条　国家建立健全多层次、广覆盖、可持续的农村金融服务体系，完善金融支持乡村振兴考核评估机制，促进农村普惠金融发展，鼓励金融机构依法将更多资源配置到乡村发展的重点领域和薄弱环节。

政策性金融机构应当在业务范围内为乡村振兴提供信贷支持

和其他金融服务，加大对乡村振兴的支持力度。

商业银行应当结合自身职能定位和业务优势，创新金融产品和服务模式，扩大基础金融服务覆盖面，增加对农民和农业经营主体的信贷规模，为乡村振兴提供金融服务。

农村商业银行、农村合作银行、农村信用社等农村中小金融机构应当主要为本地农业农村农民服务，当年新增可贷资金主要用于当地农业农村发展。

第六十六条　国家建立健全多层次农业保险体系，完善政策性农业保险制度，鼓励商业性保险公司开展农业保险业务，支持农民和农业经营主体依法开展互助合作保险。

县级以上人民政府应当采取保费补贴等措施，支持保险机构适当增加保险品种，扩大农业保险覆盖面，促进农业保险发展。

第六十七条　县级以上地方人民政府应当推进节约集约用地，提高土地使用效率，依法采取措施盘活农村存量建设用地，激活农村土地资源，完善农村新增建设用地保障机制，满足乡村产业、公共服务设施和农民住宅用地合理需求。

县级以上地方人民政府应当保障乡村产业用地，建设用地指标应当向乡村发展倾斜，县域内新增耕地指标应当优先用于折抵乡村产业发展所需建设用地指标，探索灵活多样的供地新方式。

经国土空间规划确定为工业、商业等经营性用途并依法登记的集体经营性建设用地，土地所有权人可以依法通过出让、出租等方式交由单位或者个人使用，优先用于发展集体所有制经济和乡村产业。

第九章　监督检查

第六十八条　国家实行乡村振兴战略实施目标责任制和考核评价制度。上级人民政府应当对下级人民政府实施乡村振兴战略的目标完成情况等进行考核，考核结果作为地方人民政府及其负责人综合考核评价的重要内容。

第六十九条 国务院和省、自治区、直辖市人民政府有关部门建立客观反映乡村振兴进展的指标和统计体系。县级以上地方人民政府应当对本行政区域内乡村振兴战略实施情况进行评估。

第七十条 县级以上各级人民政府应当向本级人民代表大会或者其常务委员会报告乡村振兴促进工作情况。乡镇人民政府应当向本级人民代表大会报告乡村振兴促进工作情况。

第七十一条 地方各级人民政府应当每年向上一级人民政府报告乡村振兴促进工作情况。

县级以上人民政府定期对下一级人民政府乡村振兴促进工作情况开展监督检查。

第七十二条 县级以上人民政府发展改革、财政、农业农村、审计等部门按照各自职责对农业农村投入优先保障机制落实情况、乡村振兴资金使用情况和绩效等实施监督。

第七十三条 各级人民政府及其有关部门在乡村振兴促进工作中不履行或者不正确履行职责的,依照法律法规和国家有关规定追究责任,对直接负责的主管人员和其他直接责任人员依法给予处分。

违反有关农产品质量安全、生态环境保护、土地管理等法律法规的,由有关主管部门依法予以处罚;构成犯罪的,依法追究刑事责任。

第十章　附　　则

第七十四条 本法自 2021 年 6 月 1 日起施行。

中华人民共和国黑土地保护法

（2022年6月24日第十三届全国人民代表大会常务委员会第三十五次会议通过　2022年6月24日中华人民共和国主席令第115号公布　自2022年8月1日起施行）

第一条　为了保护黑土地资源，稳步恢复提升黑土地基础地力，促进资源可持续利用，维护生态平衡，保障国家粮食安全，制定本法。

第二条　从事黑土地保护、利用和相关治理、修复等活动，适用本法。本法没有规定的，适用土地管理等有关法律的规定。

本法所称黑土地，是指黑龙江省、吉林省、辽宁省、内蒙古自治区（以下简称四省区）的相关区域范围内具有黑色或者暗黑色腐殖质表土层，性状好、肥力高的耕地。

第三条　国家实行科学、有效的黑土地保护政策，保障黑土地保护财政投入，综合采取工程、农艺、农机、生物等措施，保护黑土地的优良生产能力，确保黑土地总量不减少、功能不退化、质量有提升、产能可持续。

第四条　黑土地保护应当坚持统筹规划、因地制宜、用养结合、近期目标与远期目标结合、突出重点、综合施策的原则，建立健全政府主导、农业生产经营者实施、社会参与的保护机制。

国务院农业农村主管部门会同自然资源、水行政等有关部门，综合考虑黑土地开垦历史和利用现状，以及黑土层厚度、土壤性状、土壤类型等，按照最有利于全面保护、综合治理和系统修复的原则，科学合理确定黑土地保护范围并适时调整，有计划、分步骤、分类别地推进黑土地保护工作。历史上属黑土地的，除确无法修复的外，原则上都应列入黑土地保护范围进行修恢复。

第五条 黑土地应当用于粮食和油料作物、糖料作物、蔬菜等农产品生产。

黑土层深厚、土壤性状良好的黑土地应当按照规定的标准划入永久基本农田,重点用于粮食生产,实行严格保护,确保数量和质量长期稳定。

第六条 国务院和四省区人民政府加强对黑土地保护工作的领导、组织、协调、监督管理,统筹制定黑土地保护政策。四省区人民政府对本行政区域内的黑土地数量、质量、生态环境负责。

县级以上地方人民政府应当建立农业农村、自然资源、水行政、发展改革、财政、生态环境等有关部门组成的黑土地保护协调机制,加强协调指导,明确工作责任,推动黑土地保护工作落实。

乡镇人民政府应当协助组织实施黑土地保护工作,向农业生产经营者推广适宜其所经营耕地的保护、治理、修复和利用措施,督促农业生产经营者履行黑土地保护义务。

第七条 各级人民政府应当加强黑土地保护宣传教育,提高全社会的黑土地保护意识。

对在黑土地保护工作中做出突出贡献的单位和个人,按照国家有关规定给予表彰和奖励。

第八条 国务院标准化主管部门和农业农村、自然资源、水行政等主管部门按照职责分工,制定和完善黑土地质量和其他保护标准。

第九条 国家建立健全黑土地调查和监测制度。

县级以上人民政府自然资源主管部门会同有关部门开展土地调查时,同步开展黑土地类型、分布、数量、质量、保护和利用状况等情况的调查,建立黑土地档案。

国务院农业农村、水行政等主管部门会同四省区人民政府建立健全黑土地质量监测网络,加强对黑土地土壤性状、黑土层厚度、水蚀、风蚀等情况的常态化监测,建立黑土地质量动态变化数据库,并做好信息共享工作。

第十条 县级以上人民政府应当将黑土地保护工作纳入国民经济和社会发展规划。

国土空间规划应当充分考虑保护黑土地及其周边生态环境，合理布局各类用途土地，以利于黑土地水蚀、风蚀等的预防和治理。

县级以上人民政府农业农村主管部门会同有关部门以调查和监测为基础、体现整体集中连片治理，编制黑土地保护规划，明确保护范围、目标任务、技术模式、保障措施等，遏制黑土地退化趋势，提升黑土地质量，改善黑土地生态环境。县级黑土地保护规划应当与国土空间规划相衔接，落实到黑土地具体地块，并向社会公布。

第十一条 国家采取措施加强黑土地保护的科技支撑能力建设，将黑土地保护、治理、修复和利用的科技创新作为重点支持领域；鼓励高等学校、科研机构和农业技术推广机构等协同开展科技攻关。县级以上人民政府应当鼓励和支持水土保持、防风固沙、土壤改良、地力培肥、生态保护等科学研究和科研成果推广应用。

有关耕地质量监测保护和农业技术推广机构应当对农业生产经营者保护黑土地进行技术培训、提供指导服务。

国家鼓励企业、高等学校、职业学校、科研机构、科学技术社会团体、农民专业合作社、农业社会化服务组织、农业科技人员等开展黑土地保护相关技术服务。

国家支持开展黑土地保护国际合作与交流。

第十二条 县级以上人民政府应当采取以下措施加强黑土地农田基础设施建设：

（一）加强农田水利工程建设，完善水田、旱地灌排体系；

（二）加强田块整治，修复沟毁耕地，合理划分适宜耕作田块；

（三）加强坡耕地、侵蚀沟水土保持工程建设；

（四）合理规划修建机耕路、生产路；

（五）建设农田防护林网；

（六）其他黑土地保护措施。

第十三条 县级以上人民政府应当推广科学的耕作制度，采取以下措施提高黑土地质量：

（一）因地制宜实行轮作等用地养地相结合的种植制度，按照国家有关规定推广适度休耕；

（二）因地制宜推广免（少）耕、深松等保护性耕作技术，推广适宜的农业机械；

（三）因地制宜推广秸秆覆盖、粉碎深（翻）埋、过腹转化等还田方式；

（四）组织实施测土配方施肥，科学减少化肥施用量，鼓励增施有机肥料，推广土壤生物改良等技术；

（五）推广生物技术或者生物制剂防治病虫害等绿色防控技术，科学减少化学农药、除草剂使用量，合理使用农用薄膜等农业生产资料；

（六）其他黑土地质量提升措施。

第十四条 国家鼓励采取综合性措施，预防和治理水土流失，防止黑土地土壤侵蚀、土地沙化和盐渍化，改善和修复农田生态环境。

县级以上人民政府应当开展侵蚀沟治理，实施沟头沟坡沟底加固防护，因地制宜组织在侵蚀沟的沟坡和沟岸、黑土地周边河流两岸、湖泊和水库周边等区域营造植物保护带或者采取其他措施，防止侵蚀沟变宽变深变长。

县级以上人民政府应当按照因害设防、合理管护、科学布局的原则，制定农田防护林建设计划，组织沿农田道路、沟渠等种植农田防护林，防止违背自然规律造林绿化。农田防护林只能进行抚育、更新性质的采伐，确保防护林功能不减退。

县级以上人民政府应当组织开展防沙治沙，加强黑土地周边的沙漠和沙化土地治理，防止黑土地沙化。

第十五条 县级以上人民政府应当加强黑土地生态保护和黑

土地周边林地、草原、湿地的保护修复，推动荒山荒坡治理，提升自然生态系统涵养水源、保持水土、防风固沙、维护生物多样性等生态功能，维持有利于黑土地保护的自然生态环境。

第十六条 县级人民政府应当依据黑土地调查和监测数据，并结合土壤类型和质量等级、气候特点、环境状况等实际情况，对本行政区域内的黑土地进行科学分区，制定并组织实施黑土地质量提升计划，因地制宜合理采取保护、治理、修复和利用的精细化措施。

第十七条 国有农场应当对其经营管理范围内的黑土地加强保护，充分发挥示范作用，并依法接受监督检查。

农村集体经济组织、村民委员会和村民小组应当依法发包农村土地，监督承包方依照承包合同约定的用途合理利用和保护黑土地，制止承包方损害黑土地等行为。

农村集体经济组织、农业企业、农民专业合作社、农户等应当十分珍惜和合理利用黑土地，加强农田基础设施建设，因地制宜应用保护性耕作等技术，积极采取提升黑土地质量和改善农田生态环境的养护措施，依法保护黑土地。

第十八条 农业投入品生产者、经营者和使用者应当依法对农药、肥料、农用薄膜等农业投入品的包装物、废弃物进行回收以及资源化利用或者无害化处理，不得随意丢弃，防止黑土地污染。

县级人民政府应当采取措施，支持农药、肥料、农用薄膜等农业投入品包装物、废弃物的回收以及资源化利用或者无害化处理。

第十九条 从事畜禽养殖的单位和个人，应当科学开展畜禽粪污无害化处理和资源化利用，以畜禽粪污就地就近还田利用为重点，促进黑土地绿色种养循环农业发展。

县级以上人民政府应当支持开展畜禽粪污无害化处理和资源化利用。

第二十条 任何组织和个人不得破坏黑土地资源和生态环境。

禁止盗挖、滥挖和非法买卖黑土。国务院自然资源主管部门会同农业农村、水行政、公安、交通运输、市场监督管理等部门应当建立健全保护黑土地资源监督管理制度，提高对盗挖、滥挖、非法买卖黑土和其他破坏黑土地资源、生态环境行为的综合治理能力。

第二十一条　建设项目不得占用黑土地；确需占用的，应当依法严格审批，并补充数量和质量相当的耕地。

建设项目占用黑土地的，应当按照规定的标准对耕作层的土壤进行剥离。剥离的黑土应当就近用于新开垦耕地和劣质耕地改良、被污染耕地的治理、高标准农田建设、土地复垦等。建设项目主体应当制定剥离黑土的再利用方案，报自然资源主管部门备案。具体办法由四省区人民政府分别制定。

第二十二条　国家建立健全黑土地保护财政投入保障制度。县级以上人民政府应当将黑土地保护资金纳入本级预算。

国家加大对黑土地保护措施奖补资金的倾斜力度，建立长期稳定的奖励补助机制。

县级以上地方人民政府应当将黑土地保护作为土地使用权出让收入用于农业农村投入的重点领域，并加大投入力度。

国家组织开展高标准农田、农田水利、水土保持、防沙治沙、农田防护林、土地复垦等建设活动，在项目资金安排上积极支持黑土地保护需要。县级人民政府可以按照国家有关规定统筹使用涉农资金用于黑土地保护，提高财政资金使用效益。

第二十三条　国家实行用养结合、保护效果导向的激励政策，对采取黑土地保护和治理修复措施的农业生产经营者按照国家有关规定给予奖励补助。

第二十四条　国家鼓励粮食主销区通过资金支持、与四省区建立稳定粮食购销关系等经济合作方式参与黑土地保护，建立健全黑土地跨区域投入保护机制。

第二十五条　国家按照政策支持、社会参与、市场化运作的原则，鼓励社会资本投入黑土地保护活动，并保护投资者的合法权益。

国家鼓励保险机构开展黑土地保护相关保险业务。

国家支持农民专业合作社、企业等以多种方式与农户建立利益联结机制和社会化服务机制，发展适度规模经营，推动农产品品质提升、品牌打造和标准化生产，提高黑土地产出效益。

第二十六条　国务院对四省区人民政府黑土地保护责任落实情况进行考核，将黑土地保护情况纳入耕地保护责任目标。

第二十七条　县级以上人民政府自然资源、农业农村、水行政等有关部门按照职责，依法对黑土地保护和质量建设情况联合开展监督检查。

第二十八条　县级以上人民政府应当向本级人民代表大会或者其常务委员会报告黑土地保护情况，依法接受监督。

第二十九条　违反本法规定，国务院农业农村、自然资源等有关部门、县级以上地方人民政府及其有关部门有下列行为之一的，对直接负责的主管人员和其他直接责任人员给予警告、记过或者记大过处分；情节较重的，给予降级或者撤职处分；情节严重的，给予开除处分：

（一）截留、挪用或者未按照规定使用黑土地保护资金；

（二）对破坏黑土地的行为，发现或者接到举报未及时查处；

（三）其他不依法履行黑土地保护职责导致黑土地资源和生态环境遭受破坏的行为。

第三十条　非法占用或者损毁黑土地农田基础设施的，由县级以上地方人民政府农业农村、水行政等部门责令停止违法行为，限期恢复原状，处恢复费用一倍以上三倍以下罚款。

第三十一条　违法将黑土地用于非农建设的，依照土地管理等有关法律法规的规定从重处罚。

违反法律法规规定，造成黑土地面积减少、质量下降、功能退化或者生态环境损害的，应当依法治理修复、赔偿损失。

农业生产经营者未尽到黑土地保护义务，经批评教育仍不改正的，可以不予发放耕地保护相关补贴。

第三十二条　违反本法第二十条规定，盗挖、滥挖黑土的，依照土地管理等有关法律法规的规定从重处罚。

非法出售黑土的，由县级以上地方人民政府市场监督管理、农业农村、自然资源等部门按照职责分工没收非法出售的黑土和违法所得，并处每立方米五百元以上五千元以下罚款；明知是非法出售的黑土而购买的，没收非法购买的黑土，并处货值金额一倍以上三倍以下罚款。

第三十三条　违反本法第二十一条规定，建设项目占用黑土地未对耕作层的土壤实施剥离的，由县级以上地方人民政府自然资源主管部门处每平方米一百元以上二百元以下罚款；未按照规定的标准对耕作层的土壤实施剥离的，处每平方米五十元以上一百元以下罚款。

第三十四条　拒绝、阻碍对黑土地保护情况依法进行监督检查的，由县级以上地方人民政府有关部门责令改正；拒不改正的，处二千元以上二万元以下罚款。

第三十五条　造成黑土地污染、水土流失的，分别依照污染防治、水土保持等有关法律法规的规定从重处罚。

第三十六条　违反本法规定，构成犯罪的，依法追究刑事责任。

第三十七条　林地、草原、湿地、河湖等范围内黑土的保护，适用《中华人民共和国森林法》、《中华人民共和国草原法》、《中华人民共和国湿地保护法》、《中华人民共和国水法》等有关法律；有关法律对盗挖、滥挖、非法买卖黑土未作规定的，参照本法第三十二条的规定处罚。

第三十八条　本法自 2022 年 8 月 1 日起施行。

中华人民共和国土地管理法实施条例

（1998年12月27日中华人民共和国国务院令第256号发布　根据2011年1月8日《国务院关于废止和修改部分行政法规的决定》第一次修订　根据2014年7月29日《国务院关于修改部分行政法规的决定》第二次修订　2021年7月2日中华人民共和国国务院令第743号第三次修订）

第一章　总　　则

第一条　根据《中华人民共和国土地管理法》（以下简称《土地管理法》），制定本条例。

第二章　国土空间规划

第二条　国家建立国土空间规划体系。

土地开发、保护、建设活动应当坚持规划先行。经依法批准的国土空间规划是各类开发、保护、建设活动的基本依据。

已经编制国土空间规划的，不再编制土地利用总体规划和城乡规划。在编制国土空间规划前，经依法批准的土地利用总体规划和城乡规划继续执行。

第三条　国土空间规划应当细化落实国家发展规划提出的国土空间开发保护要求，统筹布局农业、生态、城镇等功能空间，划定落实永久基本农田、生态保护红线和城镇开发边界。

国土空间规划应当包括国土空间开发保护格局和规划用地布局、结构、用途管制要求等内容，明确耕地保有量、建设用地规模、禁止开垦的范围等要求，统筹基础设施和公共设施用地布局，综合利用地上地下空间，合理确定并严格控制新增建设用地规模，提高土地节约集约利用水平，保障土地的可持续利用。

第四条 土地调查应当包括下列内容：

（一）土地权属以及变化情况；

（二）土地利用现状以及变化情况；

（三）土地条件。

全国土地调查成果，报国务院批准后向社会公布。地方土地调查成果，经本级人民政府审核，报上一级人民政府批准后向社会公布。全国土地调查成果公布后，县级以上地方人民政府方可自上而下逐级依次公布本行政区域的土地调查成果。

土地调查成果是编制国土空间规划以及自然资源管理、保护和利用的重要依据。

土地调查技术规程由国务院自然资源主管部门会同有关部门制定。

第五条 国务院自然资源主管部门会同有关部门制定土地等级评定标准。

县级以上人民政府自然资源主管部门应当会同有关部门根据土地等级评定标准，对土地等级进行评定。地方土地等级评定结果经本级人民政府审核，报上一级人民政府自然资源主管部门批准后向社会公布。

根据国民经济和社会发展状况，土地等级每五年重新评定一次。

第六条 县级以上人民政府自然资源主管部门应当加强信息化建设，建立统一的国土空间基础信息平台，实行土地管理全流程信息化管理，对土地利用状况进行动态监测，与发展改革、住房和城乡建设等有关部门建立土地管理信息共享机制，依法公开土地管理信息。

第七条 县级以上人民政府自然资源主管部门应当加强地籍管理，建立健全地籍数据库。

第三章 耕地保护

第八条 国家实行占用耕地补偿制度。在国土空间规划确定的城市和村庄、集镇建设用地范围内经依法批准占用耕地,以及在国土空间规划确定的城市和村庄、集镇建设用地范围外的能源、交通、水利、矿山、军事设施等建设项目经依法批准占用耕地的,分别由县级人民政府、农村集体经济组织和建设单位负责开垦与所占用耕地的数量和质量相当的耕地;没有条件开垦或者开垦的耕地不符合要求的,应当按照省、自治区、直辖市的规定缴纳耕地开垦费,专款用于开垦新的耕地。

省、自治区、直辖市人民政府应当组织自然资源主管部门、农业农村主管部门对开垦的耕地进行验收,确保开垦的耕地落实到地块。划入永久基本农田的还应当纳入国家永久基本农田数据库严格管理。占用耕地补充情况应当按照国家有关规定向社会公布。

个别省、直辖市需要易地开垦耕地的,依照《土地管理法》第三十二条的规定执行。

第九条 禁止任何单位和个人在国土空间规划确定的禁止开垦的范围内从事土地开发活动。

按照国土空间规划,开发未确定土地使用权的国有荒山、荒地、荒滩从事种植业、林业、畜牧业、渔业生产的,应当向土地所在地的县级以上地方人民政府自然资源主管部门提出申请,按照省、自治区、直辖市规定的权限,由县级以上地方人民政府批准。

第十条 县级人民政府应当按照国土空间规划关于统筹布局农业、生态、城镇等功能空间的要求,制定土地整理方案,促进耕地保护和土地节约集约利用。

县、乡(镇)人民政府应当组织农村集体经济组织,实施土地整理方案，对闲散地和废弃地有计划地整治、改造。土地整理新增耕地，可以用作建设所占用耕地的补充。

鼓励社会主体依法参与土地整理。

第十一条 县级以上地方人民政府应当采取措施，预防和治理耕地土壤流失、污染，有计划地改造中低产田，建设高标准农田，提高耕地质量，保护黑土地等优质耕地，并依法对建设所占用耕地耕作层的土壤利用作出合理安排。

非农业建设依法占用永久基本农田的，建设单位应当按照省、自治区、直辖市的规定，将所占用耕地耕作层的土壤用于新开垦耕地、劣质地或者其他耕地的土壤改良。

县级以上地方人民政府应当加强对农业结构调整的引导和管理，防止破坏耕地耕作层；设施农业用地不再使用的，应当及时组织恢复种植条件。

第十二条 国家对耕地实行特殊保护，严守耕地保护红线，严格控制耕地转为林地、草地、园地等其他农用地，并建立耕地保护补偿制度，具体办法和耕地保护补偿实施步骤由国务院自然资源主管部门会同有关部门规定。

非农业建设必须节约使用土地，可以利用荒地的，不得占用耕地；可以利用劣地的，不得占用好地。禁止占用耕地建窑、建坟或者擅自在耕地上建房、挖砂、采石、采矿、取土等。禁止占用永久基本农田发展林果业和挖塘养鱼。

耕地应当优先用于粮食和棉、油、糖、蔬菜等农产品生产。按照国家有关规定需要将耕地转为林地、草地、园地等其他农用地的，应当优先使用难以长期稳定利用的耕地。

第十三条 省、自治区、直辖市人民政府对本行政区域耕地保护负总责，其主要负责人是本行政区域耕地保护的第一责任人。

省、自治区、直辖市人民政府应当将国务院确定的耕地保有量和永久基本农田保护任务分解下达，落实到具体地块。

国务院对省、自治区、直辖市人民政府耕地保护责任目标落实情况进行考核。

第四章 建设用地

第一节 一般规定

第十四条 建设项目需要使用土地的，应当符合国土空间规划、土地利用年度计划和用途管制以及节约资源、保护生态环境的要求，并严格执行建设用地标准，优先使用存量建设用地，提高建设用地使用效率。

从事土地开发利用活动，应当采取有效措施，防止、减少土壤污染，并确保建设用地符合土壤环境质量要求。

第十五条 各级人民政府应当依据国民经济和社会发展规划及年度计划、国土空间规划、国家产业政策以及城乡建设、土地利用的实际状况等，加强土地利用计划管理，实行建设用地总量控制，推动城乡存量建设用地开发利用，引导城镇低效用地再开发，落实建设用地标准控制制度，开展节约集约用地评价，推广应用节地技术和节地模式。

第十六条 县级以上地方人民政府自然资源主管部门应当将本级人民政府确定的年度建设用地供应总量、结构、时序、地块、用途等在政府网站上向社会公布，供社会公众查阅。

第十七条 建设单位使用国有土地，应当以有偿使用方式取得；但是，法律、行政法规规定可以以划拨方式取得的除外。

国有土地有偿使用的方式包括：

（一）国有土地使用权出让；

（二）国有土地租赁；

（三）国有土地使用权作价出资或者入股。

第十八条 国有土地使用权出让、国有土地租赁等应当依照国家有关规定通过公开的交易平台进行交易，并纳入统一的公共资源交易平台体系。除依法可以采取协议方式外，应当采取招标、拍卖、挂牌等竞争性方式确定土地使用者。

第十九条 《土地管理法》第五十五条规定的新增建设用地的土地有偿使用费，是指国家在新增建设用地中应取得的平均土地纯收益。

第二十条 建设项目施工、地质勘查需要临时使用土地的，应当尽量不占或者少占耕地。

临时用地由县级以上人民政府自然资源主管部门批准，期限一般不超过二年；建设周期较长的能源、交通、水利等基础设施建设使用的临时用地，期限不超过四年；法律、行政法规另有规定的除外。

土地使用者应当自临时用地期满之日起一年内完成土地复垦，使其达到可供利用状态，其中占用耕地的应当恢复种植条件。

第二十一条 抢险救灾、疫情防控等急需使用土地的，可以先行使用土地。其中，属于临时用地的，用后应当恢复原状并交还原土地使用者使用，不再办理用地审批手续；属于永久性建设用地的，建设单位应当在不晚于应急处置工作结束六个月内申请补办建设用地审批手续。

第二十二条 具有重要生态功能的未利用地应当依法划入生态保护红线，实施严格保护。

建设项目占用国土空间规划确定的未利用地的，按照省、自治区、直辖市的规定办理。

第二节 农用地转用

第二十三条 在国土空间规划确定的城市和村庄、集镇建设用地范围内，为实施该规划而将农用地转为建设用地的，由市、县人民政府组织自然资源等部门拟订农用地转用方案，分批次报有批准权的人民政府批准。

农用地转用方案应当重点对建设项目安排、是否符合国土空间规划和土地利用年度计划以及补充耕地情况作出说明。

农用地转用方案经批准后，由市、县人民政府组织实施。

第二十四条　建设项目确需占用国土空间规划确定的城市和村庄、集镇建设用地范围外的农用地，涉及占用永久基本农田的，由国务院批准；不涉及占用永久基本农田的，由国务院或者国务院授权的省、自治区、直辖市人民政府批准。具体按照下列规定办理：

（一）建设项目批准、核准前或者备案前后，由自然资源主管部门对建设项目用地事项进行审查，提出建设项目用地预审意见。建设项目需要申请核发选址意见书的，应当合并办理建设项目用地预审与选址意见书，核发建设项目用地预审与选址意见书。

（二）建设单位持建设项目的批准、核准或者备案文件，向市、县人民政府提出建设用地申请。市、县人民政府组织自然资源等部门拟订农用地转用方案，报有批准权的人民政府批准；依法应当由国务院批准的，由省、自治区、直辖市人民政府审核后上报。农用地转用方案应当重点对是否符合国土空间规划和土地利用年度计划以及补充耕地情况作出说明，涉及占用永久基本农田的，还应当对占用永久基本农田的必要性、合理性和补划可行性作出说明。

（三）农用地转用方案经批准后，由市、县人民政府组织实施。

第二十五条　建设项目需要使用土地的，建设单位原则上应当一次申请，办理建设用地审批手续，确需分期建设的项目，可以根据可行性研究报告确定的方案，分期申请建设用地，分期办理建设用地审批手续。建设过程中用地范围确需调整的，应当依法办理建设用地审批手续。

农用地转用涉及征收土地的，还应当依法办理征收土地手续。

第三节　土地征收

第二十六条　需要征收土地，县级以上地方人民政府认为符合《土地管理法》第四十五条规定的，应当发布征收土地预公告，并开展拟征收土地现状调查和社会稳定风险评估。

征收土地预公告应当包括征收范围、征收目的、开展土地现状调查的安排等内容。征收土地预公告应当采用有利于社会公众知晓的方式，在拟征收土地所在的乡（镇）和村、村民小组范围内发布，预公告时间不少于十个工作日。自征收土地预公告发布之日起，任何单位和个人不得在拟征收范围内抢栽抢建；违反规定抢栽抢建的，对抢栽抢建部分不予补偿。

土地现状调查应当查明土地的位置、权属、地类、面积，以及农村村民住宅、其他地上附着物和青苗等的权属、种类、数量等情况。

社会稳定风险评估应当对征收土地的社会稳定风险状况进行综合研判，确定风险点，提出风险防范措施和处置预案。社会稳定风险评估应当有被征地的农村集体经济组织及其成员、村民委员会和其他利害关系人参加，评估结果是申请征收土地的重要依据。

第二十七条 县级以上地方人民政府应当依据社会稳定风险评估结果，结合土地现状调查情况，组织自然资源、财政、农业农村、人力资源和社会保障等有关部门拟定征地补偿安置方案。

征地补偿安置方案应当包括征收范围、土地现状、征收目的、补偿方式和标准、安置对象、安置方式、社会保障等内容。

第二十八条 征地补偿安置方案拟定后，县级以上地方人民政府应当在拟征收土地所在的乡（镇）和村、村民小组范围内公告，公告时间不少于三十日。

征地补偿安置公告应当同时载明办理补偿登记的方式和期限、异议反馈渠道等内容。

多数被征地的农村集体经济组织成员认为拟定的征地补偿安置方案不符合法律、法规规定的，县级以上地方人民政府应当组织听证。

第二十九条 县级以上地方人民政府根据法律、法规规定和听证会等情况确定征地补偿安置方案后，应当组织有关部门与拟征收土地的所有权人、使用权人签订征地补偿安置协议。征地补偿安置协议示范文本由省、自治区、直辖市人民政府制定。

对个别确实难以达成征地补偿安置协议的，县级以上地方人民政府应当在申请征收土地时如实说明。

第三十条　县级以上地方人民政府完成本条例规定的征地前期工作后，方可提出征收土地申请，依照《土地管理法》第四十六条的规定报有批准权的人民政府批准。

有批准权的人民政府应当对征收土地的必要性、合理性、是否符合《土地管理法》第四十五条规定的为了公共利益确需征收土地的情形以及是否符合法定程序进行审查。

第三十一条　征收土地申请经依法批准后，县级以上地方人民政府应当自收到批准文件之日起十五个工作日内在拟征收土地所在的乡（镇）和村、村民小组范围内发布征收土地公告，公布征收范围、征收时间等具体工作安排，对个别未达成征地补偿安置协议的应当作出征地补偿安置决定，并依法组织实施。

第三十二条　省、自治区、直辖市应当制定公布区片综合地价，确定征收农用地的土地补偿费、安置补助费标准，并制定土地补偿费、安置补助费分配办法。

地上附着物和青苗等的补偿费用，归其所有权人所有。

社会保障费用主要用于符合条件的被征地农民的养老保险等社会保险缴费补贴，按照省、自治区、直辖市的规定单独列支。

申请征收土地的县级以上地方人民政府应当及时落实土地补偿费、安置补助费、农村村民住宅以及其他地上附着物和青苗等的补偿费用、社会保障费用等，并保证足额到位，专款专用。有关费用未足额到位的，不得批准征收土地。

第四节　宅基地管理

第三十三条　农村居民点布局和建设用地规模应当遵循节约

集约、因地制宜的原则合理规划。县级以上地方人民政府应当按照国家规定安排建设用地指标，合理保障本行政区域农村村民宅基地需求。

乡（镇）、县、市国土空间规划和村庄规划应当统筹考虑农村村民生产、生活需求，突出节约集约用地导向，科学划定宅基地范围。

第三十四条 农村村民申请宅基地的，应当以户为单位向农村集体经济组织提出申请；没有设立农村集体经济组织的，应当向所在的村民小组或者村民委员会提出申请。宅基地申请依法经农村村民集体讨论通过并在本集体范围内公示后，报乡（镇）人民政府审核批准。

涉及占用农用地的，应当依法办理农用地转用审批手续。

第三十五条 国家允许进城落户的农村村民依法自愿有偿退出宅基地。乡（镇）人民政府和农村集体经济组织、村民委员会等应当将退出的宅基地优先用于保障该农村集体经济组织成员的宅基地需求。

第三十六条 依法取得的宅基地和宅基地上的农村村民住宅及其附属设施受法律保护。

禁止违背农村村民意愿强制流转宅基地，禁止违法收回农村村民依法取得的宅基地，禁止以退出宅基地作为农村村民进城落户的条件，禁止强迫农村村民搬迁退出宅基地。

第五节 集体经营性建设用地管理

第三十七条 国土空间规划应当统筹并合理安排集体经营性建设用地布局和用途，依法控制集体经营性建设用地规模，促进集体经营性建设用地的节约集约利用。

鼓励乡村重点产业和项目使用集体经营性建设用地。

第三十八条 国土空间规划确定为工业、商业等经营性用途，且已依法办理土地所有权登记的集体经营性建设用地，土地所有权人可以通过出让、出租等方式交由单位或者个人在一定年限内有偿使用。

第三十九条　土地所有权人拟出让、出租集体经营性建设用地的，市、县人民政府自然资源主管部门应当依据国土空间规划提出拟出让、出租的集体经营性建设用地的规划条件，明确土地界址、面积、用途和开发建设强度等。

市、县人民政府自然资源主管部门应当会同有关部门提出产业准入和生态环境保护要求。

第四十条　土地所有权人应当依据规划条件、产业准入和生态环境保护要求等，编制集体经营性建设用地出让、出租等方案，并依照《土地管理法》第六十三条的规定，由本集体经济组织形成书面意见，在出让、出租前不少于十个工作日报市、县人民政府。市、县人民政府认为该方案不符合规划条件或者产业准入和生态环境保护要求等的，应当在收到方案后五个工作日内提出修改意见。土地所有权人应当按照市、县人民政府的意见进行修改。

集体经营性建设用地出让、出租等方案应当载明宗地的土地界址、面积、用途、规划条件、产业准入和生态环境保护要求、使用期限、交易方式、入市价格、集体收益分配安排等内容。

第四十一条　土地所有权人应当依据集体经营性建设用地出让、出租等方案，以招标、拍卖、挂牌或者协议等方式确定土地使用者，双方应当签订书面合同，载明土地界址、面积、用途、规划条件、使用期限、交易价款支付、交地时间和开工竣工期限、产业准入和生态环境保护要求，约定提前收回的条件、补偿方式、土地使用权届满续期和地上建筑物、构筑物等附着物处理方式，以及违约责任和解决争议的方法等，并报市、县人民政府自然资源主管部门备案。未依法将规划条件、产业准入和生态环境保护要求纳入合同的，合同无效；造成损失的，依法承担民事责任。合同示范文本由国务院自然资源主管部门制定。

第四十二条　集体经营性建设用地使用者应当按照约定及时支付集体经营性建设用地价款，并依法缴纳相关税费，对集体经营性建设用地使用权以及依法利用集体经营性建设用地建造的建筑物、构筑物及其附属设施的所有权,依法申请办理不动产登记。

第四十三条 通过出让等方式取得的集体经营性建设用地使用权依法转让、互换、出资、赠与或者抵押的,双方应当签订书面合同,并书面通知土地所有权人。

集体经营性建设用地的出租,集体建设用地使用权的出让及其最高年限、转让、互换、出资、赠与、抵押等,参照同类用途的国有建设用地执行,法律、行政法规另有规定的除外。

第五章 监督检查

第四十四条 国家自然资源督察机构根据授权对省、自治区、直辖市人民政府以及国务院确定的城市人民政府下列土地利用和土地管理情况进行督察:

(一)耕地保护情况;
(二)土地节约集约利用情况;
(三)国土空间规划编制和实施情况;
(四)国家有关土地管理重大决策落实情况;
(五)土地管理法律、行政法规执行情况;
(六)其他土地利用和土地管理情况。

第四十五条 国家自然资源督察机构进行督察时,有权向有关单位和个人了解督察事项有关情况,有关单位和个人应当支持、协助督察机构工作,如实反映情况,并提供有关材料。

第四十六条 被督察的地方人民政府违反土地管理法律、行政法规,或者落实国家有关土地管理重大决策不力的,国家自然资源督察机构可以向被督察的地方人民政府下达督察意见书,地方人民政府应当认真组织整改,并及时报告整改情况;国家自然资源督察机构可以约谈被督察的地方人民政府有关负责人,并可以依法向监察机关、任免机关等有关机关提出追究相关责任人责任的建议。

第四十七条 土地管理监督检查人员应当经过培训，经考核合格，取得行政执法证件后，方可从事土地管理监督检查工作。

第四十八条 自然资源主管部门、农业农村主管部门按照职责分工进行监督检查时，可以采取下列措施：

（一）询问违法案件涉及的单位或者个人；

（二）进入被检查单位或者个人涉嫌土地违法的现场进行拍照、摄像；

（三）责令当事人停止正在进行的土地违法行为；

（四）对涉嫌土地违法的单位或者个人，在调查期间暂停办理与该违法案件相关的土地审批、登记等手续；

（五）对可能被转移、销毁、隐匿或者篡改的文件、资料予以封存，责令涉嫌土地违法的单位或者个人在调查期间不得变卖、转移与案件有关的财物；

（六）《土地管理法》第六十八条规定的其他监督检查措施。

第四十九条 依照《土地管理法》第七十三条的规定给予处分的，应当按照管理权限由责令作出行政处罚决定或者直接给予行政处罚的上级人民政府自然资源主管部门或者其他任免机关、单位作出。

第五十条 县级以上人民政府自然资源主管部门应当会同有关部门建立信用监管、动态巡查等机制，加强对建设用地供应交易和供后开发利用的监管，对建设用地市场重大失信行为依法实施惩戒，并依法公开相关信息。

第六章 法律责任

第五十一条 违反《土地管理法》第三十七条的规定，非法占用永久基本农田发展林果业或者挖塘养鱼的，由县级以上人民政府自然资源主管部门责令限期改正；逾期不改正的，按占用面积处耕地开垦费2倍以上5倍以下的罚款；破坏种植条件的，依照《土地管理法》第七十五条的规定处罚。

第五十二条 违反《土地管理法》第五十七条的规定，在临时使用的土地上修建永久性建筑物的，由县级以上人民政府自然资源主管部门责令限期拆除，按占用面积处土地复垦费5倍以上10倍以下的罚款；逾期不拆除的，由作出行政决定的机关依法申请人民法院强制执行。

第五十三条 违反《土地管理法》第六十五条的规定，对建筑物、构筑物进行重建、扩建的，由县级以上人民政府自然资源主管部门责令限期拆除；逾期不拆除的，由作出行政决定的机关依法申请人民法院强制执行。

第五十四条 依照《土地管理法》第七十四条的规定处以罚款的，罚款额为违法所得的10%以上50%以下。

第五十五条 依照《土地管理法》第七十五条的规定处以罚款的，罚款额为耕地开垦费的5倍以上10倍以下；破坏黑土地等优质耕地的，从重处罚。

第五十六条 依照《土地管理法》第七十六条的规定处以罚款的，罚款额为土地复垦费的2倍以上5倍以下。

违反本条例规定，临时用地期满之日起一年内未完成复垦或者未恢复种植条件的，由县级以上人民政府自然资源主管部门责令限期改正，依照《土地管理法》第七十六条的规定处罚，并由县级以上人民政府自然资源主管部门会同农业农村主管部门代为完成复垦或者恢复种植条件。

第五十七条 依照《土地管理法》第七十七条的规定处以罚款的，罚款额为非法占用土地每平方米100元以上1000元以下。

违反本条例规定，在国土空间规划确定的禁止开垦的范围内从事土地开发活动的，由县级以上人民政府自然资源主管部门责令限期改正，并依照《土地管理法》第七十七条的规定处罚。

第五十八条 依照《土地管理法》第七十四条、第七十七条的规定，县级以上人民政府自然资源主管部门没收在非法转让或者非法占用的土地上新建的建筑物和其他设施的，应当于九十日内交由本级人民政府或者其指定的部门依法管理和处置。

第五十九条 依照《土地管理法》第八十一条的规定处以罚款的，罚款额为非法占用土地每平方米100元以上500元以下。

第六十条 依照《土地管理法》第八十二条的规定处以罚款的，罚款额为违法所得的10%以上30%以下。

第六十一条 阻碍自然资源主管部门、农业农村主管部门的工作人员依法执行职务，构成违反治安管理行为的，依法给予治安管理处罚。

第六十二条 违反土地管理法律、法规规定，阻挠国家建设征收土地的，由县级以上地方人民政府责令交出土地；拒不交出土地的，依法申请人民法院强制执行。

第六十三条 违反本条例规定，侵犯农村村民依法取得的宅基地权益的，责令限期改正，对有关责任单位通报批评、给予警告；造成损失的，依法承担赔偿责任；对直接负责的主管人员和其他直接责任人员，依法给予处分。

第六十四条 贪污、侵占、挪用、私分、截留、拖欠征地补偿安置费用和其他有关费用的，责令改正，追回有关款项，限期退还违法所得，对有关责任单位通报批评、给予警告；造成损失的，依法承担赔偿责任；对直接负责的主管人员和其他直接责任人员，依法给予处分。

第六十五条 各级人民政府及自然资源主管部门、农业农村主管部门工作人员玩忽职守、滥用职权、徇私舞弊的，依法给予处分。

第六十六条 违反本条例规定，构成犯罪的，依法追究刑事责任。

第七章 附 则

第六十七条 本条例自2021年9月1日起施行。

农村集体经济组织审计规定

(1992年5月12日农业部令第11号公布 2007年11月8日农业部令第6号修订)

第一章 总　则

第一条 为了加强农村集体经济组织的审计监督，严肃财经法纪，提高经济效益，保护农村集体经济组织的合法权益，促进农村经济的发展，根据《中华人民共和国审计法》、《农民承担费用和劳务管理条例》、《审计署关于内部审计工作的规定》和有关法律、法规、政策，结合农村集体经济组织发展的具体情况，制定本规定。

第二条 农业部负责全国农村集体经济组织的审计工作。

审计业务接受国家审计机关和上级主管部门内审机构的指导。

第三条 县级以上地方人民政府农村经营管理部门负责指导农村集体经济组织的审计工作，乡级农村经营管理部门负责农村集体经济组织的审计工作。

第四条 凡建立农村集体经济组织审计机构的，都应配备相应的审计人员。

审计人员应当经过考核，发给审计证，凭证开展审计工作。

第五条 农村集体经济组织审计机构工作人员应当依法审计，忠于职守，坚持原则，客观公正，廉洁奉公，保守秘密。

第二章 审计范围和任务

第六条 农村集体经济组织审计机构的审计监督范围为村、组集体经济组织。

第七条 农村集体经济组织审计机构对前条所列单位的下列事项进行审计监督：

（一）资金、财产的验证和使用管理情况；

（二）财务收支和有关的经济活动及其经济效益；

（三）财务管理制度的制定和执行情况；

（四）承包合同的签订和履行情况；

（五）收益（利润）分配情况；

（六）承包费等集体专项资金的预算、提取和使用情况；

（七）村集体公益事业建设筹资筹劳情况；

（八）村集体经济组织负责人任期目标和离任经济责任；

（九）侵占集体财产等损害农村集体经济组织利益的行为；

（十）乡经营管理站代管的集体资金管理情况；

（十一）当地人民政府、国家审计机关和上级业务主管部门等委托的其他审计事项。

第三章 审计职权

第八条 农村集体经济组织审计机构在审计过程中有下列职权：

（一）要求被审计单位报送和提供财务计划、会计报表及有关资料；

（二）检查被审计单位的有关账目、资产，查阅有关文件资料，参加被审计单位的有关会议；

（三）向有关单位和人员进行调查，被调查的单位和人员应当如实提供有关资料及证明材料；

（四）对正在进行的损害农村集体经济组织利益、违反财经法纪的行为，有权制止；

（五）对阻挠、破坏审计工作的被审计单位，有权采取封存有关账册、资产等临时措施。

第九条 农村集体经济组织审计工作人员依法行使职权,受法律保护,任何人不得打击报复。

第四章 审计程序

第十条 农村集体经济组织审计机构根据同级人民政府和上级业务主管部门的要求,结合本地实际,确定审计工作的重点,编制审计项目计划和工作方案。

农村集体经济组织审计机构确定审计事项后,应当通知被审计单位。

第十一条 农村集体经济组织审计人员根据审计项目,审查凭证、账表,查阅文件、资料,检查现金、实物,向有关单位和人员进行调查,并取得证明材料。

证明人提供的书面证明材料应当由提供者签名或盖章。

第十二条 农村集体经济组织审计人员,在审计过程中,应当主动听取农民群众和民主理财组织的意见。

第十三条 农村集体经济组织审计人员对审计事项进行审计后,向委派其进行审计的农村集体经济组织审计机构提出审计报告。重大审计事项的审计报告,应当分别报送同级人民政府、上级农村集体经济组织审计机构和有关主管部门。

审计报告在报送之前,应当征求被审计单位的意见。被审计单位应当在收到审计报告之日起十日内提出书面意见。

第十四条 农村集体经济组织审计机构审定审计报告,作出审计结论和决定,通知被审计单位和有关单位执行,并向农民群众公布。

第十五条 被审计单位对农村集体经济组织审计机构作出的审计结论和决定如有异议,可在收到审计结论和决定之日起十五日内,向上一级农村集体经济组织审计机构申请复审。上一级农村集体经济组织审计机构应当在收到复审申请之日起三十日内,作出复审结论和决定。特殊情况下，作出复审结论和决定的期限，可适当延长。

复审期间，不停止原审计结论和决定的执行。

第十六条 农村集体经济组织审计机构应当检查审计结论和决定的执行情况。

第十七条 农村集体经济组织审计机构对办理的审计事项必须建立审计档案，加强档案管理。

第十八条 农村集体经济组织审计机构应当对农村集体经济组织财务收支按月或按季进行经常、全面的审计监督。

第五章 奖 惩

第十九条 对遵守和维护财经法纪成绩显著的单位和个人，提出通报表扬和奖励。

第二十条 农村集体经济组织审计机构对被审计单位违反规定的收支、用工和非法所得的收入，应当在审计结论和决定中明确，分别按规定上缴国家，或退还农村集体经济组织和农户。

第二十一条 违反本规定，有下列行为之一的单位负责人、直接责任人员及其他有关人员，应当给予行政处分的，由农村集体经济组织审计机构建议当地人民政府或有关主管部门处理：

（一）拒绝提供账簿、凭证、会计报表、资料和证明材料的；

（二）阻挠审计工作人员依法行使审计职权，抗拒、破坏监督检查的；

（三）弄虚作假，隐瞒事实真相的；

（四）拒不执行审计结论和决定的；

（五）打击报复审计工作人员和检举人的。

第二十二条 违反本规定，有下列行为之一的农村集体经济组织审计人员，可由农村集体经济组织审计机构给予处分，或向同级人民政府和有关部门提出给予行政处分的建议：

（一）利用职权，谋取私利的；
（二）弄虚作假，徇私舞弊的；
（三）玩忽职守，给被审计单位和个人造成损失的；
（四）泄露秘密的。

第二十三条 对经济处理决定不服的单位和个人，可向作出处理决定机构的上一级机构提出申诉。

第二十四条 对有本规定第二十一条、第二十二条所列行为，情节严重，构成犯罪的，提请司法机关依法追究刑事责任。

第六章 附 则

第二十五条 农村集体经济组织审计机构可接受委托向农村集体经济组织以外的单位提供审计服务，其收费标准，由省、自治区、直辖市农村行政主管部门会同同级财政、物价主管部门制定。

第二十六条 各省、自治区、直辖市可根据本规定制定实施办法。

第二十七条 本规定由农业部负责解释。

第二十八条 本规定自发布之日起施行。

农村集体经济组织财务制度

（2021年12月7日 财农〔2021〕121号）

第一章 总 则

第一条 为加强农村集体经济组织财务管理，规范农村集体经济组织财务行为，巩固农村集体产权制度改革成果，保障农村集体经济组织及其成员的合法权益，促进农村集体经济发展，根据有关法律、行政法规，结合农村集体经济组织实际情况，制定本制度。

第二条 中华人民共和国境内依法设立的农村集体经济组织适用本制度。

第三条 农村集体经济组织应当建立健全财务管理制度，如实反映农村集体经济组织的财务状况。合理筹集资金，管好用好集体资产，建立健全收益分配制度和激励约束机制，加强财务信息管理，完善财务监督，控制财务风险，实现集体资产保值增值，推动集体经济发展。

第四条 农村集体经济组织财务活动应当遵循以下原则：

（一）民主管理。保障农村集体经济组织成员对财务活动和财务成果的知情权、参与权、表达权、监督权，实行民主管理和民主监督。

（二）公开透明。财务活动情况及其有关账目，重大经济事项等应当向全体成员公开。

（三）成员受益。保障全体成员享受农村集体经济发展成果。

（四）支持公益。农村集体经济发展成果应当用于村级组织运转保障、农村公益事业。

第五条 农村集体经济组织的财务活动应当依法依规接受乡镇人民政府（包括街道办事处，下同）和农业农村部门、财政部门的监督指导，接受审计等相关部门的监督。

第六条 建立健全农村集体经济组织负责人任期和离任审计制度，将新增债务作为重点审计内容。

第二章 财务管理主体及职责

第七条 农村集体经济组织财务管理工作应当在农村基层党组织领导下，由成员（代表）大会、理事会、监事会和会计人员等按规定履行职责。农村集体经济组织应当依法依规配备专（兼）

职会计人员，也可以根据实际需要实行委托代理记账。

重大财务事项决策参照执行"四议两公开"机制，并报乡镇党委、政府或农业农村部门审核或备案。

第八条 成员（代表）大会的财务管理职责主要包括：

（一）审议、决定本集体经济组织内部财务管理制度、年度财务计划、重大财务收支事项、年度收益分配方案等；

（二）审议、决定本集体经济组织资金筹集、资产资源发包租赁、对外投资、资产处置等事项；

（三）审议、决定本集体经济组织主要经营管理人员薪酬，并对其实施监督和考核；

（四）对理事会和监事会年度财务管理、监督工作提出质询和改进意见；

（五）其他需要成员（代表）大会决定的重大财务事项。

第九条 理事会的财务管理职责主要包括：

（一）起草、执行本集体经济组织内部财务管理制度、年度财务计划、年度收益分配方案等；

（二）实施本集体经济组织资金筹集、资产资源发包租赁、对外投资、资产处置等经营活动，签订经济合同并督促合同履行；

（三）提出本集体经济组织主要经营管理人员薪酬的建议，决定其他工作人员薪酬；

（四）向成员（代表）大会报告年度财务执行情况；

（五）执行本集体经济组织章程规定及成员（代表）大会决定的其他财务事项。

第十条 监事会的财务管理职责主要包括：

（一）监督农村集体经济组织财务活动，组织开展民主理财；

（二）监督理事会、主要经营管理人员和会计人员履职行为，对损害本集体经济组织利益、违反法律、法规、行政规章、组织章程或者成员（代表）大会决议的财务行为提出质询和改进建议，对理事、主要经营管理人员和会计人员提出罢免或解聘建议；

（三）协助地方政府及有关部门做好对农村集体经济组织的审

计监督工作；

（四）向成员（代表）大会报告年度财务监督情况；

（五）执行本集体经济组织章程规定及成员（代表）大会决定的其他财务监督事项。

第十一条　会计人员的财务管理职责主要包括：

（一）会计主管人员负责组织本集体经济组织的会计工作，审核本集体经济组织的财务会计报告，在财务会计报告上签名并盖章；

（二）会计人员负责本集体经济组织会计凭证审核及填制、会计账簿登记及核算、财务会计报告编制及报送、稽核、会计档案保管、财务公开等日常工作。配合开展集体资产年度清查、审计和调查工作。

第三章　资金筹集

第十二条　农村集体经济组织可依法依规采取多种形式筹集资金。筹集资金应当履行本集体经济组织决策程序，确定筹资方式、规模和用途，控制筹资成本和风险。

第十三条　农村集体经济组织从各级政府获得资金或其他资产的，按照有关规定执行并接受监管。通过接受捐赠获得资金或其他资产的，应当及时入账，加强管理。

第十四条　农村集体经济组织采用"一事一议"方式筹资的，应当符合有关法律法规和政策要求，遵循量力而行、成员受益、民主决策、上限控制等原则，做到专款专用，确保资金用途的合法性、合理性和有效性。

第十五条　农村集体经济组织不得举债兴办公益事业；举债从事经营性活动应当纳入村级重大事项决策范围，参照执行"四议两公开"机制，并报乡镇党委、政府或农业农村部门审核或备案。

农村集体经济组织直接与社会资本合作从事经营活动的,应当在合同中明确权责边界及收益分配。

严禁将农村集体经济组织债务转嫁给地方政府。

第四章 资产运营

第十六条 农村集体经济组织应当按照有关法律、法规、政策以及组织章程加强现金、银行存款、应收款项、存货等流动资产管理,落实经营管理责任。严禁公款私存和私设小金库,加强票据管理,杜绝"白条"抵库。

第十七条 农村集体经济组织应当按照有关法律、法规、政策以及组织章程加强固定资产购建、使用、处置管理,落实经营管理责任,依法合规计提折旧。在建工程项目验收合格、交付使用后,应当及时办理竣工决算手续。

第十八条 农村集体经济组织应当按照有关法律、法规、政策以及组织章程加强集体的牲畜、林木等生物资产管理,做好增减、摊销、死亡毁损等核算工作,落实经营管理责任。

第十九条 农村集体经济组织应当按照有关法律、法规、政策明确无形资产权属及价值,纳入账内核算,落实经营管理责任,依法合规进行摊销。

第二十条 农村集体经济组织对外投资应当遵守有关法律、法规和政策规定,符合农村集体经济组织发展规划,履行民主程序,做好风险评估和控制,进行严格管理。

第二十一条 农村集体经济组织应当对发生产权转移的厂房、设施、设备等大宗资产及集体土地使用权,未纳入账内核算的、非货币资产对外投资的或其他特定目的的资产进行价值评估。

第二十二条 农村集体经济组织以出售、置换、报废等方式处置资产时,应当按照有关法律、法规和政策规定的权限与程序进行。发生的资产损失,应当及时核实,查清责任,追偿损失,并进行账务处理。

第二十三条 农村集体经济组织依法依规对外投资或进行集体资产转让、发包、租赁等情形时，应当签订书面合同，明确双方的权利义务，合理确定价格。

农村集体经济组织以及农村集体经济组织经营管理人员，不得以本集体资产为其他单位和个人提供担保。

第五章 收支管理及收益分配

第二十四条 农村集体经济组织生产销售、提供服务、投资收益、让渡集体资产资源使用权和政府给予的经营性补贴等形成的经济利益总流入，应当依法依规加强管理，做好账务处理。

第二十五条 农村集体经济组织用于经营活动、日常管理、村内公益和综合服务、保障村级组织和村务运转等各种支出，应当计入相应的成本费用，加强管理，严格执行审批程序。

第二十六条 农村集体经济组织收益分配以效益为基础，民主决策、科学分配，保障成员合法权益。

第二十七条 农村集体经济组织应当按照有关法律、法规、政策规定及组织章程约定的分配原则，按程序确定收益分配方案，明确分配范围、分配比例等重点事项，向全体成员公示。

第二十八条 农村集体经济组织可分配收益按以下顺序进行分配：

（一）弥补以前年度亏损；

（二）提取公积公益金；

（三）向成员分配收益；

（四）其他。

公积公益金按组织章程确定计提比例。

第二十九条 年终收益分配前，农村集体经济组织应当清查资产，清理债权、债务，准确核算年度收入、支出、可分配收益。

第六章 产权管理

第三十条 农村集体经济组织应当清查核实集体资产，明确资产权属，登记资产台账，编制资产负债表；建立成员名册和份额（股份）登记簿。

第三十一条 农村集体经济组织变更资产权属的，应当严格按照有关法律、法规和政策规定进行，并及时进行账务处理。

第三十二条 村庄撤并的，不得混淆集体财务会计账目，不得随意合并、平调集体资产。

第七章 财务信息管理

第三十三条 具备条件的农村集体经济组织与村民委员会应当分设会计账套和银行账户。

第三十四条 农村集体经济组织应当使用科学有效的方式采集、存储、管理和运用财务信息，逐步实现信息化管理，确保财务信息的真实性、完整性和可比性。

第三十五条 农村集体经济组织应当按照国家统一的会计制度有关规定编制年度财务会计报告，按要求报送乡镇人民政府和农业农村部门、财政部门。

第三十六条 农村集体经济组织应当建立财务公开制度，以易于理解和接受的形式公开财务信息，接受成员监督。

第三十七条 农村集体经济组织应当按照《会计档案管理办法》等有关规定，加强会计档案建设和管理，做好会计资料的保管工作。

第八章 附 则

第三十八条 依法代行农村集体经济组织职能的村民委员会、

村民小组等参照执行本制度。

第三十九条 地方农业农村部门、财政部门可根据本制度，结合实际情况制定具体实施细则。

第四十条 本制度自2022年1月1日起施行。

农村集体经济组织会计制度

(2023年9月5日 财会〔2023〕14号)

第一章 总 则

第一条 为规范农村集体经济组织会计工作，加强农村集体经济组织会计核算，根据《中华人民共和国会计法》等有关法律法规，结合农村集体经济组织的实际情况，制定本制度。

第二条 中华人民共和国境内依法设立的农村集体经济组织适用本制度，包括乡镇级集体经济组织、村级集体经济组织、组级集体经济组织。依法代行农村集体经济组织职能的村民委员会、村民小组等参照执行本制度。

第三条 农村集体经济组织应当根据本制度规定和会计业务需要，设置会计机构，或者在有关机构中设置会计人员并指定会计主管人员，或者按照规定委托代理记账，进行会计核算。

第四条 为适应双层经营的需要，农村集体经济组织实行统一核算和分散核算相结合的两级核算体制。农村集体经济组织发生的经济业务应当按照本制度的规定进行会计核算。农村集体经济组织投资设立的企业等应当按照相关会计准则制度单独核算。

第五条 农村集体经济组织应当按照本制度及附录的相关规定，设置和使用会计科目，填制会计凭证，登记会计账簿，编制财务会计报告。

第六条 农村集体经济组织的会计核算应当以持续经营为

前提。

第七条 农村集体经济组织的会计核算应当划分会计期间，分期结算账目和编制财务会计报告。会计年度自公历 1 月 1 日起至 12 月 31 日止。

第八条 农村集体经济组织的会计核算应当以货币计量，以人民币为记账本位币，"元"为金额单位，"元"以下填至"分"。

第九条 农村集体经济组织的会计核算原则上采用权责发生制，会计记账方法采用借贷记账法。

第十条 农村集体经济组织的会计要素包括资产、负债、所有者权益、收入、费用和收益。

第十一条 农村集体经济组织应当以实际发生的交易或者事项为依据进行会计核算，如实反映其财务状况和经营成果。

第十二条 农村集体经济组织应当按照规定的会计处理方法进行会计核算。会计处理方法前后各期应当保持一致，一经确定不得随意变更。

第十三条 农村集体经济组织应当及时进行会计核算，不得提前或者延后。

第十四条 农村集体经济组织在进行会计核算时应当保持应有的谨慎，不得多计或少计资产、负债、收入、费用。

第十五条 农村集体经济组织提供的会计信息应当清晰明了，便于理解和使用。

第十六条 农村集体经济组织的法定代表人应当对本集体经济组织的会计工作和会计资料的真实性、完整性负责。

第二章 资 产

第十七条 农村集体经济组织的资产，是指农村集体经济组织过去的交易或者事项形成的、由农村集体经济组织拥有或者控制的、预期会给农村集体经济组织带来经济利益或者承担公益服务功能的资源。

第十八条　农村集体经济组织的资产按照流动性分为流动资产和非流动资产。农村集体经济组织的资产应当按照成本计量。

流动资产是指在1年内（含1年）或超过1年的一个营业周期内变现、出售或耗用的资产，包括货币资金、短期投资、应收款项、存货、消耗性生物资产等。

非流动资产是指流动资产以外的资产，包括长期投资、生产性生物资产、固定资产、无形资产、公益性生物资产、长期待摊费用等。

第十九条　农村集体经济组织的应收款项包括与成员、非成员（包括单位及个人，下同）之间发生的各种应收及暂付款项。

应收款项应按实际发生额入账。确实无法收回的款项，按规定程序批准核销后，应当计入其他支出。

第二十条　农村集体经济组织的存货包括种子、化肥、燃料、农药、原材料、机械零配件、低值易耗品、在产品、农产品、工业产成品等。

存货按照下列原则计价：

（一）购入的存货，应当按照购买价款、应支付的相关税费、运输费、装卸费、保险费以及外购过程中发生的其他直接费用计价。

（二）在产品以及生产完工入库的农产品和工业产成品，应当按照生产过程中发生的实际支出成本计价。

（三）收到政府补助的存货或者他人捐赠的存货，应当按照有关凭据注明的金额加上相关税费、运输费等计价；没有相关凭据的，按照资产评估价值或者比照同类或类似存货的市场价格，加上相关税费、运输费等计价。如无法采用上述方法计价的，应当按照名义金额（人民币1元，下同）计价，相关税费、运输费等计入其他支出，同时在备查簿中登记说明。

（四）提供劳务的成本，按照与劳务提供直接相关的人工费、材料费和应分摊的间接费用计价。

（五）盘盈的存货，应当按照同类或类似存货的市场价格或评估价值计价。

第二十一条 农村集体经济组织应当采用先进先出法、加权平均法或者个别计价法确定领用或出售的出库存货成本。计价方法一经确定，不得随意变更。

第二十二条 农村集体经济组织的存货发生毁损或报废时，按规定程序报经批准后，处置收入、赔偿金额（含可收回的责任人和保险公司赔偿的金额等，下同）扣除其成本、相关税费和清理费用后的净额，应当计入其他收入或其他支出。

盘盈存货实现的收益应当计入其他收入。

盘亏存货发生的损失应当计入其他支出。

第二十三条 农村集体经济组织的对外投资包括短期投资和长期投资。短期投资是指能够随时变现并且持有时间不准备超过1年（含1年）的投资。长期投资是指除短期投资以外的投资，即持有时间准备超过1年（不含1年）的投资。

对外投资按照下列原则计价：

（一）以货币资金方式投资的，应当按照实际支付的价款和相关税费计价。

（二）以实物资产、无形资产等非货币性资产方式投资的，应当按照评估确认或者合同、协议约定的价值和相关税费计价，实物资产、无形资产等重估确认价值与其账面价值之间的差额，计入公积公益金。

第二十四条 农村集体经济组织对外投资取得的现金股利、利润或利息等计入投资收益。

处置对外投资时，应当将处置价款扣除其账面价值、相关税费后的净额，计入投资收益。

第二十五条 农村集体经济组织的生物资产包括消耗性生物资产、生产性生物资产和公益性生物资产。消耗性生物资产包括生长中的大田作物、蔬菜、用材林以及存栏待售的牲畜、鱼虾贝类等为出售而持有的、或在将来收获为农产品的生物资产。生产性生物资产包括经济林、薪炭林、产役畜等为产出农产品、提供劳务或出租等目的而持有的生物资产。公益性生物资产包括防风固沙林、水土保持林和水源涵养林等以防护、环境保护为主要目的的生物资产。

生物资产按照下列原则计价：

（一）购入的生物资产应当按照购买价款、应支付的相关税费、运输费以及外购过程发生的其他直接费用计价。

（二）自行栽培、营造、繁殖或养殖的消耗性生物资产，应当按照下列规定确定其成本：

自行栽培的大田作物和蔬菜的成本，包括在收获前耗用的种子、肥料、农药等材料费、人工费和应分摊的间接费用等必要支出。

自行营造的林木类消耗性生物资产的成本，包括郁闭前发生的造林费、抚育费、营林设施费、良种试验费、调查设计费和应分摊的间接费用等必要支出。

自行繁殖的育肥畜的成本，包括出售前发生的饲料费、人工费和应分摊的间接费用等必要支出。

水产养殖的动物和植物的成本，包括在出售或入库前耗用的苗种、饲料、肥料等材料费、人工费和应分摊的间接费用等必要支出。

（三）自行营造或繁殖的生产性生物资产，应当按照下列规定确定其成本：

自行营造的林木类生产性生物资产的成本，包括达到预定生产经营目的前发生的造林费、抚育费、营林设施费、良种试验费、调查设计费和应分摊的间接费用等必要支出。

自行繁殖的产畜和役畜的成本，包括达到预定生产经营目的（成龄）前发生的饲料费、人工费和应分摊的间接费用等必要支出。

达到预定生产经营目的，是指生产性生物资产进入正常生产期，可以多年连续稳定产出农产品、提供劳务或出租。

（四）自行营造的公益性生物资产，应当按照郁闭前发生的造林费、抚育费、森林保护费、营林设施费、良种试验费、调查设计费和应分摊的间接费用等必要支出计价。

（五）收到政府补助的生物资产或者他人捐赠的生物资产，应当按照有关凭据注明的金额加上相关税费、运输费等计价；没有相关凭据的，按照资产评估价值或者比照同类或类似生物资产的市场价格，加上相关税费、运输费等计价。如无法采用上述方法计价的，应当按照名义金额计价，相关税费、运输费等计入其他支出，同时在备查簿中登记说明。

第二十六条　农村集体经济组织应当对所有达到预定生产经营目的的生产性生物资产计提折旧，但以名义金额计价的生产性生物资产除外。

对于达到预定生产经营目的的生产性生物资产，农村集体经济组织应当对生产性生物资产原价（成本）扣除其预计净残值后的金额在生产性生物资产使用寿命内按照年限平均法或工作量法等计提折旧，并根据其受益对象计入相关资产成本或者当期损益。

农村集体经济组织应当根据生产性生物资产的性质、使用情况和与该生物资产有关的经济利益的预期消耗方式，合理确定生产性生物资产的使用寿命、预计净残值和折旧方法。生产性生物资产的使用寿命、预计净残值和折旧方法一经确定，不得随意变更。

农村集体经济组织应当按月计提生产性生物资产折旧，当月增加的生产性生物资产，当月不计提折旧，从下月起计提折旧；当月减少的生产性生物资产，当月仍计提折旧，从下月起不再计提折旧。生产性生物资产提足折旧后，不论能否继续使用，均不再计提折旧；提前处置的生产性生物资产，也不再补提折旧。

第二十七条　农村集体经济组织的生物资产死亡或毁损时，按规定程序报经批准后，处置收入、赔偿金额扣除其账面价值、相关税费和清理费用后的净额，应当计入其他收入或其他支出。

生产性生物资产的账面价值，是指生产性生物资产原价（成本）扣减累计折旧后的金额。

第二十八条 农村集体经济组织的固定资产包括使用年限在1年以上的房屋、建筑物、机器、设备、工具、器具、生产设施和农业农村基础设施等。

固定资产按照下列原则计价：

（一）购入的固定资产，不需要安装的，应当按照购买价款和采购费、应支付的相关税费、包装费、运输费、装卸费、保险费以及外购过程中发生的其他直接费用计价；需要安装或改装的，还应当加上安装调试费或改装费。

（二）自行建造的固定资产，应当按照其成本即该项资产至交付使用前所发生的全部必要支出计价。已交付使用但尚未办理竣工决算手续的固定资产，应当按照估计价值入账，待办理竣工决算后再按照实际成本调整原来的暂估价值。

（三）收到政府补助的固定资产或者他人捐赠的固定资产，应当按照有关凭据注明的金额加上相关税费、运输费等计价；没有相关凭据的，按照资产评估价值或者比照同类或类似固定资产的市场价格，加上相关税费、运输费等计价。如无法采用上述方法计价的，应当按照名义金额计价，相关税费、运输费等计入其他支出，同时在备查簿中登记说明。

（四）盘盈的固定资产，应当按照同类或类似全新固定资产的市场价格或评估价值，扣除按照该固定资产新旧程度估计的折旧后的余额计价。

第二十九条 农村集体经济组织应当对所有的固定资产计提折旧，但以名义金额计价的固定资产除外。

农村集体经济组织应当在固定资产预计使用寿命内，对固定资产原价（成本）扣除预计净残值后的金额，按照年限平均法或工作量法等计提折旧，并根据该固定资产的受益对象计入相关资产成本或者当期损益。

农村集体经济组织应当根据固定资产的性质、使用情况和与该固定资产有关的经济利益的预期消耗方式，合理确定固定资产的使用寿命、预计净残值和折旧方法。固定资产的使用寿命、预计净残值和折旧方法一经确定，不得随意变更。

农村集体经济组织应当按月计提固定资产折旧，当月增加的固定资产，当月不计提折旧，从下月起计提折旧；当月减少的固定资产，当月仍计提折旧，从下月起不再计提折旧。固定资产提足折旧后，不论能否继续使用，均不再计提折旧；提前报废的固定资产，也不再补提折旧。

第三十条 农村集体经济组织固定资产的后续支出应当区分修理费用和改扩建支出。固定资产的改扩建支出，是指改变固定资产结构、延长使用年限等发生的支出。

固定资产的改扩建支出，应当计入固定资产的成本，并按照重新确定的固定资产成本以及重新确定的折旧年限（预计尚可使用年限）计算折旧额；但已提足折旧的固定资产改扩建支出应当计入长期待摊费用，并按照固定资产预计尚可使用年限采用年限平均法分期摊销。固定资产的修理费用按照用途直接计入有关支出项目。

第三十一条 农村集体经济组织处置固定资产时，处置收入扣除其账面价值、相关税费和清理费用后的净额，应当计入其他收入或其他支出。

固定资产的账面价值，是指固定资产原价（成本）扣减累计折旧后的金额。

盘盈固定资产实现的收益应当计入其他收入。

盘亏固定资产发生的损失应当计入其他支出。

第三十二条 农村集体经济组织的在建工程是指尚未完工的工程项目。在建工程按实际发生的支出或应支付的工程价款计价。形成固定资产的，待完工交付使用后，计入固定资产。未形成固定资产的，待项目完成后，计入经营支出、公益支出或其他支出。

在建工程部分发生报废或毁损，按规定程序批准后，按照扣除残料价值和赔偿金额后的净损失，计入在建工程成本。单项工程报废以及由于自然灾害等非常原因造成的报废或毁损，其净损失计入其他支出。

第三十三条 农村集体经济组织的无形资产包括专利权、商标权、著作权、非专利技术、土地经营权、林权、草原权等由其拥有或控制的、没有实物形态的可辨认非货币性资产。

无形资产按照下列原则计价：

（一）购入的无形资产应当按照购买价款、应支付的相关税费以及相关的其他直接费用计价。

（二）自行开发并按法律程序申请取得的无形资产，应当按照依法取得时发生的注册费、代理费等实际支出计价。

（三）收到政府补助的无形资产或者他人捐赠的无形资产，应当按照有关凭据注明的金额加上相关税费等计价；没有相关凭据的，按照资产评估价值或者比照同类或类似无形资产的市场价格，加上相关税费等计价。如无法采用上述方法计价的，应当按照名义金额计价，相关税费等计入其他支出，同时在备查簿中登记说明。

第三十四条 农村集体经济组织的无形资产应当从使用之日起在其预计使用寿命内采用年限平均法等合理方法进行摊销，并根据无形资产的受益对象计入相关资产成本或者当期损益。名义金额计价的无形资产不应摊销。无形资产的摊销期自可供使用时开始至停止使用或出售时止，并应当符合有关法律法规规定或合同约定的使用年限。无形资产的使用寿命和摊销方法一经确定，不得随意变更。

农村集体经济组织应当按月对无形资产进行摊销，当月增加的无形资产，当月开始摊销；当月减少的无形资产，当月不再摊销。

不能可靠估计无形资产使用寿命的，摊销期不得低于10年。

第三十五条 农村集体经济组织处置无形资产时，处置收入扣除其账面价值、相关税费等后的净额，应当计入其他收入或其他支出。

无形资产的账面价值，是指无形资产成本扣减累计摊销后的金额。

第三十六条 农村集体经济组织接受政府补助和他人捐赠等形成的资产（含扶贫项目资产），应当设置备查簿进行登记管理。

第三十七条 农村集体经济组织应当在每年年度终了，对应收款项、存货、对外投资、生物资产、固定资产、在建工程、无形资产等资产进行全面清查，做到账实相符；对于已发生损失但尚未批准核销的相关资产，应当在会计报表附注中予以披露。

第三章 负 债

第三十八条 农村集体经济组织的负债，是指农村集体经济组织过去的交易或者事项形成的、预期会导致经济利益流出农村集体经济组织的现时义务。

第三十九条 农村集体经济组织的负债按照流动性分为流动负债和非流动负债。农村集体经济组织的负债按照实际发生额计价。

流动负债是指偿还期在1年以内（含1年）或超过1年的一个营业周期内的债务，包括短期借款、应付款项、应付工资、应付劳务费、应交税费等。

非流动负债是指流动负债以外的负债，包括长期借款及应付款、一事一议资金、专项应付款等。

第四十条 农村集体经济组织的借款应当根据本金和合同利率按期计提利息，计入其他支出。农村集体经济组织的借款分为短期借款和长期借款，分别核算农村集体经济组织向银行等金融机构或相关单位、个人等借入的期限在1年以内（含1年）、1年以上（不含1年）的借款。

第四十一条 农村集体经济组织的应付款项包括与成员、非成员之间发生的各种应付及暂收款项。对发生因债权人特殊原因等确实无法偿还的或者债权人对农村集体经济组织债务豁免的应付款项，应当计入其他收入。

第四十二条 农村集体经济组织的应付工资，是指农村集体经济组织为获得管理人员、固定员工等职工提供的服务而应付给职工的各种形式的报酬以及其他相关支出。

第四十三条 农村集体经济组织的应付劳务费，是指农村集体经济组织为获得季节性用工等临时性工作人员提供的劳务而应支付的各种形式的报酬以及其他相关支出。

第四十四条 农村集体经济组织的一事一议资金，是指农村集体经济组织兴办村民直接受益的集体生产生活等公益事业，按一事一议的形式筹集的专项资金。

第四十五条 农村集体经济组织的专项应付款，是指农村集体经济组织获得政府给予的具有专门用途且未来应支付用于专门用途（如建造长期资产等）的专项补助资金。农村集体经济组织获得政府给予的保障村级组织和村务运转的补助资金以及贷款贴息等经营性补助资金，作为补助收入，不在专项应付款中核算。

第四章 所有者权益

第四十六条 农村集体经济组织的所有者权益，是指农村集体经济组织资产扣除负债后由全体成员享有的剩余权益。

农村集体经济组织的所有者权益包括资本、公积公益金、未分配收益等。

第四十七条 农村集体经济组织的资本，是指农村集体经济组织按照章程等确定的属于本集体经济组织成员集体所有的相关权益金额。

第四十八条 农村集体经济组织的公积公益金，包括按照章程确定的计提比例从本年收益中提取的公积公益金，政府补助或接受捐赠的资产（计入补助收入的资金除外），对外投资中资产重估确认价值与原账面价值的差额，一事一议筹资筹劳转入，收到的征用土地补偿费等。

农村集体经济组织按照有关规定用公积公益金弥补亏损等，应当冲减公积公益金。

第五章　成本、收入和费用

第四十九条　农村集体经济组织的生产（劳务）成本，是指农村集体经济组织直接组织生产或对外提供劳务等活动所发生的各项生产费用和劳务支出。

第五十条　农村集体经济组织的收入，是指农村集体经济组织在日常活动中形成的、会导致所有者权益增加的、与成员投入资本无关的经济利益总流入，包括经营收入、投资收益、补助收入、其他收入等。

第五十一条　经营收入，是指农村集体经济组织进行各项生产销售、提供劳务、让渡集体资产资源使用权等经营活动取得的收入，包括销售收入、劳务收入、出租收入、发包收入等。

销售收入，是指农村集体经济组织销售产品物资等取得的收入。劳务收入，是指农村集体经济组织对外提供劳务或服务等取得的收入。农村集体经济组织应当根据合同或协议约定，于产品物资已经发出、劳务已经提供，同时收讫价款或取得收款凭据时，确认销售收入、劳务收入。

出租收入，是指农村集体经济组织出租固定资产、无形资产等取得的租金收入。发包收入，是指农村集体经济组织取得的，由成员、其他单位或个人因承包集体土地等集体资产资源上交的承包金或利润等。农村集体经济组织应当根据合同或协议约定，于收讫价款或取得收款凭据时，确认出租收入、发包收入。一次收取多期款项的，应当将收款金额分摊至各个受益期，分期确认出租收入、发包收入。

第五十二条　投资收益，是指农村集体经济组织对外投资所取得的收益扣除发生的投资损失后的净额。投资所取得的收益包括对外投资取得的现金股利、利润或利息等,以及对外投资到期收回或中途转让取得款项高于账面余额、相关税费的差额等;投资损失是指对外投资到期收回或中途转让取得款项低于账面余额、相关税费的差额等。

第五十三条 补助收入,是指农村集体经济组织获得的政府给予的保障村级组织和村务运转的补助资金以及贷款贴息等经营性补助资金。农村集体经济组织应当按实际收到的金额确认补助收入。政府给予农户的经营性补贴不确认为农村集体经济组织的补助收入。

第五十四条 其他收入,是指农村集体经济组织取得的除经营收入、投资收益、补助收入以外的收入,包括盘盈收益、确实无法支付的应付款项、存款利息收入等。农村集体经济组织应当于收入实现时确认其他收入。

第五十五条 农村集体经济组织的费用,是指农村集体经济组织在日常活动中发生的、会导致所有者权益减少的、与向成员分配无关的经济利益的总流出,包括经营支出、税金及附加、管理费用(含运转支出)、公益支出、其他支出等。农村集体经济组织的费用一般应当在发生时按照其发生额计入当期损益。

第五十六条 经营支出,是指农村集体经济组织因销售商品、提供劳务、让渡集体资产资源使用权等经营活动而发生的实际支出,包括销售商品的成本、对外提供劳务的成本、维修费、运输费、保险费、生产性生物资产的管护饲养费用及其成本摊销、出租固定资产或无形资产的折旧或摊销等。

第五十七条 税金及附加,是指农村集体经济组织从事生产经营活动按照税法的有关规定应负担的消费税、城市维护建设税、资源税、房产税、城镇土地使用税、车船税、印花税、教育费附加及地方教育附加等相关税费。

第五十八条 管理费用,是指农村集体经济组织管理活动发生的各项支出,包括管理人员及固定员工的工资、办公费、差旅费、管理用固定资产修理费、管理用固定资产折旧、管理用无形资产摊销、聘请中介机构费、咨询费、诉讼费等，以及保障村级组织和村务运转的各项支出。

第五十九条 公益支出，是指农村集体经济组织发生的用于本集体经济组织内部公益事业、集体福利或成员福利的各项支出，以及公益性固定资产折旧和修理费等。

第六十条 其他支出，是指农村集体经济组织发生的除经营支出、税金及附加、管理费用、公益支出、所得税费用以外的支出，包括生物资产的死亡毁损支出、损失，固定资产及存货等的盘亏、损失，防灾抢险支出，罚款支出，捐赠支出，确实无法收回的应收款项损失，借款利息支出等。

第六章 收益及收益分配

第六十一条 农村集体经济组织的收益，是指农村集体经济组织在一定会计期间的经营成果。

农村集体经济组织的收益总额按照下列公式计算：

收益总额＝经营收益＋其他收入－公益支出－其他支出

其中：经营收益＝经营收入＋投资收益＋补助收入－经营支出－税金及附加－管理费用

净收益，是指收益总额减去所得税费用后的净额。

第六十二条 农村集体经济组织应当按照税法有关规定计算的应纳所得税额，按期确认所得税费用。

农村集体经济组织应当在收益总额基础上，按照税法有关规定进行纳税调整，计算当期应纳税所得额，按照应纳税所得额与适用所得税税率为基础计算确定当期应纳所得税额。

第六十三条 农村集体经济组织当年收益加上年初未分配收益为本年可分配收益，主要用于弥补亏损、提取公积公益金、向成员分配等。在提取公积公益金、向成员实际分配收益等时，应当减少本年可分配收益。

第七章 财务会计报告

第六十四条 农村集体经济组织财务会计报告是对其财务状况、经营成果等的结构性表述,包括会计报表和会计报表附注。

第六十五条 农村集体经济组织的会计报表包括资产负债表、收益及收益分配表。

资产负债表,是指反映农村集体经济组织在某一特定日期财务状况的报表。

收益及收益分配表,是指反映农村集体经济组织在一定会计期间内收益实现及其分配情况的报表。

第六十六条 农村集体经济组织可以根据需要编制月度或季度科目余额表和收支明细表。科目余额表,反映农村集体经济组织资产类、负债类、所有者权益类和成本类会计科目在月末或季度末的期末余额。收支明细表,反映农村集体经济组织损益类会计科目在各月或各季度的本期发生额。

第六十七条 会计报表附注,是指对在资产负债表、收益及收益分配表等会计报表中列示项目的文字表述或明细资料,以及对未能在这些会计报表中列示项目的说明等。

会计报表附注应当按照下列顺序披露:

(一) 遵循农村集体经济组织会计制度的声明。

(二) 农村集体经济组织的基本情况。

(三) 农村集体经济组织的资本形成情况、成员享有的经营性财产收益权份额结构及成员权益变动情况。

(四) 会计报表重要项目的进一步说明。

(五) 已发生损失但尚未批准核销的相关资产名称、金额等情况及说明。

(六) 以名义金额计量的资产名称、数量等情况,以及以名义金额计量理由的说明;若涉及处置的,还应披露以名义金额计量的资产的处置价格、处置程序等情况。

（七）对已在资产负债表、收益及收益分配表中列示项目与企业所得税法规定存在差异的纳税调整过程。

（八）根据国家有关法律法规和集体经济组织章程等规定，需要在会计报表附注中说明的其他重要事项。

第六十八条　农村集体经济组织对会计政策变更、会计估计变更和前期差错更正应当采用未来适用法进行会计处理。

会计政策变更，是指农村集体经济组织在会计确认、计量和报告中所采用的原则、基础和会计处理方法的变更。会计估计变更，是指由于资产和负债的当前状况及预期经济利益和义务发生了变化，从而对资产或负债的账面价值或者资产的定期消耗金额进行调整。前期差错更正，是指对前期差错包括计算错误、应用会计政策错误、应用会计估计错误等进行更正。未来适用法，是指将变更后的会计政策和会计估计应用于变更日及以后发生的交易或者事项，或者在会计差错发生或发现的当期更正差错的方法。

第八章　附　　则

第六十九条　农村集体经济组织填制会计凭证、登记会计账簿、管理会计档案等，应当按照《会计基础工作规范》、《会计档案管理办法》等规定执行。

第七十条　本制度自2024年1月1日起施行。《村集体经济组织会计制度》（财会〔2004〕12号）同时废止。

附录：农村集体经济组织会计科目、会计报表和会计报表附注

一、会计科目及编制说明

本制度统一规定农村集体经济组织会计科目的名称和编号，

以便于填制会计凭证，登记会计账簿，查阅会计账目，实行会计信息化管理。农村集体经济组织不存在的交易或者事项，可不设置相关科目；农村集体经济组织在不违反本制度中确认、计量和报告规定的前提下，可以根据自身实际情况自行增设必要的会计科目；可以比照本附录的规定自行设置明细科目，进行明细核算。

（一）会计科目名称和编号。

顺序号	编号	会计科目名称
		一、资产类科目
1	101	库存现金
2	102	银行存款
3	111	短期投资
4	112	应收款
5	113	内部往来
6	121	库存物资
7	131	消耗性生物资产
8	132	生产性生物资产
9	133	生产性生物资产累计折旧
10	134	公益性生物资产
11	141	长期投资
12	151	固定资产
13	152	累计折旧
14	153	在建工程
15	154	固定资产清理
16	161	无形资产
17	162	累计摊销
18	171	长期待摊费用
19	181	待处理财产损溢

续表

顺序号	编号	会计科目名称
		二、负债类科目
20	201	短期借款
21	211	应付款
22	212	应付工资
23	213	应付劳务费
24	214	应交税费
25	221	长期借款及应付款
26	231	一事一议资金
27	241	专项应付款
		三、所有者权益类科目
28	301	资本
29	311	公积公益金
30	321	本年收益
31	322	收益分配
		四、成本类科目
32	401	生产（劳务）成本
		五、损益类科目
33	501	经营收入
34	502	投资收益
35	503	补助收入
36	504	其他收入
37	511	经营支出
38	512	税金及附加
39	513	管理费用

续表

顺序号	编号	会计科目名称
40	514	公益支出
41	515	其他支出
42	521	所得税费用

(二) 会计科目使用说明。

资产类科目

101 库存现金

一、本科目核算农村集体经济组织的库存现金。

二、农村集体经济组织收到现金时，借记本科目，贷记有关科目；支出现金时，借记有关科目，贷记本科目。

三、农村集体经济组织应当设置"库存现金日记账"，由出纳人员根据收付款凭证，按照业务发生顺序逐笔登记。每日终了，应当计算当日的现金收入合计额、现金支出合计额和结余额，将结余额与实际库存额核对，做到账款相符。

四、每日终了结算现金收支、财产清查等发现的有待查明原因的现金短缺或溢余，应当通过"待处理财产损溢"科目核算：属于现金短缺，按照实际短缺的金额，借记"待处理财产损溢——待处理流动资产损溢"科目，贷记本科目；属于现金溢余，按照实际溢余的金额，借记本科目，贷记"待处理财产损溢——待处理流动资产损溢"科目。

五、本科目期末借方余额，反映农村集体经济组织实际持有的库存现金。

102 银行存款

一、本科目核算农村集体经济组织存入银行或其他金融机构的款项。

二、农村集体经济组织将款项存入银行或其他金融机构时，借记本科目，贷记有关科目；提取和支出存款时，借记有关科目，贷记本科目。

三、农村集体经济组织应当按照开户银行和其他金融机构、存款种类等设置"银行存款日记账"，由出纳人员根据收付款凭证，按照业务的发生顺序逐笔登记。每日终了，应结出余额。

"银行存款日记账"应定期与"银行对账单"核对，至少每月核对一次。农村集体经济组织银行存款账面余额与银行对账单余额之间如有差额，应编制"银行存款余额调节表"调节相符。

四、本科目应按照银行或其他金融机构的名称设置明细科目，进行明细核算。

五、本科目期末借方余额，反映农村集体经济组织存在银行或其他金融机构的各种款项。

111 短期投资

一、本科目核算农村集体经济组织购入的能够随时变现并且持有时间不准备超过1年（含1年）的股票、债券等有价证券等投资。

二、农村集体经济组织进行短期投资时，按照实际支付的价款、相关税费等，借记本科目，贷记"银行存款"等科目。

三、出售、转让和收回短期投资时，按照实际收到的价款，借记"银行存款"等科目，按照该短期投资的账面余额，贷记本科目，按照尚未领取的现金股利、利润或利息，贷记"应收款"科目，按照其差额，贷记或借记"投资收益"科目。

四、本科目应按照短期投资的种类设置明细科目，进行明细核算。

五、本科目期末借方余额，反映农村集体经济组织持有的短期投资的成本。

112 应收款

一、本科目核算农村集体经济组织与非成员之间发生的各种应收及暂付款项，如因销售库存物资、提供劳务应收取的款项以及应收的各种赔款、罚款、利息等。

二、农村集体经济组织与非成员之间发生各种应收及暂付款项时，借记本科目，贷记"库存现金"、"银行存款"、"经营收入"、"投资收益"等科目；收回应收款时，借记"库存现金"、"银行存款"等科目，贷记本科目。取得用暂付款购得的库存物资、服务时，借记"库存物资"等科目，贷记本科目。

三、对确实无法收回的应收及暂付款项，按规定程序批准核销时，借记"其他支出"科目，贷记本科目。

四、本科目应按照发生应收及暂付款项的非成员的单位或个人设置明细科目，进行明细核算。

五、本科目的期末借方余额，反映农村集体经济组织尚未收回的应收及暂付款项。

113 内部往来

一、本科目核算农村集体经济组织与成员之间发生的各种应收、暂付及应付、暂收款项等经济往来业务，如一事一议资金、年终收益成员分红、成员承包费、承包地和闲置农房委托流转资金以及代收成员水电费、物业费等。

二、农村集体经济组织与成员发生应收款项和偿还应付款项时，借记本科目，贷记"库存现金"、"银行存款"等科目；收回应收款项、发生应付款项、一次收取多期发包或出租款项等时，借记"库存现金"、"银行存款"等科目，贷记本科目。发生无法收回的内部往来款项时，借记"其他支出"科目，贷记本科目。发生无需偿还的内部往来款项时，借记本科目，贷记"其他收入"科目。一次收取多期发包或出租款项的，每期确认发包或出租收入时，借记本科目，贷记"经营收入"科目。

三、农村集体经济组织因成员承包集体耕地、林地、果园、鱼塘等而发生的应收承包金等，年终按经过批准的方案结算出本期成员应交未交的款项时，借记本科目，贷记"经营收入——发包收入"科目；实际收到款项时，借记"库存现金"、"银行存款"等科目，贷记本科目。

四、农村集体经济组织因筹集一事一议资金与成员发生的应收款项，在筹资方案经成员大会或成员代表大会通过时，按照筹资方案规定的金额，借记本科目，贷记"一事一议资金"科目；收到款项时，借记"库存现金"、"银行存款"等科目，贷记本科目。

五、农村集体经济组织在对成员进行收益分配时，借记"收益分配——各项分配"科目，贷记本科目；实际发放款项时，借记本科目，贷记"银行存款"科目。

六、本科目应按照农村集体经济组织的成员设置明细科目，进行明细核算。

七、本科目各明细科目的期末借方余额合计数反映农村集体经济组织成员欠农村集体经济组织的款项总额；期末贷方余额合计数反映农村集体经济组织欠成员的款项总额。各明细科目年末借方余额合计数应在资产负债表的"应收款项"项目内反映，年末贷方余额合计数应在资产负债表的"应付款项"项目内反映。

121 库存物资

一、本科目核算农村集体经济组织库存的各种原材料、农用材料、农产品、工业产成品、低值易耗品等物资。

二、购入、接受捐赠或政府补助的物资验收入库时，按照确定的实际成本，借记本科目，贷记"应收款"、"应付款"、"银行存款"、"公积公益金"等科目。会计期末，对已收到发票账单但尚未到达或尚未验收入库的物资，借记本科目，贷记"应付款"、"公积公益金"等科目。按照应支付的相关税费，贷记"应交税费"等科目。

三、农产品收获、生产完工的工业产成品入库时，按照入库物资的实际成本，借记本科目，贷记"消耗性生物资产"、"生产（劳务）成本"等科目。

四、领用库存物资时，按照领用物资的实际成本，借记"生产（劳务）成本"、"在建工程"、"管理费用"等科目，贷记本科目。

五、销售库存物资时，按照实现的销售收入，借记"库存现金"、"银行存款"、"应收款"等科目，贷记"经营收入"等科目；按照销售物资的实际成本，借记"经营支出"等科目，贷记本科目。

六、期末清查盘点，发现盘盈、盘亏、毁损、报废的库存物资，按照实际成本（或估计价值），借记或贷记本科目，贷记或借记"待处理财产损溢——待处理流动资产损溢"科目。

七、本科目应按照库存物资的品名设置明细科目，进行明细核算。

八、本科目期末借方余额，反映农村集体经济组织库存物资的实际成本。

131 消耗性生物资产

一、本科目核算农村集体经济组织持有的消耗性生物资产的实际成本。

二、消耗性生物资产应按照取得时的实际成本计价。农村集体经济组织按照下列原则确定取得消耗性生物资产的实际成本，进行账务处理：

（一）购入的消耗性生物资产，按照应计入消耗性生物资产成本的金额，借记本科目，贷记"库存现金"、"银行存款"、"应付款"等科目。

（二）自行栽培的大田作物和蔬菜等，按照收获前发生的必要支出，借记本科目，贷记"库存现金"、"银行存款"、"库存物资"、"应付工资"、"应付劳务费"等科目。

自行营造的林木类消耗性生物资产（如非经济林木），按照郁闭前发生的必要支出，借记本科目，贷记"库存现金"、"银行存款"、"库存物资"、"应付工资"、"应付劳务费"等科目。

自行繁殖的育肥畜、水产养殖的鱼虾贝类等，按照出售或入库前发生的必要支出，借记本科目，贷记"库存现金"、"银行存款"、"库存物资"、"应付工资"、"应付劳务费"等科目。

（三）收到政府补助的消耗性生物资产（包括以前年度收到或形成但尚未入账的）或者他人捐赠的消耗性生物资产，按照有关凭据注明的金额加上相关税费、运输费等，借记本科目，贷记

"公积公益金"等科目。没有相关凭据的，按照资产评估价值或者比照同类或类似消耗性生物资产的市场价格，加上相关税费、运输费等，借记本科目，贷记"公积公益金"等科目。如无法采用上述方法计价的，应当按照名义金额，借记本科目，贷记"公积公益金"科目，并设置备查簿进行登记和后续管理；按照实际发生的运输费和应支付的相关税费等，借记"其他支出"科目，贷记"库存现金"、"银行存款"、"应付款"、"应交税费"等科目。

（四）产畜或役畜淘汰转为育肥畜的，按照转群时的账面价值，借记本科目，按照已计提的累计折旧，借记"生产性生物资产累计折旧"科目，按照其账面余额，贷记"生产性生物资产"科目。

幼畜成龄转为产畜或役畜、育肥畜转为产畜或役畜的，按照其账面余额，借记"生产性生物资产"科目，贷记本科目。

（五）盘盈的消耗性生物资产，按照同类或类似消耗性生物资产的市场价格或评估价值，借记本科目，贷记"待处理财产损溢——待处理流动资产损溢"科目。

三、择伐、间伐或抚育更新性质采伐而补植林木类消耗性生物资产发生的后续支出，借记本科目，贷记"库存现金"、"银行存款"、"库存物资"、"应付工资"、"应付劳务费"等科目。

林木类消耗性生物资产达到郁闭后发生的管护费用等后续支出，借记"其他支出"科目，贷记"库存现金"、"银行存款"、"库存物资"、"应付工资"、"应付劳务费"等科目。

四、生产经营过程中发生的应归属于消耗性生物资产的费用，按照应分配的金额，借记本科目，贷记"生产（劳务）成本"科目。

五、消耗性生物资产收获时，按照其账面余额，借记"库存物资"科目，贷记本科目。

六、出售消耗性生物资产时，按照实现的销售收入，借记"库存现金"、"银行存款"、"应收款"等科目，贷记"经营收入"等科目。按照其账面余额，借记"经营支出"等科目，贷记本科目。

七、以幼畜及育肥畜、消耗性林木资产等消耗性生物资产对外投资时，按照评估确认或者合同、协议约定的价值和相关税费，借记"长期投资"等科目；按照消耗性生物资产的账面余额，贷记本科目；按照应支付的相关税费，贷记"应交税费"等科目；按照其差额，借记或贷记"公积公益金"科目。

八、消耗性生物资产死亡毁损、盘亏时，按照其账面余额，借记"待处理财产损溢——待处理流动资产损溢"科目，贷记本科目。按规定程序批准后处理时，按照赔偿金额，借记"应收款"、"内部往来"等科目，按照残料价值，借记"库存物资"等科目，按照"待处理财产损溢——待处理流动资产损溢"科目相应余额，贷记"待处理财产损溢——待处理流动资产损溢"科目，按照其差额，借记"其他支出"科目。

九、本科目应按照消耗性生物资产的种类、群别等设置明细科目，进行明细核算。

十、本科目期末借方余额，反映农村集体经济组织持有的消耗性生物资产的实际成本。

132 生产性生物资产

一、本科目核算农村集体经济组织持有的生产性生物资产的原价（成本）。

二、生产性生物资产应按照取得时的实际成本计价。农村集体经济组织按照下列原则确定取得生产性生物资产的实际成本，进行账务处理：

（一）购入的生产性生物资产，按照应计入生产性生物资产成本的金额，借记本科目，贷记"库存现金"、"银行存款"、"应付款"等科目。

（二）自行营造的林木类生产性生物资产、自行繁殖的产畜和役畜等，按照达到预定生产经营目的前发生的必要支出，借记本科目，贷记"库存现金"、"银行存款"、"库存物资"、"应付工资"、"应付劳务费"等科目。

（三）收到政府补助的生产性生物资产（包括以前年度收到或

形成但尚未入账的)或者他人捐赠的生产性生物资产,按照有关凭据注明的金额加上相关税费、运输费等,借记本科目,贷记"公积公益金"等科目。没有相关凭据的,按照资产评估价值或者比照同类或类似生产性生物资产的市场价格,加上相关税费、运输费等,借记本科目,贷记"公积公益金"等科目。如无法采用上述方法计价的,应当按照名义金额,借记本科目,贷记"公积公益金"科目,并设置备查簿进行登记和后续管理;按照实际发生的运输费和应支付的相关税费等,借记"其他支出"科目,贷记"库存现金"、"银行存款"、"应付款"、"应交税费"等科目。

(四)幼畜成龄转为产畜或役畜、育肥畜转为产畜或役畜的,按照其账面余额,借记本科目,贷记"消耗性生物资产"科目。

产畜或役畜淘汰转为育肥畜的,按照转群时的账面价值,借记"消耗性生物资产"科目,按照已计提的累计折旧,借记"生产性生物资产累计折旧"科目,按照其账面余额,贷记本科目。

(五)盘盈的生产性生物资产,按照同类或类似生产性生物资产的市场价格或评估价值扣除按照该项生产性生物资产状况估计的折旧后的余额,借记本科目,贷记"待处理财产损溢——待处理非流动资产损溢"科目。

三、择伐、间伐或抚育更新等生产性采伐而补植林木类生产性生物资产发生的后续支出,借记本科目,贷记"库存现金"、"银行存款"、"库存物资"、"应付工资"、"应付劳务费"等科目。

生产性生物资产达到预定生产经营目的后发生的管护、饲养费用等后续支出,借记"经营支出"科目,贷记"库存现金"、"银行存款"、"库存物资"、"应付工资"、"应付劳务费"等科目。

四、出售生产性生物资产时,按照取得的价款,借记"库存现金"、"银行存款"等科目,按照已计提的累计折旧,借记"生产性生物资产累计折旧"科目,按照生产性生物资产原价(成本),贷记本科目,按照其差额,借记"其他支出"科目或贷记"其他收入"科目。

五、以生产性生物资产对外投资时,按照评估确认或者合同、协议约定的价值和相关税费，借记"长期投资"科目；按照已计提的累计折旧，借记"生产性生物资产累计折旧"科目；按照生产性生物资产原价（成本），贷记本科目；按照应支付的相关税费，贷记"应交税费"等科目；按照其差额，借记或贷记"公积公益金"科目。

六、生产性生物资产死亡毁损、盘亏时，按照生产性生物资产账面价值，借记"待处理财产损溢——待处理非流动资产损溢"科目，按照已计提的累计折旧，借记"生产性生物资产累计折旧"科目，按照生产性生物资产原价（成本），贷记本科目。按规定程序批准后处理时，按照赔偿金额，借记"应收款"、"内部往来"等科目，按照残料价值，借记"库存物资"等科目，按照"待处理财产损溢——待处理非流动资产损溢"科目相应余额，贷记"待处理财产损溢——待处理非流动资产损溢"科目，按照其差额，借记"其他支出"科目。

七、本科目应按照生产性生物资产的种类、群别、所属部门等设置明细科目，进行明细核算。

八、本科目期末借方余额，反映农村集体经济组织持有的生产性生物资产的原价（成本）。

133 生产性生物资产累计折旧

一、本科目核算农村集体经济组织持有的达到预定生产经营目的的生产性生物资产的累计折旧。

二、达到预定生产经营目的的生产性生物资产计提的折旧，借记"生产（劳务）成本"、"经营支出"等科目，贷记本科目。

因出售、对外投资、死亡毁损等原因处置生产性生物资产，还应同时结转生产性生物资产累计折旧。

三、本科目应按照生产性生物资产的种类、群别、所属部门等设置明细科目，进行明细核算。

四、本科目期末贷方余额，反映农村集体经济组织达到预定生产经营目的的生产性生物资产的累计折旧额。

134 公益性生物资产

一、本科目核算农村集体经济组织持有的公益性生物资产的实际成本。

二、公益性生物资产应按照取得时的实际成本计价。农村集体经济组织按照下列原则确定取得公益性生物资产的实际成本，进行账务处理：

（一）购入的公益性生物资产，按照应计入公益性生物资产成本的金额，借记本科目，贷记"库存现金"、"银行存款"、"应付款"等科目。

（二）自行营造的林木类公益性生物资产，按照郁闭前发生的必要支出，借记本科目，贷记"库存现金"、"银行存款"、"库存物资"、"应付工资"、"应付劳务费"等科目。

（三）收到政府补助的公益性生物资产（包括以前年度收到或形成但尚未入账的）或者他人捐赠的公益性生物资产，按照有关凭据注明的金额加上相关税费、运输费等，借记本科目，贷记"公积公益金"等科目。没有相关凭据的，按照资产评估价值或者比照同类或类似公益性生物资产的市场价格，加上相关税费、运输费等，借记本科目，贷记"公积公益金"等科目。如无法采用上述方法计价的，应当按照名义金额，借记本科目，贷记"公积公益金"科目，并设置备查簿进行登记和后续管理；按照实际发生的运输费和应支付的相关税费等，借记"其他支出"科目，贷记"库存现金"、"银行存款"、"应付款"、"应交税费"等科目。

（四）消耗性生物资产、生产性生物资产转为公益性生物资产的，按照其账面余额或账面价值，借记本科目；按照已计提的生产性生物资产累计折旧，借记"生产性生物资产累计折旧"科目；按照其账面余额，贷记"消耗性生物资产"、"生产性生物资产"等科目。

三、择伐、间伐或抚育更新等生产性采伐而补植林木类公益性生物资产发生的后续支出，借记本科目，贷记"库存现金"、"银行存款"、"库存物资"、"应付工资"、"应付劳务费"等科目。

林木类公益性生物资产郁闭后发生的管护费用等其他后续支出，借记"其他支出"科目，贷记"库存现金"、"银行存款"、"库存物资"、"应付工资"、"应付劳务费"等科目。

四、公益性生物资产死亡毁损、盘亏时，按照其账面余额，借记"待处理财产损溢——待处理非流动资产损溢"科目，贷记本科目。按规定程序批准后处理时，按照赔偿金额，借记"应收款"、"内部往来"等科目，按照残料价值，借记"库存物资"等科目，按照"待处理财产损溢——待处理非流动资产损溢"科目相应余额，贷记"待处理财产损溢——待处理非流动资产损溢"科目，按照其差额，借记"其他支出"科目。

五、本科目应按照公益性生物资产的种类或项目等设置明细科目，进行明细核算。

六、本科目期末借方余额，反映农村集体经济组织持有的公益性生物资产的实际成本。

141 长期投资

一、本科目核算农村集体经济组织持有时间准备超过1年（不含1年）的投资，包括股权投资、债权投资等投资。

二、以货币资金方式投资的，按照实际支付的价款和相关税费，借记本科目，贷记"银行存款"等科目，按照应支付的相关税费，贷记"应交税费"等科目。

三、以实物资产、无形资产等非货币性资产方式投资的，按照评估确认或者合同、协议约定的价值和相关税费，借记本科目，按照已计提的累计折旧或摊销，借记"生产性生物资产累计折旧"、"累计折旧"、"累计摊销"科目，按照投出资产的原价（成本），贷记"消耗性生物资产"、"生产性生物资产"、"固定资产"、"无形资产"等科目，按照应支付的相关税费，贷记"应交税费"等科目，按照其差额，借记或贷记"公积公益金"科目。

四、被投资单位宣告分派现金股利、利润或利息时，应当按照应分得的金额，借记"应收款"科目，贷记"投资收益"科目。收到现金股利、利润或利息时，按照实际收到的金额，借记"银行存款"等科目，贷记"应收款"科目。

五、到期收回或中途转让投资时，按照实际取得的价款，借记"银行存款"等科目，按照投资的账面余额，贷记本科目，按照尚未领取的现金股利、利润或利息，贷记"应收款"科目，按照其差额，贷记或借记"投资收益"科目。

六、投资发生损失时，按规定程序批准后，按照赔偿金额，借记"应收款"、"内部往来"等科目，按照扣除赔偿金额后的净损失，借记"投资收益"科目，按照发生损失的投资账面余额，贷记本科目。

七、本科目应按照投资种类设置明细科目，进行明细核算。

八、本科目期末借方余额，反映农村集体经济组织持有的长期投资的成本。

151 固定资产

一、本科目核算农村集体经济组织固定资产的原价（成本）。

二、固定资产应按照取得时的实际成本计价。农村集体经济组织按照下列原则确定取得固定资产的实际成本，进行账务处理：

（一）购入不需要安装的固定资产，按照购买价款和采购费、应支付的相关税费、包装费、运输费、装卸费、保险费以及外购过程发生的其他直接费用，借记本科目，贷记"库存现金"、"银行存款"、"应付款"等科目。购入需要安装的固定资产，先记入"在建工程"科目，待安装完毕交付使用时，按照其实际成本，借记本科目，贷记"在建工程"科目。

（二）自行建造完成交付使用的固定资产，按照建造该固定资产的实际成本即该项资产至交付使用前所发生的全部必要支出，借记本科目，贷记"在建工程"科目。已交付使用但尚未办理竣工决算手续的固定资产，应当按照估计价值入账，待办理竣工决算后再按照实际成本调整原来的暂估价值。

（三）收到政府补助的固定资产（包括以前年度收到或形成但尚未入账的）或者他人捐赠的固定资产，按照有关凭据注明的金额加上相关税费、运输费等，借记本科目，贷记"公积公益金"

等科目。没有相关凭据的，按照资产评估价值或者比照同类或类似固定资产的市场价格，加上相关税费、运输费等，借记本科目，贷记"公积公益金"等科目。如无法采用上述方法计价的，应当按照名义金额，借记本科目，贷记"公积公益金"科目，并设置备查簿进行登记和后续管理；按照实际发生的运输费和应支付的相关税费等，借记"其他支出"科目，贷记"库存现金"、"银行存款"、"应付款"、"应交税费"等科目。

（四）盘盈的固定资产，按照同类或类似全新固定资产的市场价格或评估价值扣除按照该项固定资产新旧程度估计的折旧后的余额，借记本科目，贷记"待处理财产损溢——待处理非流动资产损溢"科目。

三、生产经营用的固定资产的修理费用，借记"经营支出"等科目，贷记"库存现金"、"银行存款"等科目；管理用的固定资产的修理费用，借记"管理费用"等科目，贷记"库存现金"、"银行存款"等科目；用于公益性用途的固定资产的修理费用，借记"公益支出"等科目，贷记"库存现金"、"银行存款"等科目。

四、对固定资产进行改建时，按照该项固定资产账面价值，借记"在建工程"科目，按照已计提的累计折旧，借记"累计折旧"科目，按照固定资产原价（成本），贷记本科目。改建完成交付使用时，按照确定的固定资产成本，借记本科目，贷记"在建工程"科目。

五、固定资产出售、报废和毁损等时，按照固定资产账面价值，借记"固定资产清理"科目，按照已计提的累计折旧，借记"累计折旧"科目，按照固定资产原价（成本），贷记本科目。

盘亏的固定资产，按照固定资产账面价值，借记"待处理财产损溢——待处理非流动资产损溢"科目，按照已计提的累计折旧，借记"累计折旧"科目，按照固定资产原价（成本），贷记本科目。

六、以固定资产对外投资时，按照评估确认或者合同、协议约定的价值和相关税费，借记"长期投资"科目，按照已计提的累计折旧，借记"累计折旧"科目，按照固定资产原价（成本），贷记本科目，按照应支付的相关税费，贷记"应交税费"等科目，按照其差额，借记或贷记"公积公益金"科目。

七、捐赠转出固定资产时，按照固定资产账面价值、应支付的相关税费及其他费用，转入或归集至"固定资产清理"科目，捐赠项目完成后，按照"固定资产清理"科目的余额，借记"其他支出"科目，贷记"固定资产清理"科目。

八、农村集体经济组织应当设置"固定资产登记簿"和"固定资产卡片"，按照固定资产类别和项目等设置明细科目，进行明细核算。

九、本科目期末借方余额，反映农村集体经济组织持有的固定资产的原价（成本）。

152 累计折旧

一、本科目核算农村集体经济组织固定资产计提的累计折旧。

二、生产经营用的固定资产计提的折旧，借记"生产（劳务）成本"等科目，贷记本科目；管理用的固定资产计提的折旧，借记"管理费用"科目，贷记本科目；用于公益性用途的固定资产计提的折旧，借记"公益支出"科目，贷记本科目。

出租固定资产所取得的租金等收入，借记"银行存款"等科目，贷记"经营收入——出租收入"等科目；结转出租固定资产的成本（折旧）时，借记"经营支出"等科目，贷记本科目。

三、对固定资产进行改建时，按照该项固定资产账面价值，借记"在建工程"科目，按照已计提的累计折旧，借记本科目，按照固定资产原价（成本），贷记"固定资产"科目。

四、固定资产出售、报废和毁损等时，按照固定资产账面价值，借记"固定资产清理"科目，按照已计提的累计折旧，借记本科目，按照固定资产原价（成本），贷记"固定资产"科目。

盘亏的固定资产，按照固定资产账面价值，借记"待处理财产损溢——待处理非流动资产损溢"科目，按照已计提的累计折旧，借记本科目，按照固定资产原价（成本），贷记"固定资产"科目。

五、以固定资产对外投资时，按照评估确认或者合同、协议约定的价值和相关税费，借记"长期投资"科目，按照已计提的累计折旧，借记本科目，按照固定资产原价（成本），贷记"固定资产"科目，按照应支付的相关税费，贷记"应交税费"等科目，按照其差额，借记或贷记"公积公益金"科目。

六、本科目应按照相应固定资产的类别和项目等设置明细科目，进行明细核算。

七、本科目的期末贷方余额，反映农村集体经济组织固定资产的累计折旧额。

153 在建工程

一、本科目核算农村集体经济组织进行工程建设、设备安装、农业农村基础设施建造、固定资产改建等发生的实际支出。购入不需要安装的固定资产，不通过本科目核算。

二、购入需要安装的固定资产，按照购买价款和采购费、应支付的相关税费、包装费、运输费、装卸费、保险费以及外购过程发生的其他直接费用，借记本科目，贷记"库存现金"、"银行存款"、"应付款"等科目。

三、建造固定资产和兴建农业农村基础设施购买或领用专用物资以及发生的相关费用，按照实际支出，借记本科目，贷记"库存现金"、"银行存款"、"库存物资"等科目。

发包工程建设，根据合同规定向承包企业预付工程款时，按照实际预付的价款，借记本科目，贷记"银行存款"等科目；以拨付材料抵作工程款的，按照材料的实际成本，借记本科目，贷记"库存物资"等科目；将需要安装的设备交付承包企业进行安装时，按照该设备的成本，借记本科目，贷记"库存物资"等科目。与承包企业办理工程价款结算时，补付的工程款，借记本科目，贷记"银行存款"、"应付款"等科目。

自营的工程，领用物资或产品时，按照领用物资或产品的实际成本，借记本科目，贷记"库存物资"等科目。工程应负担的员工工资、劳务费等人员费用，借记本科目，贷记"内部往来"、"应付工资"、"应付劳务费"等科目。

四、对固定资产进行改建时，按照该项固定资产账面价值，借记本科目，按照已计提的累计折旧，借记"累计折旧"科目，按照固定资产原价（成本），贷记"固定资产"科目。发生的改建支出，借记本科目，贷记"库存现金"、"银行存款"、"应付款"、"内部往来"、"应付工资"、"应付劳务费"等科目。改建完成交付使用时，按照确定的固定资产成本，借记"固定资产"科目，贷记本科目。

五、购建和安装工程完成并交付使用时，借记"固定资产"科目，贷记本科目。

六、工程完成未形成固定资产时，借记"经营支出"、"公益支出"、"其他支出"等科目，贷记本科目。

七、本科目应按照工程项目等设置明细科目，进行明细核算。

八、本科目期末借方余额，反映农村集体经济组织尚未交付使用的工程项目的实际支出。

154 固定资产清理

一、本科目核算农村集体经济组织因出售、捐赠、报废和毁损等原因转入清理的固定资产的账面价值及其在清理过程中所发生的费用等。

二、出售、捐赠、报废和毁损的固定资产转入清理时，按照固定资产账面价值，借记本科目，按照已计提的累计折旧，借记"累计折旧"科目，按照固定资产原价（成本），贷记"固定资产"科目。

清理过程中发生的相关税费及其他费用，借记本科目，贷记"库存现金"、"银行存款"、"应交税费"等科目；收回出售固定资产的价款、残料价值和变价收入等，借记"银行存款"、"库存物资"等科目，贷记本科目；按照赔偿金额，借记"应收款"、"内部往来"等科目，贷记本科目。

三、清理完毕后发生的净收益，借记本科目，贷记"其他收入"科目；清理完毕后发生的净损失，借记"其他支出"科目，贷记本科目。

四、本科目应按照被清理的固定资产等设置明细科目，进行明细核算。

五、本科目期末借方余额，反映农村集体经济组织尚未清理完毕的固定资产清理净损失；本科目期末贷方余额，反映农村集体经济组织尚未清理完毕的固定资产清理净收益。

161 无形资产

一、本科目核算农村集体经济组织持有的无形资产的成本。

二、无形资产应按照取得时的实际成本计价。农村集体经济组织按照下列原则确定取得无形资产的实际成本，进行账务处理：

（一）购入的无形资产，按照购买价款、相关税费以及相关的其他直接费用，借记本科目，贷记"库存现金"、"银行存款"、"应付款"等科目。

（二）自行开发并按照法律程序申请取得的无形资产，按照依法取得时发生的注册费、代理费等实际支出，借记本科目，贷记"库存现金"、"银行存款"等科目。

（三）收到政府补助的无形资产（包括以前年度收到或形成但尚未入账的）或者他人捐赠的无形资产，按照有关凭据注明的金额加上相关税费等，借记本科目，贷记"公积公益金"等科目。没有相关凭据的，按照资产评估价值或者比照同类或类似无形资产的市场价格，加上相关税费等，借记本科目，贷记"公积公益金"等科目。如无法采用上述方法计价的，应当按照名义金额，借记本科目，贷记"公积公益金"科目，并设置备查簿进行登记和后续管理；按照应支付的相关税费等，借记"其他支出"科目，贷记"库存现金"、"银行存款"、"应付款"、"应交税费"等科目。

三、因出售、报废等原因处置无形资产，按照取得的转让价款，借记"库存现金"、"银行存款"等科目，按照已计提的累计摊销，借记"累计摊销"科目，按照无形资产的成本，贷记本科目，按照应支付的相关税费及其他费用，贷记"应交税费"、"库存现金"、"银行存款"等科目，按照其差额，借记"其他支出"科目或贷记"其他收入"科目。

四、以无形资产对外投资时，按照评估确认或者合同、协议约定的价值和相关税费，借记"长期投资"科目，按照已计提的累计摊销，借记"累计摊销"科目，按照无形资产的成本，贷记本科目，按照应支付的相关税费，贷记"应交税费"等科目，按照其差额，借记或贷记"公积公益金"科目。

五、本科目应按照无形资产类别等设置明细科目，进行明细核算。

六、本科目期末借方余额，反映农村集体经济组织持有的无形资产的成本。

162 累计摊销

一、本科目核算农村集体经济组织对无形资产计提的累计摊销。

二、生产经营类无形资产计提的摊销，借记"生产（劳务）成本"等科目，贷记本科目；非生产经营类无形资产计提的摊销，借记"管理费用"等科目，贷记本科目。

三、出租无形资产所取得的租金等收入，借记"银行存款"等科目，贷记"经营收入——出租收入"等科目；结转出租无形资产的成本（摊销）时，借记"经营支出"等科目，贷记本科目。

四、因出售、报废等原因处置无形资产，按照取得的转让价款，借记"库存现金"、"银行存款"等科目，按照已计提的累计摊销，借记本科目，按照无形资产的成本，贷记"无形资产"科目，按照应支付的相关税费及其他费用，贷记"应交税费"、"库存现金"、"银行存款"等科目，按照其差额，借记"其他支出"科目或贷记"其他收入"科目。

五、以无形资产对外投资时，按照评估确认或者合同、协议约定的价值和相关税费，借记"长期投资"科目，按照已计提的累计摊销，借记本科目，按照无形资产的成本，贷记"无形资产"科目，按照应支付的相关税费，贷记"应交税费"等科目，按照其差额，借记或贷记"公积公益金"科目。

六、本科目应按照相应无形资产的类别等设置明细科目，进行明细核算。

七、本科目的期末贷方余额，反映农村集体经济组织计提的无形资产累计摊销额。

171 长期待摊费用

一、本科目核算农村集体经济组织已经发生但应由本期和以后各期负担的分摊期限在1年以上的各项费用，包括农村集体经济组织已提足折旧的固定资产的改建支出和其他长期待摊费用等。

二、农村集体经济组织发生长期待摊费用时，借记本科目，贷记"库存现金"、"银行存款"、"库存物资"等科目。摊销长期待摊费用时，借记"生产（劳务）成本"、"管理费用"、"其他支出"等科目，贷记本科目。

三、本科目应按照支出项目进行明细核算。

四、本科目期末借方余额，反映农村集体经济组织尚未摊销完毕的长期待摊费用。

181 待处理财产损溢

一、本科目核算农村集体经济组织在清查财产过程中查明的各种财产盘盈、盘亏和毁损的价值。

二、盘盈的各种库存物资、消耗性生物资产、现金等，按照同类或类似资产的市场价格或评估价值、实际溢余的金额，借记"库存物资"、"消耗性生物资产"、"库存现金"等科目，贷记本科目（待处理流动资产损溢）。盘亏、毁损、短缺的各种库存物资、消耗性生物资产、现金等，按照其账面余额、实际短缺的金额，借记本科目（待处理流动资产损溢），贷记"库存物资"、"消耗性生物资产"、"库存现金"等科目。

盘盈的固定资产、生产性生物资产，按照同类或类似资产的市场价格或评估价值扣除按照该项资产新旧程度或状况估计的折旧后的余额，借记"固定资产"、"生产性生物资产"科目，贷记本科目（待处理非流动资产损溢）。盘亏的固定资产以及盘亏、死亡毁损的生产性生物资产，按照其账面价值，借记本科目（待处理非流动资产损溢），按照已计提的累计折旧，借记"累计折旧"、"生产性生物资产累计折旧"科目，按照其原价（成本），贷记"固定资产"、"生产性生物资产"科目。

三、盘亏、毁损、报废的各项资产，按规定程序批准后处理时，按照残料价值，借记"库存物资"等科目，按照赔偿金额，借记"应收款"、"内部往来"等科目，按照本科目余额，贷记本科目（待处理流动资产损溢、待处理非流动资产损溢），按照其差额，借记"其他支出"科目。

盘盈的各项资产，按规定程序批准后处理时，按照本科目余额，借记本科目（待处理流动资产损溢、待处理非流动资产损溢），贷记"其他收入"科目。

四、本科目应按照待处理流动资产损溢和待处理非流动资产损溢进行明细核算。

五、农村集体经济组织的财产损溢，应当查明原因，在期末结账前处理完毕，处理后本科目应无余额。

负债类科目

201 短期借款

一、本科目核算农村集体经济组织向银行等金融机构或相关单位、个人等借入的偿还期在 1 年以内（含 1 年）的各种借款。

二、农村集体经济组织借入短期借款时，借记"银行存款"等科目，贷记本科目；偿还借款时，作相反的会计分录。短期借款利息应按期计提，借记"其他支出"科目，贷记"应付款"等科目。

三、本科目应按照借款单位或个人设置明细科目，进行明细核算。

四、本科目期末贷方余额，反映农村集体经济组织尚未偿还的短期借款的本金。

211 应付款

一、本科目核算农村集体经济组织与非成员之间发生的偿还期在 1 年以内（含 1 年）的各种应付及暂收款项，如因购买库存物资和接受服务等应付的款项以及应付的赔款等。

二、农村集体经济组织与非成员之间发生各种应付及暂收款项（含一次收取多期发包或出租款项）时，借记"库存现金"、"银行存款"、"库存物资"、"经营支出"、"其他支出"等科目，贷记本科目。

三、在应付利息日，按照合同利率计算确定的利息，借记"其他支出"科目，贷记本科目。

四、偿还应付及暂收款项时，按照实际支付的金额，借记本科目，贷记"银行存款"等科目。一次收取多期发包或出租款项的，在每期确认发包或出租收入时，借记本科目，贷记"经营收入"科目。

五、因债权人特殊原因等确实无法偿还的应付及暂收款项或获得债权人的债务豁免时，按规定报经批准后，借记本科目，贷记"其他收入"科目。

六、本科目应按照发生应付及暂收款项的非成员的单位或个人设置明细账，进行明细核算。

七、本科目期末贷方余额，反映农村集体经济组织尚未支付的应付及暂收款项。

212 应付工资

一、本科目核算农村集体经济组织应支付给管理人员、固定员工等职工的工资总额。包括在工资总额内的各种工资、奖金、津贴、补助、社会保险费等，不论是否在当月支付，都应通过本科目核算。

二、农村集体经济组织应当按照劳动工资制度规定，编制"工资表"，计算各种工资，再将"工资表"进行汇总，编制"工资汇总表"。

三、提取工资时，根据人员岗位进行工资分配，借记"在建工程"、"生产（劳务）成本"、"经营支出"、"管理费用"等科目，贷记本科目。

四、实际支付工资时，借记本科目，贷记"库存现金"、"银行存款"等科目。

五、农村集体经济组织应当设置"应付工资明细账"，按照应付工资的对象、组成内容等进行明细核算。

六、本科目期末一般应无余额，如有贷方余额，反映农村集体经济组织已提取但尚未支付的工资额。

213 应付劳务费

一、本科目核算农村集体经济组织应支付给季节性用工等临时性工作人员的劳务费总额。包括在劳务费总额内的各种劳务费、奖金、津贴、补助等，不论是否在当月支付，都应通过本科目核算。

二、提取劳务费时，根据人员岗位进行劳务费分配，借记"在建工程"、"生产（劳务）成本"、"经营支出"等科目，贷记本科目。

三、实际支付劳务费时，借记本科目，贷记"库存现金"、"银行存款"等科目。

四、农村集体经济组织应当设置"应付劳务费明细账"，按照应付劳务费的对象、组成内容等进行明细核算。

五、本科目期末一般应无余额，如有贷方余额，反映农村集体经济组织已提取但尚未支付的劳务费金额。

214 应交税费

一、本科目核算农村集体经济组织按照税法等规定计算应缴纳的各种税费。农村集体经济组织代扣代缴的个人所得税等，也通过本科目核算。

二、农村集体经济组织涉及增值税会计核算的相关业务，应按照国家统一的会计制度有关增值税会计处理的规定，设置"应交税费——应交增值税"等科目进行账务处理。

三、农村集体经济组织按照规定计算其他应交税费，借记

"税金及附加"、"所得税费用"等科目，贷记本科目。实际缴纳各种税费时，借记本科目，贷记"银行存款"等科目。

四、按照税法等规定应代扣代缴的个人所得税，借记"应付工资"、"应付劳务费"科目，贷记本科目（应交个人所得税）。缴纳的个人所得税，借记本科目（应交个人所得税），贷记"银行存款"等科目。

五、本科目应按照应缴纳的税费项目等进行明细核算。

六、本科目期末贷方余额，反映农村集体经济组织尚未缴纳的税费；期末如为借方余额，反映农村集体经济组织多缴纳或尚未抵扣的税费。

221 长期借款及应付款

一、本科目核算农村集体经济组织向银行等金融机构或相关单位、个人等借入的期限在1年以上（不含1年）的借款及偿还期在1年以上（不含1年）的应付款项。

二、农村集体经济组织发生长期借款及应付款时，借记"银行存款"等科目，贷记本科目；偿还长期借款及应付款时，作相反的会计分录。长期借款利息应按期计提，借记"其他支出"科目，贷记"应付款"等科目。因债权人特殊原因等发生确实无法偿还的长期借款及应付款或获得债权人的债务豁免时，按规定报经批准后，借记本科目，贷记"其他收入"科目。

三、本科目应按照借款及应付款单位或个人设置明细账，进行明细核算。

四、本科目期末贷方余额，反映农村集体经济组织尚未偿还的长期借款及应付款。

231 一事一议资金

一、本科目核算农村集体经济组织兴办村民直接受益的集体生产生活等公益事业，按一事一议的形式筹集的专项资金。

二、农村集体经济组织应于一事一议筹资方案经成员大会或成员代表大会通过时，按照筹资方案规定的金额，借记"内部往来"科目，贷记本科目；收到成员交来的一事一议专项筹资时，借记"库存现金"、"银行存款"等科目,贷记"内部往来"科目。

三、农村集体经济组织使用一事一议资金购入不需要安装的固定资产的,借记"固定资产"科目,贷记"库存现金"、"银行存款"等科目,同时,借记本科目,贷记"公积公益金"科目。

四、农村集体经济组织使用一事一议资金购入需要安装或建造固定资产的,借记"在建工程"科目,贷记"库存现金"、"银行存款"等科目。固定资产完工后,借记"固定资产"科目,贷记"在建工程"科目,同时,借记本科目,贷记"公积公益金"科目。

五、农村集体经济组织对于使用一事一议资金而未形成固定资产的项目,在项目支出发生时,借记"在建工程"科目,贷记"库存现金"、"银行存款"等科目;项目完成后按使用一事一议资金金额,借记"公益支出"、"其他支出"等科目,贷记"在建工程"科目,同时,借记本科目,贷记"公积公益金"科目。

六、本科目应按照所议项目设置明细科目,进行明细核算。同时,必须另设备查账簿对一事一议资金的筹集和使用情况进行登记。

七、本科目的期末贷方余额,反映农村集体经济组织应当用于一事一议专项工程建设的资金;期末借方余额,反映农村集体经济组织一事一议专项工程建设的超支数。

241 专项应付款

一、本科目核算农村集体经济组织获得政府给予的具有专门用途且未来应支付用于专门用途的专项补助资金。

二、农村集体经济组织收到政府补助的资金时,借记"库存现金"、"银行存款"等科目,贷记本科目。

三、按照政府补助资金的项目用途,取得生物资产、固定资产、无形资产等非货币性资产,或用于兴建农业农村基础设施时,按照实际使用政府补助资金的数额,借记"消耗性生物资产"、"生产性生物资产"、"固定资产"、"无形资产"、"在建工程"等科目，贷记"库存现金"、"银行存款"等科目，同时借记本科目，贷记"公积公益金"科目。未形成资产需核销的部分，报经批准后，借记本科目，贷记"在建工程"等科目。

四、取得生物资产、固定资产、无形资产等非货币性资产之后收到对应用途的政府补助资金的，按照收到的金额，借记"库存现金"、"银行存款"等科目，贷记本科目，同时按照实际使用政府补助资金的数额，借记本科目，贷记"公积公益金"科目。

五、因有结余等情况而退回政府补助资金时，借记本科目，贷记"库存现金"、"银行存款"等科目。

六、本科目应按照政府补助资金项目设置明细科目，进行明细核算。

七、本科目期末贷方余额，反映农村集体经济组织尚未使用和结转的政府补助资金数额。

所有者权益类科目

301 资本

一、本科目核算农村集体经济组织按照章程等确定的属于本集体经济组织成员集体所有的相关权益。

二、农村集体经济组织按照章程等确定属于本集体经济组织成员集体所有的相关权益，按照确定的金额，借记"库存现金"、"银行存款"、"固定资产"、"无形资产"等科目，贷记本科目。

三、本科目期末贷方余额，反映农村集体经济组织实有的资本数额。

311 公积公益金

一、本科目核算农村集体经济组织从收益中提取的，接受政府补助和他人捐赠等其他来源取得的公积公益金。

二、农村集体经济组织提取公积公益金时，借记"收益分配——各项分配"科目，贷记本科目。

三、农村集体经济组织以实物资产、无形资产等非货币性资产方式投资时，按照评估确认或者合同、协议约定的价值和相关税费，借记"长期投资"科目，按照已计提的累计折旧或摊销，借记"生产性生物资产累计折旧"、"累计折旧"、"累计摊销"科目,按照投出资产的原价(成本),贷记"消耗性生物资产"、"生产性生物资产"、"固定资产"、"无形资产"等科目,按照应支付的相关税费,贷记"应交税费"等科目,按照其差额,借记或贷记本科目。

四、农村集体经济组织使用已收到的政府补助资金取得生物资产、固定资产、无形资产等非货币性资产,或用于兴建农业农村基础设施时,按照实际使用政府补助资金的数额,借记"消耗性生物资产"、"生产性生物资产"、"固定资产"、"无形资产"、"在建工程"等科目,贷记"库存现金"、"银行存款"等科目,同时借记"专项应付款"科目,贷记本科目。

五、取得生物资产、固定资产、无形资产等非货币性资产之后收到对应用途的政府补助资金的,按照收到的金额,借记"库存现金"、"银行存款"等科目,贷记"专项应付款"科目,同时按照实际使用政府补助资金的数额,借记"专项应付款"科目,贷记本科目。

六、实际收到他人捐赠的货币资金时,借记"库存现金"、"银行存款"科目,贷记本科目。

七、收到政府补助的存货、生物资产、固定资产、无形资产等非货币性资产(包括以前年度收到或形成但尚未入账的)或者他人捐赠的非货币性资产时,按照有关凭据注明的金额加上相关税费等,借记"库存物资"、"消耗性生物资产"、"生产性生物资产"、"公益性生物资产"、"固定资产"、"无形资产"等科目,贷记本科目等。没有相关凭据的,按照资产评估价值或者比照同类或类似资产的市场价格,加上相关税费等,借记"库存物资"、"消耗性生物资产"、"生产性生物资产"、"公益性生物资产"、"固定资产"、"无形资产"等科目,贷记本科目等。如无法采用上述方法计价的,应当按照名义金额,借记"库存物资"、"消耗性生物资产"、"生产性生物资产"、"公益性生物资产"、"固定资产"、"无形资产"等科目,贷记本科目,并设置备查簿进行登记和后续管理；按照应支付的相关税费等，借记"其他支出"科目，贷记"库存现金"、"银行存款"、"应付款"、"应交税费"等科目。

八、农村集体经济组织使用一事一议资金购入不需要安装的固定资产的，借记"固定资产"科目，贷记"库存现金"、"银行存款"等科目，同时，借记"一事一议资金"科目，贷记本科目。使用一事一议资金购入需要安装或建造固定资产的，借记"在建工程"科目，贷记"库存现金"、"银行存款"等科目。固定资产完工后，借记"固定资产"科目，贷记"在建工程"科目，同时，借记"一事一议资金"科目，贷记本科目。

对于使用一事一议资金而未形成固定资产的项目，在项目支出发生时，借记"在建工程"科目，贷记"库存现金"、"银行存款"等科目；项目完成后按使用一事一议资金金额，借记"公益支出"、"其他支出"等科目，贷记"在建工程"科目，同时，借记"一事一议资金"科目，贷记本科目。

九、农村集体经济组织收到应计入公积公益金的征用土地补偿费时，借记"银行存款"科目，贷记本科目。

十、农村集体经济组织按国家有关规定，并按规定程序批准后，用公积公益金弥补亏损等时，借记本科目，贷记"收益分配——未分配收益"科目。

十一、本科目应按照公积公益金的来源设置明细科目，进行明细核算。

十二、本科目的期末贷方余额，反映农村集体经济组织实有的公积公益金数额。

321 本年收益

一、本科目核算农村集体经济组织本年度实现的收益。

二、会计期末结转收益时，应将"经营收入"、"补助收入"、"其他收入"等科目的余额转入本科目的贷方，借记"经营收入"、"补助收入"、"其他收入"等科目，贷记本科目。同时，将"经营支出"、"税金及附加"、"管理费用"、"公益支出"、"其他支出"、

"所得税费用"等科目的余额转入本科目的借方，借记本科目，贷记"经营支出"、"税金及附加"、"管理费用"、"公益支出"、"其他支出"、"所得税费用"等科目。"投资收益"科目的净收益转入本科目，借记"投资收益"科目，贷记本科目；如为投资净损失，借记本科目，贷记"投资收益"科目。结转后本科目的贷方余额为当期实现的净收益；借方余额为当期发生的净亏损。

三、年度终了，应将本年收入和支出相抵后结出的净收益，借记本科目，贷记"收益分配——未分配收益"科目；如为净亏损，作相反的会计分录。结转后本科目期末无余额。

322 收益分配

一、本科目核算农村集体经济组织当年收益的分配（或亏损的弥补）和历年分配（或弥补）后的结存余额。本科目设置"各项分配"和"未分配收益"两个二级科目。

二、农村集体经济组织按照国家有关规定，并按规定程序批准后，用公积公益金弥补亏损时，借记"公积公益金"科目，贷记本科目（未分配收益）。

三、按照规定提取公积公益金、分配股利等时，借记本科目（各项分配），贷记"公积公益金"、"内部往来"等科目。

四、年度终了，农村集体经济组织应按照本年实现的净收益数额，借记"本年收益"科目，贷记本科目（未分配收益）；如为净亏损，作相反的会计分录。同时，将本科目下的"各项分配"明细科目的余额转入本科目"未分配收益"明细科目，借记本科目（未分配收益），贷记本科目（各项分配）。年度终了，本科目的"各项分配"明细科目应无余额，"未分配收益"明细科目的贷方余额表示未分配的收益，借方余额表示未弥补的亏损。

五、年终结账后，如发现以前年度收益计算不准确，或有未反映的会计业务，需要调整增加或减少本年收益的，也在本科目（未分配收益）核算。调整增加本年收益时，借记有关科目，贷记本科目（未分配收益）；调整减少本年收益时，借记本科目（未分配收益），贷记有关科目。

六、本科目应按照收益的用途设置明细科目，进行明细核算。

七、本科目期末余额，反映农村集体经济组织的未分配收益（或未弥补亏损）。

成本类科目

401 生产（劳务）成本

一、本科目核算农村集体经济组织直接组织生产或对外提供劳务等活动所发生的各项生产费用和劳务支出。

二、农村集体经济组织发生的各项生产费用和劳务成本，按成本核算对象归集，借记本科目，贷记"库存现金"、"银行存款"、"内部往来"、"库存物资"、"累计折旧"、"生产性生物资产累计折旧"、"累计摊销"、"长期待摊费用"、"应付款"、"应付工资"、"应付劳务费"等科目。

三、会计期间终了，农村集体经济组织已经生产完成并已验收入库的产成品，按照实际成本，借记"库存物资"科目，贷记本科目。

四、对外提供劳务实现销售时，借记"经营支出"科目，贷记本科目。

五、本科目应按照生产费用和劳务成本种类设置明细科目，进行明细核算。

六、本科目期末借方余额，反映农村集体经济组织尚未生产完成的各项在产品和尚未完成的劳务成本。

损益类科目

501 经营收入

一、本科目核算农村集体经济组织确认的当年发生的销售产品、提供劳务、让渡集体资产资源使用权等各项经营活动收入。本科目设置"销售收入"、"劳务收入"、"出租收入"和"发包收入"等二级科目。

二、农村集体经济组织实现的经营收入，按照实际收到或应收的价款，借记"库存现金"、"银行存款"、"应收款"、"内部往来"等科目，贷记本科目。

三、农村集体经济组织一次收取多期发包或出租款项时，应当将收款金额分摊至各个受益期，分期确认收入，每期确认收入时，借记"内部往来"、"应付款"等科目，贷记本科目。

四、本科目应按照经营项目设置明细科目，进行明细核算。

五、期末，应将本科目的余额转入"本年收益"科目的贷方，结转后本科目应无余额。

502 投资收益

一、本科目核算农村集体经济组织对外投资取得的收益或发生的损失。

二、持有期间，在被投资单位宣告分派现金股利、利润或利息时，应当按照应分得的金额，借记"应收款"等科目，贷记本科目。获得股票股利时，不作账务处理，但应在备查簿中登记所增加的股份。

三、处置对外投资时，按照实际收到的价款或收回的金额，借记"银行存款"等科目，按照其账面余额，贷记"短期投资"、"长期投资"科目，按照尚未领取的现金股利、利润或利息，贷记"应收款"科目，按照其差额，贷记或借记本科目。

四、本科目应按照投资种类和项目设置明细科目，进行明细核算。

五、期末，应将本科目的贷方余额转入"本年收益"科目贷方；如为投资净损失，应将本科目的借方余额转入"本年收益"科目借方。结转后本科目应无余额。

503 补助收入

一、本科目核算农村集体经济组织获得的政府给予保障村级组织和村务运转的补助资金以及贷款贴息等经营性补助资金。

二、农村集体经济组织收到的经营性补助资金，按照实际收到的金额，借记"银行存款"等科目，贷记本科目。

三、本科目应按照补助收入种类设置明细科目，进行明细核算。

四、期末，应将本科目的余额转入"本年收益"科目的贷方，结转后本科目应无余额。

504 其他收入

一、本科目核算农村集体经济组织除经营收入、投资收益、补助收入以外的其他收入。其他收入包括盘盈收益、确实无法支付的应付款项、存款利息收入等。

二、农村集体经济组织发生的其他收入，借记"库存现金"、"银行存款"、"内部往来"、"固定资产清理"、"待处理财产损溢"、"应付款"、"长期借款及应付款"等科目，贷记本科目。

三、本科目应按照其他收入的来源设置明细科目，进行明细核算。

四、期末，应将本科目的余额转入"本年收益"科目的贷方，结转后本科目应无余额。

511 经营支出

一、本科目核算农村集体经济组织因销售商品、提供劳务、让渡集体资产资源使用权等经营活动而发生的实际成本。

二、农村集体经济组织发生的经营支出，借记本科目，贷记"库存现金"、"银行存款"、"内部往来"、"库存物资"、"消耗性生物资产"、"在建工程"、"应付款"、"应付工资"、"应付劳务费"、"生产（劳务）成本"、"生产性生物资产累计折旧"、"累计折旧"、"累计摊销"等科目。

三、本科目应按照经营项目设置明细科目，进行明细核算。

四、期末，应将本科目的余额转入"本年收益"科目的借方，结转后本科目应无余额。

512 税金及附加

一、本科目核算农村集体经济组织从事生产经营活动按照税法的有关规定应负担的消费税、城市维护建设税、资源税、房产税、城镇土地使用税、车船税、印花税、教育费附加及地方教育附加等相关税费。

二、农村集体经济组织按照规定计算确定的相关税费，借记本科目，贷记"应交税费"等科目。

三、本科目应按照税费种类设置明细科目，进行明细核算。

四、期末，应将本科目的余额转入"本年收益"科目的借方，结转后本科目应无余额。

513 管理费用

一、本科目核算农村集体经济组织管理活动发生的各项支出，包括管理人员及固定员工的工资、办公费、差旅费、管理用固定资产修理费、管理用固定资产折旧、管理用无形资产摊销、聘请中介机构费、咨询费、诉讼费等，以及保障村级组织和村务运转的各项支出。

二、农村集体经济组织发生的管理费用，借记本科目，贷记"库存现金"、"银行存款"、"库存物资"、"累计折旧"、"累计摊销"、"长期待摊费用"、"应付工资"等科目。

三、本科目应按照管理费用的项目设置明细科目，进行明细核算。

四、期末，应将本科目的余额转入"本年收益"科目的借方，结转后本科目应无余额。

514 公益支出

一、本科目核算农村集体经济组织发生的用于本集体经济组织内部公益事业、集体福利或成员福利的各项支出，以及公益性固定资产折旧和修理费等。

二、农村集体经济组织发生的公益支出，按照实际发生额，借记本科目，贷记"库存现金"、"银行存款"、"库存物资"、"在建工程"、"累计折旧"等科目。

三、本科目应按照公益支出项目设置明细科目，进行明细核算。

四、期末，应将本科目的余额转入"本年收益"科目的借方，结转后本科目应无余额。

515 其他支出

一、本科目核算农村集体经济组织发生的除经营支出、税金及附加、管理费用、公益支出、所得税费用以外的其他各项支出，如生物资产的死亡毁损支出、损失，固定资产及存货等的盘亏、损失，防灾抢险支出，罚款支出，捐赠支出，确实无法收回的应收款项损失，借款利息支出等。

二、农村集体经济组织发生的其他支出，借记本科目，贷记"库存现金"、"银行存款"、"内部往来"、"应收款"、"库存物资"、"在建工程"、"固定资产清理"、"长期待摊费用"、"待处理财产损溢"、"应付款"、"应付工资"、"应付劳务费"、"应交税费"等科目。

三、本科目应按照其他支出的项目设置明细科目，进行明细核算。

四、期末，应将本科目的余额转入"本年收益"科目的借方，结转后本科目应无余额。

521 所得税费用

一、本科目核算农村集体经济组织根据税法规定确认的应从当期收益总额中扣除的所得税费用。

二、年度终了，按照税法规定计算确定的当期应纳所得税额，借记本科目，贷记"应交税费——应交所得税"科目。

三、期末，应将本科目的余额转入"本年收益"科目的借方，结转后本科目应无余额。

二、会计报表格式及编制说明

农村集体经济组织应当根据本制度有关会计报表的编制基础、编制依据、编制原则和方法的要求，提供真实、完整的财务会计报告，不得随意改变会计报表的编制基础、编制依据、编制原则和方法，不得随意改变本制度规定的会计报表有关数据的会计口径。

（一）资产负债表格式及编制说明。

资产负债表

村会01表

编制单位：　　　　年　月　日　　　　　　　　　　单位：元

资产	期末余额	年初余额	负债和所有者权益	期末余额	年初余额
流动资产：			流动负债：		
货币资金			短期借款		
短期投资			应付款项		
应收款项			应付工资		
存货			应付劳务费		
消耗性生物资产			应交税费		
流动资产合计			流动负债合计		
非流动资产：			非流动负债：		
长期投资			长期借款及应付款		
生产性生物资产原值			一事一议资金		
减：生产性生物资产累计折旧			专项应付款		
生产性生物资产净值			非流动负债合计		
固定资产原值			负债合计		
减：累计折旧					
固定资产净值					
在建工程					
固定资产清理					
固定资产小计					
无形资产原值					
减：累计摊销			所有者权益：		
无形资产净值			资本		

续表

资产	期末余额	年初余额	负债和所有者权益	期末余额	年初余额
公益性生物资产			公积公益金		
长期待摊费用			未分配收益		
非流动资产合计			所有者权益合计		
资产总计			负债和所有者权益总计		

资产负债表编制说明：

1. 本表反映农村集体经济组织在某一特定日期全部资产、负债和所有者权益的情况。

2. 本表"年初余额"栏内各项数字，应根据上年年末资产负债表"期末余额"栏内所列数字填列。

如果本年度资产负债表规定项目的名称和内容同上年度不一致，应当对上年年末资产负债表项目的名称和数字按照本年度的规定进行调整，将调整后数字填入本表"年初余额"栏内，并加以书面说明。

3. 本表"期末余额"各项目的内容和填列方法如下：

（1）"货币资金"项目，反映农村集体经济组织库存现金、银行存款等货币资金的期末合计数。本项目应根据"库存现金"、"银行存款"科目的期末余额合计填列。

（2）"短期投资"项目，反映农村集体经济组织能够随时变现并且持有时间不准备超过1年（含1年）的投资的账面余额。本项目应根据"短期投资"科目的期末余额填列。

（3）"应收款项"项目，反映农村集体经济组织期末尚未收回的应收及暂付款项。本项目应根据"应收款"科目期末借方余额和"内部往来"各明细科目期末借方余额合计数合计填列。

（4）"存货"项目，反映农村集体经济组织期末在库、在途、在加工和在培育中各项存货的成本，包括各种原材料、农用材料、农产品、工业产成品等物资、在产品等。本项目应根据"库存物资"、"生产（劳务）成本"等科目的期末余额合计填列。

（5）"消耗性生物资产"项目，反映农村集体经济组织各种消耗性生物资产的账面余额。本项目应根据"消耗性生物资产"科目的期末余额填列。

（6）"流动资产合计"项目，反映农村集体经济组织期末流动资产的合计数。本项目应根据本表中"货币资金"、"短期投资"、"应收款项"、"存货"、"消耗性生物资产"项目金额的合计数填列。

（7）"长期投资"项目，反映农村集体经济组织持有时间准备超过1年（不含1年）的投资的账面余额。本项目应根据"长期投资"科目的期末余额填列。

（8）"生产性生物资产原值"项目和"生产性生物资产累计折旧"项目，反映农村集体经济组织生产性生物资产的原值及累计折旧。这两个项目应根据"生产性生物资产"科目和"生产性生物资产累计折旧"科目的期末余额填列。

（9）"生产性生物资产净值"项目，反映农村集体经济组织生产性生物资产原值扣除生产性生物资产累计折旧后的余额。本项目应根据本表中"生产性生物资产原值"项目金额减去"生产性生物资产累计折旧"项目金额后的余额填列。

（10）"固定资产原值"项目和"累计折旧"项目，反映农村集体经济组织固定资产的原值及累计折旧。这两个项目应根据"固定资产"科目和"累计折旧"科目的期末余额填列。

（11）"固定资产净值"项目，反映农村集体经济组织固定资产原值扣除累计折旧后的余额。本项目应根据本表中"固定资产原值"项目金额减去"累计折旧"项目金额后的余额填列。

（12）"在建工程"项目，反映农村集体经济组织各项尚未完工或虽已完工但尚未办理竣工决算并交付使用的工程项目实际成本。本项目应根据"在建工程"科目的期末余额填列。

（13）"固定资产清理"项目，反映农村集体经济组织因出售、报废、毁损等原因转入清理但尚未清理完毕的固定资产的账面价值，以及固定资产清理过程中发生的清理费用和清理收入等各项金额的差额。本项目应根据"固定资产清理"科目的期末借方余额填列；如为贷方余额，本项目数字应以"-"号填列。

（14）"固定资产小计"项目，反映农村集体经济组织期末固定资产、在建工程、转入清理但尚未清理完毕的固定资产的小计数。本项目应根据本表中"固定资产净值"、"在建工程"、"固定资产清理"项目金额的合计数填列。

（15）"无形资产原值"项目和"累计摊销"项目，反映农村集体经济组织无形资产的原值及累计摊销。这两个项目应根据"无形资产"科目和"累计摊销"科目的期末余额填列。

（16）"无形资产净值"项目，反映农村集体经济组织无形资产原值扣除累计摊销后的余额。本项目应根据本表中"无形资产原值"项目金额减去"累计摊销"项目金额后的余额填列。

（17）"公益性生物资产"项目，反映农村集体经济组织各种公益性生物资产的账面余额。本项目应根据"公益性生物资产"科目的期末余额填列。

（18）"长期待摊费用"项目，反映农村集体经济组织尚未摊销完毕的长期待摊费用。本项目应根据"长期待摊费用"科目的期末余额填列。

（19）"非流动资产合计"项目，反映农村集体经济组织期末非流动资产的合计数。本项目应根据本表中"长期投资"、"生产性生物资产净值"、"固定资产小计"、"无形资产净值"、"公益性生物资产"、"长期待摊费用"项目金额的合计数填列。

（20）"资产总计"项目，反映农村集体经济组织期末资产的合计数。本项目应根据本表中"流动资产合计"和"非流动资产合计"项目金额的合计数填列。

（21）"短期借款"项目，反映农村集体经济组织借入偿还期在1年以内（含1年）的、尚未偿还的各种借款。本项目应根据

"短期借款"科目的期末余额填列。

（22）"应付款项"项目，反映农村集体经济组织期末应付而未付的、偿还期在1年以内（含1年）的各种应付及暂收款项。本项目应根据"应付款"科目期末贷方余额和"内部往来"各明细科目期末贷方余额合计数合计填列。

（23）"应付工资"项目，反映农村集体经济组织已提取但尚未支付的管理人员、固定员工等职工的工资。本项目应根据"应付工资"科目的期末余额填列。

（24）"应付劳务费"项目，反映农村集体经济组织已提取但尚未支付的季节性用工等临时性工作人员的劳务费。本项目应根据"应付劳务费"科目的期末余额填列。

（25）"应交税费"项目，反映农村集体经济组织期末未缴纳、多缴纳或未抵扣的各种税费。本项目应根据"应交税费"科目的期末贷方余额填列；如为借方余额，本项目数字以"-"号填列。

（26）"流动负债合计"项目，反映农村集体经济组织期末流动负债的合计数。本项目应根据本表中"短期借款"、"应付款项"、"应付工资"、"应付劳务费"、"应交税费"项目金额合计数填列。

（27）"长期借款及应付款"项目，反映农村集体经济组织借入尚未偿还的期限在1年以上（不含1年）的借款以及偿还期在1年以上（不含1年）的应付未付款项。本项目应根据"长期借款及应付款"科目的期末余额填列。

（28）"一事一议资金"项目，反映农村集体经济组织筹集的一事一议资金的余额。本项目应根据"一事一议资金"科目的期末贷方余额填列；如为借方余额，本项目数字以"-"号填列。

（29）"专项应付款"项目，反映农村集体经济组织实际收到政府给予的具有专门用途且未来应支付用于专门用途的专项补助资金金额。本项目应根据"专项应付款"科目的期末余额填列。

（30）"非流动负债合计"项目，反映农村集体经济组织期末非流动负债的合计数。本项目应根据本表中"长期借款及应付款"、"一事一议资金"、"专项应付款"项目金额的合计数填列。

（31）"负债合计"项目，反映农村集体经济组织期末负债的合计数。本项目应根据本表中"流动负债合计"和"非流动负债合计"项目金额的合计数填列。

（32）"资本"项目，反映农村集体经济组织按照章程等确定的属于本集体经济组织成员集体所有的相关权益金额。本项目应根据"资本"科目的期末余额填列。

（33）"公积公益金"项目，反映农村集体经济组织从收益中提取的和其他来源取得的公积公益金的账面余额。本项目应根据"公积公益金"科目的期末余额填列。

（34）"未分配收益"项目，反映农村集体经济组织尚未分配的历年结存收益。本项目应根据"收益分配"科目的期末余额填列；如为未弥补的亏损，本项目数字以"-"号填列。

（35）"所有者权益合计"项目，反映农村集体经济组织期末所有者权益的合计数。本项目应根据本表中"资本"、"公积公益金"、"未分配收益"项目金额的合计数填列。

（36）"负债和所有者权益总计"项目，反映农村集体经济组织期末负债和所有者权益的合计数。本项目应根据本表中"负债合计"和"所有者权益合计"项目金额的合计数填列。

（二）收益及收益分配表格式及编制说明。

收益及收益分配表

村会 02 表

编制单位：　　　　年度　　　　　　　　　　　　单位：元

项　目	本年金额	上年金额
一、经营收入		
加：投资收益		
补助收入		
减：经营支出		

续表

税金及附加		
管理费用		
其中：运转支出		
二、经营收益		
加：其他收入		
减：公益支出		
其他支出		
三、收益总额		
减：所得税费用		
四、净收益		
加：年初未分配收益		
其他转入		
五、可分配收益		
减：提取公积公益金		
向成员分配		
其他		
六、年末未分配收益		

收益及收益分配表编制说明：

1. 本表反映农村集体经济组织在一定会计期间内收益实现及分配的实际情况。农村集体经济组织投资设立企业的收益等情况不在此列示。

2. 本表"上年金额"栏内各项数字，应根据上年度收益及收益分配表"本年金额"栏内各对应项目数字填列。

3. 本表"本年金额"各项目的内容及其填列方法如下：

（1）"经营收入"项目，反映农村集体经济组织进行各项生产销售、提供劳务、让渡集体资产资源使用权等经营活动取得的收入。本项目应根据"经营收入"科目的本期发生额分析填列。

（2）"投资收益"项目，反映农村集体经济组织对外投资取得的收益扣除发生的投资损失后净额。本项目应根据"投资收益"科目的本期发生额分析填列；如为投资损失，本项目数字以"-"号填列。

（3）"补助收入"项目，反映农村集体经济组织获得的政府给予保障村级组织和村务运转的补助资金以及贷款贴息等经营性补助资金。本项目应根据"补助收入"科目的本期发生额分析填列。

（4）"经营支出"项目，反映农村集体经济组织因销售商品、提供劳务、让渡集体资产资源使用权等经营活动而发生的实际支出。本项目应根据"经营支出"科目的本期发生额分析填列。

（5）"税金及附加"项目，反映农村集体经济组织从事生产经营活动按照税法的有关规定应负担的相关税费。本项目应根据"税金及附加"科目的本期发生额分析填列。

（6）"管理费用"项目，反映农村集体经济组织管理活动发生的支出。本项目应根据"管理费用"的本期发生额分析填列。"其中：运转支出"项目，反映农村集体经济组织发生保障村级组织和村务运转的各项支出，包括村干部补助、村两委办公经费等，本项目应根据"管理费用"科目下相关明细科目的本期发生额分析填列。

（7）"经营收益"项目，反映农村集体经济组织当期通过生产经营活动实现的收益。本项目应根据本表中"经营收入"、"投资收益"、"补助收入"项目金额之和减去"经营支出"、"税金及附加"、"管理费用"项目金额后的余额填列。如为经营亏损，本项目数字以"-"号填列。

（8）"其他收入"项目，反映农村集体经济组织除经营收入、投资收益、补助收入以外的其他收入。本项目应根据"其他收入"科目的本期发生额分析填列。

（9）"公益支出"项目，反映农村集体经济组织发生的用于本集体经济组织内部公益事业、集体福利或成员福利的支出，以及公益性固定资产折旧和修理费等。本项目应根据"公益支出"科目的本期发生额分析填列。

（10）"其他支出"项目，反映农村集体经济组织发生除经营支出、税金及附加、管理费用、公益支出、所得税费用以外的其他各项支出。本项目应根据"其他支出"科目的本期发生额分析填列。

（11）"收益总额"项目，反映农村集体经济组织当期实现的收益总额。本项目应根据本表中"经营收益"、"其他收入"项目金额之和减去"公益支出"、"其他支出"项目金额后的余额填列。如为亏损总额，本项目数字以"-"号填列。

（12）"所得税费用"项目，反映农村集体经济组织根据税法规定确定的应从当期收益总额中扣除的所得税费用。本项目应根据"所得税费用"科目的本期发生额分析填列。

（13）"净收益"项目，反映农村集体经济组织本年实现的收益净额。本项目应根据本表中"收益总额"项目金额减去"所得税费用"项目金额后的余额填列。如为净亏损，本项目数字以"-"号填列。

（14）"年初未分配收益"项目，反映农村集体经济组织上年度未分配的收益。本项目应根据上年度收益及收益分配表中"年末未分配收益"项目的金额填列。如为未弥补亏损，本项目数字以"-"号填列。

（15）"其他转入"项目，反映农村集体经济组织按有关规定用公积公益金弥补亏损等转入的数额。本项目应根据实际转入的公积公益金数额填列。

（16）"可分配收益"项目，反映农村集体经济组织年末可分配的收益总额。本项目应根据本表中"净收益"、"年初未分配收益"、"其他转入"项目金额的合计数填列。如可分配收益为负数，本项目数字以"-"号填列。

（17）"提取公积公益金"项目，反映农村集体经济组织按照规定提取的公积公益金数额。本项目应根据实际提取的公积公益金数额填列。

（18）"向成员分配"项目，反映农村集体经济组织按照成员（代表）大会的决议，向成员分配的金额。本项目应根据"收益分配"科目下相关明细科目的借方发生额分析填列。

（19）"年末未分配收益"项目，反映农村集体经济组织年末累计未分配的收益。本项目应根据本表中"可分配收益"项目金额减去"提取公积公益金"、"向成员分配"、"其他"项目金额后的余额填列。如为未弥补的亏损，本项目数字以"-"号填列。

（三）会计报表附注及编制说明。

会计报表附注是财务会计报告的重要组成部分。农村集体经济组织应当在会计报表附注中按照下列顺序至少披露以下内容：

1. 遵循农村集体经济组织会计制度的声明。

农村集体经济组织应当声明编制的财务会计报告符合农村集体经济组织会计制度的要求，真实、完整地反映了农村集体经济组织的财务状况、经营成果等有关信息。

2. 农村集体经济组织的基本情况，包括：农村集体经济组织的资本总额、成员总数及构成、主要经营项目、集体经营性财产和非经营性财产的构成、是否由村民委员会代行职能等情况。

3. 成员权益结构，包括：

（1）农村集体经济组织的资本形成情况。

（2）成员享有的经营性财产收益权份额结构。

（3）成员权益变动情况。

4. 会计报表重要项目的进一步说明，包括其主要构成、增减变动情况等。

5. 已发生损失但尚未批准核销的相关资产名称、金额等情况及说明，包括：

（1）确实无法收回的应收款项。

（2）无法收回的对外投资。

（3）毁损和报废的固定资产。

（4）毁损和报废的在建工程。

（5）注销和无效的无形资产。

（6）已发生损失但尚未批准核销的其他资产。

6. 以名义金额计量的资产名称、数量等情况，以及以名义金额计量理由的说明；若涉及处置的，还应披露以名义金额计量的资产的处置价格、处置程序等情况。

7. 对已在资产负债表、收益及收益分配表中列示项目与企业所得税法规定存在差异的纳税调整过程。

8. 其他重要事项，包括：

（1）接受捐赠。

（2）国家财政支持和税收优惠。

（3）提取公积公益金的比例。

（4）收益分配方案、亏损处理方案。

（5）经营收入中销售收入、劳务收入、出租收入、发包收入的构成情况。

（6）根据经营活动和公益活动划分负债的具体情况等。

9. 根据国家有关法律法规和集体经济组织章程等规定，需要在会计报表附注中说明的其他事项。

农业农村部、中央组织部、财政部、国家乡村振兴局关于做好农村集体产权制度改革成果巩固提升工作的通知

（2022年8月29日 农政改发〔2022〕1号）

各省、自治区、直辖市农业农村（农牧）厅（局、委）、组织部、财政厅（局）、乡村振兴局：

按照《中共中央 国务院关于稳步推进农村集体产权制度改革

的意见》要求，在各地各相关部门共同努力下，农村集体产权制度改革阶段性任务已于2021年底基本完成。为贯彻落实2022年中央一号文件关于"巩固提升农村集体产权制度改革成果"的部署，现就有关事项通知如下。

一、规范农村集体经济组织运行管理

（一）健全农村集体经济组织运行机制。指导农村集体经济组织健全法人治理机制，完善成员（代表）大会制度，健全理事会、监事会等机构；制定规范章程，明确机构职能、成员管理、集体资产经营和财务管理等事项；规范外部标识牌、公开章程制度，确保成员知情权、参与权、表达权、监督权落到实处。因地制宜做好集体经济组织换届选举工作，落实"村党组织书记应当通过法定程序担任村级集体经济组织负责人"要求，村党组织可提名推荐农村集体经济组织理事会成员。切实发挥村党组织领导作用，涉及集体资产运营管理、收支管理、收益分配等重要事项，需经村党组织研究讨论。组织开展农村集体经济组织登记赋码信息年检，重点核实法定代表人、集体资产总额、净资产总额、集体土地总面积等信息。

（二）切实发挥农村集体经济组织功能作用。指导农村集体经济组织重点围绕粮食等重要农产品生产为农户和各类经营主体提供居间服务；有需求且有条件的农村集体经济组织可以通过投资入股等方式设立公司法人，开展经营活动，探索建立集体资产管理与经营有效分离机制。指导有条件的地方探索村民委员会事务与集体经济事务分离。

二、加强农村集体资产监督管理

（三）落实农村集体资产监督管理制度。进一步核查集体资产数量、产权归属、台账建立、制度建设等基础信息，及时整治集体资产登记有遗漏、集体资产被侵占、合同管理不规范等问题。用好全国农村集体资产监督管理平台，实时掌握集体资产动态变化情况，推进集体资产管理规范化信息化。贯彻落实农村集体经济组织财务制度，组织开展财务管理专题培训。规范财务公开程序，重大财务事项决策参照执行"四议两公开"制度。强化集体经济组织负责人任期和离任审计，对一些集体经济体量大、工程项目建设多、廉政风险高的村，要加强审计监督。

（四）明确农村集体资产权属。对于开展村庄撤并、建制调整的，稳妥做好集体资产管理衔接工作，不得因村庄撤并打乱原集体所有的界限。对一些经济条件接近、各项权利落实到户的村集体经济组织，在尊重农民意愿的基础上，可按照相关程序结合实际稳慎开展集体经济组织合并、集体资产统筹管理探索。

（五）切实加强确权到村集体的扶贫项目资产管理。全面摸清确权到村集体的扶贫项目资产底数，在账实相符基础上，及时移交农村集体经济组织管理，纳入集体资产台账管理。结合集体资产年度清查工作，录入到全国农村集体资产监督管理平台。对于确权到村集体的经营性资产收益权可以份额或股份形式量化到成员，作为其参加集体收益分配的依据。在5年过渡期内，各地在充分尊重成员意见的基础上可将扶贫项目资产集体收益优先考虑用于帮扶脱贫人口和防止返贫监测对象。

三、保障农村集体经济组织成员权益

（六）加快推进农村集体经济组织成员权证发放。各地要参照农业农村部印发的《农村集体经济组织成员证书样式（试行）》，加快成员权证发放工作。建立健全农村集体经济组织成员登记备案制度，确保成员名册信息和持有经营性资产收益权份额（或股权）信息完整准确录入平台，成员名册变更、收益权份额（或股权）转让等信息应及时登记。建立健全农村集体经济组织成员证书发放进度调度机制。

（七）稳妥解决农村集体经济组织成员身份重复确认问题。依托全国农村集体资产监督管理平台开展成员信息比对，通过"跨区身份证校验"核查解决成员身份重复确认问题。对成员身份重复确认人员，由其自愿选择保留一方成员身份、退出另一方成员身份，经相关集体经济组织确认和备案后，由成员退出的集体经济组织在平台中删除该成员相关信息。要切实维护农村妇女、入赘婿等群体的成员权益，引导各地通过协商、调处、诉讼等途径化解矛盾纠纷。

（八）积极探索农村集体经济组织成员财产权利多种实现形式。围绕完善农村集体经济组织成员集体资产收益权权能，鼓励有条件的地区积极探索开展集体资产收益权抵押担保、有偿退出等试点，研究制定进城落户农民依法自愿有偿退出集体收益分配权的具体办法。因地制宜加快建设农村产权流转交易市场，促进农村资源要素规范流动和优化配置。

四、稳步发展新型农村集体经济

（九）积极探索农村集体经济发展路径。指导农村集体经济组织立足自身实际，积极开展资源发包、物业出租、居间服务、资产使用权入股等风险较小、收益稳定的经营活动。支持资源优势地区的农村集体经济组织探索发展休闲旅游、健康养生、农耕体验等深度融合的新业态。鼓励有条件的地区探索开展跨村联合发展，与各类经营主体建立紧密利益联结机制。发展农村集体经济要坚持实事求是、量力而行，不得下指标、定任务，确保严格控制集体经营风险和债务规模。

（十）加快完善扶持农村集体经济发展的政策措施。鼓励从事农业生产及相关产业融合项目的农村集体经济组织申请农业经营主体信贷直通车服务；鼓励有条件的农村集体经济组织申报产地仓储保鲜设施等项目；鼓励有条件的农村集体经济组织参与农村各类中小型项目建设。农村集体经营性建设用地可以通过入股、租赁等方式直接用于发展乡村产业。加强集体经营管理人才的培养，完善激励机制，鼓励各地建立集体经营管理人员聘任管理制度。继续做好扶持村集体经济项目服务支撑，开展必要的规划指导、技术推广和产销对接等服务。

五、强化农村集体产权制度改革条件保障

（十一）切实加强组织领导。各地要充分认识开展农村集体产权制度改革成果巩固提升工作的重要性，加强组织领导，强化工作措施，创造保障条件，统筹协调推进。进一步健全农村集体产权制度改革领导机构或联席会议制度，协调解决改革中遇到的困难和问题。各地要积极探索建立健全省、市、县、乡各级农村集体资产监督管理服务体系，为集体资产监督和运营管理提供支撑保障。

（十二）注重发挥典型引领作用。各地要梳理总结基层在农村集体产权制度改革成果巩固提升、集体资产管理、集体经济发展等工作中的经验做法，加大典型宣传力度，营造持续深化改革的良好工作氛围。各地可按照国家有关规定结合实际开展农村集体产权制度改革先进集体和个人表彰工作。

各省（自治区、直辖市）可根据本通知要求，结合实际研究制定农村集体产权制度改革成果巩固提升的具体措施办法，并及时调度掌握工作进展情况，于2022年12月底前报农业农村部政策与改革司。

最高人民法院、农业农村部关于做好《中华人民共和国农村集体经济组织法》施行相关工作的通知

（2025年2月25日　法〔2025〕26号）

各省、自治区、直辖市高级人民法院，解放军军事法院，新疆维吾尔自治区高级人民法院生产建设兵团分院；各省、自治区、直辖市农业农村（农牧）厅（局、委），新疆生产建设兵团农业农村局：

《中华人民共和国农村集体经济组织法》（简称《农村集体经济组织法》）已由第十四届全国人民代表大会常务委员会第十次会议通过，将于2025年5月1日起施行。为切实做好《农村集体经济组织法》贯彻实施，现就有关事项通知如下：

一、提高政治站位，深刻认识颁布实施《农村集体经济组织法》的重大意义

习近平总书记强调，要巩固和完善农村基本经营制度，发展新型农村集体经济。党的二十届三中全会提出，要构建产权明晰、分配合理的运行机制，赋予农民更加充分的财产权益。颁布《农村集体经济组织法》是为促进农村集体经济发展壮大奠定良好法治基础的重大举措，对维护农村集体经济组织及其成员的合法权益，规范农村集体经济组织及其运行管理，促进新型农村集体经济高质量发展，巩固和完善农村基本经营制度和社会主义基本经济制度，推进乡村全面振兴，加快建设农业强国，促进共同富裕，具有重要意义。

各级人民法院、农业农村部门要坚持以习近平新时代中国特色社会主义思想为指导，提高政治站位，坚持以人民为中心，准确把握《农村集体经济组织法》的立法精神，充分认识法律颁布施行的重大意义。工作实践中，要遵循立法原意，准确适用法律，切实依法行政和依法裁判，确保政治效果、社会效果和法律效果有机统一。

二、强化法治意识，认真做好《农村集体经济组织法》学习培训与宣传

各级人民法院、农业农村部门要切实扛起责任，加强组织领导，将学习《农村集体经济组织法》和相关法律法规作为近期和今后一个时期的重要工作。尤其是要充分利用法律施行前的窗口期，通过个人自学、单位集体学习、案例剖析、研讨交流、集中培训等方式，扎实深入开展学习宣传，强化执法司法的历史思维、辩证思维、底线思维。鼓励和支持各级人民法院和农业农村部门组织同堂培训、联合调研、专题讲座、共同研讨，强化针对辖区内农村集体经济组织的普法宣传工作，营造学法研法守法用法的浓郁氛围。

三、密切协同联动，切实保障《农村集体经济组织法》顺利有效实施

各级人民法院、农业农村部门要对照《农村集体经济组织法》

的规定，全面梳理和认真评估本单位制定、发布的规范性文件，不符合法律规定的，要及时调整或废止；发现本地其他单位、部门制定的文件存在前述情形的，要及时向有关单位、部门提出意见建议，积极配合解决，确保政令畅通、促进法制统一、维护法律权威。要做好预研预判，摸清探准实践中可能妨碍法律顺利施行的因素和相关矛盾纠纷的底数，加强问题短板排查，积极总结有益经验，提前谋划、周密部署，充实备足"工具箱"，形成有效预案。要密切协同联动，建立相关工作联席联动机制，针对新情况、新问题及时沟通研究，共同推动解决重大疑难问题。

四、充分发挥职能，深入推进矛盾纠纷实质化解

要坚持和发展新时代"枫桥经验"，以求极致的精神做实定分止争，充分发挥执法司法职能，守土有责、守土尽责，杜绝程序空转，促进矛盾纠纷实质化解。当事人对确认农村集体经济组织成员身份有异议，或者农村集体经济组织因内部管理、运行、收益分配等发生纠纷，向县级人民政府农业农村部门申请调解解决的，农业农村部门要履职尽责，及时积极化解矛盾纠纷。农业农村部门要推动建立健全农村土地承包仲裁机构，指导帮助农村土地承包仲裁机构加强仲裁员业务培训，提高仲裁员法律政策水平，提升仲裁工作质效。各级人民法院要高度重视和发挥调解、仲裁在化解纠纷中重要作用，完善人民调解、行业调解、行政调解同司法调解、诉讼衔接联动机制，推动仲裁裁决依法执行。要依法保护当事人诉权，《农村集体经济组织法》施行后，当事人依据该法第五十六条提起诉讼的，人民法院应当依法受理。

各级人民法院、农业农村部门要支持乡镇人民政府、街道办事处依法调解农村集体经济组织及其成员权益纠纷，支持农村土地承包仲裁机构依法调解、仲裁。要高度重视农村集体经济组织发展中各类深层次矛盾，坚持把非诉讼纠纷解决机制挺在前面，主动融入党委领导下的共建共治共享的社会治理体系，完善诉调对接、诉裁衔接、信息共享等工作机制，推进纠纷靠前解决和实质化解。上级人民法院、农业农村部门要加强对下指导，采取恰当方式有效解决基层困难和问题，认真总结推广有益的经验。

五、加强组织领导，努力打造护航"三农"铁军

各高级人民法院、各省级农业农村部门要充分认识贯彻落实《农村集体经济组织法》的重大意义，加强组织领导，认真指导辖区内条线单位更加注重系统集成，不断优化工作机制。各级人民法院要统筹"枫桥式人民法庭"创建示范、一站式诉讼服务中心升级等工作，发挥解纷整体效能，切实做到案结事了、政通人和。

各级人民法院、农业农村部门要配齐配强涉农村集体经济组织纠纷调处团队，为纠纷妥善解决提供有力人才支撑。中级、基层人民法院和县级农业农村部门要将具有较强法律适用能力、政策把握能力、沟通协调能力和群众工作能力的干警干部配备到一线岗位，确保群众的"身边人"也是群众的"知心人"和说理解纷的"能干人"，打造一支护航"三农"工作蓬勃健康发展的铁军。

各地在贯彻实施《农村集体经济组织法》过程中的经验做法、困难问题，请及时层报最高人民法院和农业农村部。

实用附录

农村集体经济组织示范章程（试行）[①]

本示范章程中的〔〕内文字部分为选择性内容，【】内文字部分为解释性内容，_____或……部分为补充性内容。

_____经济（股份经济）合作社章程

（　　年　　月　　日成员大会通过。〔　　年　　月　　日成员大会修订通过。〕）

第一章　总　　则

第一条　为巩固和完善以家庭承包经营为基础、统分结合的双层经营体制，促进集体经济发展，规范集体资产管理，维护本社和全体成员的合法权益，依据《中华人民共和国宪法》《中华人民共和国民法典》和有关法律、法规、政策，结合本社实际，制定本章程。

第二条　本社名称：____县（市、区）____乡（镇、街道）____村（社区）____组经济（股份经济）合作社。

本社法定代表人：_____【注：理事长姓名】。

本社住所：_____。

[①] 《农业农村部关于印发〈农村集体经济组织示范章程（试行）〉的通知》（农政改发〔2020〕5号）。

第三条 本社以维护集体成员权益、实现共同富裕为宗旨，坚持集体所有、合作经营、民主管理，实行各尽所能、按劳分配、共享收益的原则。

第四条 本社集体资产包括：

（一）本社成员集体所有的土地、森林、山岭、草原、荒地、滩涂等资源性资产；

（二）本社成员集体所有的用于经营的房屋、建筑物、机器设备、工具器具、农业基础设施、集体投资兴办的企业及其所持有的其他经济组织的资产份额、无形资产等经营性资产；

（三）本社成员集体所有的用于公共服务的教育、科技、文化、卫生、体育等方面的非经营性资产；

（四）本社接受政府拨款、减免税费、社会捐赠等形成的资产；

（五）依法属于本社成员集体所有的其他资产。

根据资产清查结果，截至＿＿＿年＿＿＿月＿＿＿日，本社集体土地【注：包括农用地、建设用地和未利用地】总面积为＿＿＿亩，集体账面资产总额为＿＿＿元，负债总额为＿＿＿元，净资产总额为＿＿＿元。经营性资产总额为＿＿＿元。

第五条 本社依照有关法律、法规、政策的规定，以集体土地等资源性资产所有权以外的集体经营性资产对债务承担责任。

第六条 本社依法履行管理集体资产、开发集体资源、发展集体经济、服务集体成员等职能，开展以下业务：

（一）保护利用本社成员集体所有或者国家所有依法由本社集体使用的农村土地等资源，并组织发包、出租、入股，以及集体经营性建设用地出让等；

（二）经营管理本社成员集体所有或者国家所有依法由本社集体使用的经营性资产，并组织转让、出租、入股、抵押等；

（三）管护运营本社成员集体所有或者国家所有依法由本社集体使用的非经营性资产；

（四）提供本社成员生产经营所需的公共服务；

（五）依法利用本社成员集体所有或者国家所有依法由本社集

体使用的资产对外投资，参与经营管理；

（六）其他业务：＿＿＿＿＿＿＿＿＿＿＿＿＿＿＿＿＿。

第七条 本社在党的基层组织领导下，依法开展经济活动，并接受乡镇人民政府（街道办事处）和县级以上农业农村部门的指导和监督。

本社重大决策参照执行"四议两公开"机制，即村党组织提议、村党组织和本社理事会会议商议、党员大会审议、集体成员（代表）大会决议，决议公开、实施结果公开。

本社主要经营管理人员的选举、罢免以及涉及成员切身利益的重大事项，按照有关法律、法规、政策和本章程规定程序决策、报批和实施。

第二章 成　　员

第八条 本社成员身份确认基准日为＿＿＿年＿＿＿月＿＿＿日。

本社遵循"尊重历史、兼顾现实、程序规范、群众认可"的原则，统筹考虑户籍关系、农村土地承包关系、对集体积累的贡献等因素，按照有关法律、法规、政策共确认成员＿＿＿人（名单见本章程所附成员名册）。

基准日以后，本社成员身份的取得和丧失，依据法律、法规和本章程规定。

第九条 户籍在本社所在地且长期在本社所在地生产生活，履行法律、法规和本章程规定义务，符合下列条件之一的公民，经书面申请，由本社成员（代表）大会表决通过的，取得本社成员身份：

（一）父母双方或一方为本社成员的；

（二）与本社成员有合法婚姻关系的；

（三）本社成员依法收养的；

（四）＿＿＿＿＿＿＿＿＿＿＿＿＿＿＿；

……

第十条 下列人员丧失本社成员身份：

（一）死亡或被依法宣告死亡的；

（二）已取得与本社没有隶属关系的其他农村集体经济组织成员身份的；

（三）自愿书面申请放弃本社成员身份的；

（四）丧失中华人民共和国国籍的；

（五）_____；

（六）按照有关法律、法规、政策规定丧失成员身份的。

第十一条 本社成员享有下列权利：

（一）具有完全民事行为能力的成员享有参加成员大会，并选举和被选举为本社成员代表、理事会成员、监事会成员的权利；

（二）按照法律、法规、政策和章程规定行使表决权；

（三）监督集体资产经营管理活动、提出意见和建议的权利，有权查阅、复制财务会计报告、会议记录等相关资料；

（四）依法依规承包经营土地等集体资产、使用宅基地及享有其他集体资源性资产权益；

（五）依法依规享有集体经营性资产收益分配权；

（六）享有本社提供的公共服务、集体福利的权利；

（七）在同等条件下享有承担集体资产对外招标项目的优先权；

（八）法律、法规、政策和章程规定的其他权利。

第十二条 本社成员承担下列义务：

（一）遵守本社章程和各项规章制度，执行成员（代表）大会和理事会的决议；

（二）关心和参与本社的生产经营和管理活动，维护本社的合法权益；

（三）依法依约开展集体资产承包经营；

（四）积极参加本社公益活动；

（五）法律、法规、政策和章程规定的其他义务。

第三章 组织机构

第十三条 本社设成员大会〔、成员代表大会〕、理事会、监事会。【注：也可以根据实际需要增设其他经营管理机构】

第十四条 成员大会是本社最高权力机构。成员大会由本社具有完全民事行为能力的全体成员组成。

第十五条 成员大会行使下列职权：

（一）审议、修改本社章程；

（二）审议、修改本社各项规章制度；

（三）审议、决定相关人员取得或丧失本社成员身份事项；

（四）选举、罢免理事会成员和监事会成员；

（五）审议、批准理事会和监事会工作报告；

（六）审议、批准主要经营管理人员及其任期；

（七）审议、批准理事会成员和监事会成员以及主要经营管理人员的薪酬；

（八）审议、批准本社集体经济发展规划、业务经营计划、年度财务预决算、年度收益分配方案；

（九）审议、决定土地发包、宅基地分配、集体经营性资产份额（股份）量化等集体资产处置重大事项；

（十）对本社合并、分立、解散等作出决议；

（十一）法律、法规、政策和章程规定应由成员大会决定的其他事项。

第十六条 成员大会由理事会召集，每年不少于一次。成员大会实行一人一票的表决方式。

召开成员大会应当有三分之二以上具有表决权的成员参加。成员大会对一般事项作出决议，须经本社成员表决权总数过半数通过；对修改本社章程，决定相关人员取得或丧失本社成员身份，本社合并、分立、解散以及变更法人组织形式，以及集体资产处置等重大事项作出决议,须经本社成员表决权总数的三分之二以上通过。

【注:第十七条、第十八条为选择性内容,设立成员代表大会的集体经济组织须在章程中写明相关条款。】

〔第十八条　本社设立成员代表大会,以户为单位选出成员代表____人【注:一般为每五户至十五户选举代表一人,但代表人数不得少于二十人;成员在五百人以上的集体经济组织,成员代表不得少于三十人】。〔除以户为单位选出的成员代表外,本社另选妇女成员代表____人。〕

成员代表每届任期五年,可以连选连任。

成员代表大会履行本章程第十五条除第一项以外的第____项至第____项规定的成员大会职权。

第十八条　成员代表大会每年至少召开____次,成员代表大会实行一人一票的表决方式。召开成员代表大会应当有本社三分之二以上的成员代表参加。成员代表大会对一般事项作出决议,须经成员代表表决权总数过半数通过;对重大事项作出决议,须经成员代表表决权总数的三分之二以上通过。成员代表大会表决通过的事项应当至少公示五个工作日。〕

第十九条　有下列情形之一的,理事会应当在二十日内召开临时成员(代表)大会:

(一)十分之一以上有表决权的成员提议;

(二)理事会提议;

(三)监事会提议;

(四)法律、法规、政策规定的其他情形。

理事会不能履行或者在规定期限内没有正当理由不履行召集临时成员(代表)大会职责的,监事会(执行监事)在二十日内召集并主持临时成员(代表)大会。

第二十条　理事会是本社的日常决策、管理和执行机构,由____名理事组成,设理事长一名〔,副理事长____名〕。理事长是本社的法定代表人。理事会成员由成员(代表)大会以差额方式选举产生，每届任期五年，可以连选连任。

理事长主持理事会的工作。理事长因特殊原因不能履行职务时，由副理事长或理事长委托的理事会成员主持工作。

第二十一条　理事会成员须为年满十八周岁、具有一定文化知识、较高政治素质以及相应经营管理能力的本社成员。

第二十二条　理事会行使下列职权：

（一）召集、主持成员（代表）大会，并向其报告工作；

（二）执行成员（代表）大会的决议；

（三）拟订本社章程修改草案，并提交成员大会审议；

（四）起草本社集体经济发展规划、业务经营计划、内部管理规章制度、成员身份变更名单等，并提交成员（代表）大会审议；

（五）起草本社年度财务预决算、收益分配等方案，并提交成员（代表）大会审议；

（六）提出本社主要经营管理人员及其薪酬建议并提交成员（代表）大会审议，决定聘任或解聘本社其他工作人员及其薪酬；

（七）管理本社资产和财务，保障集体资产安全；签订发包、出租、入股等合同，监督、督促承包方、承租方、被投资方等履行合同；

（八）接受、答复、处理本社成员或监事会提出的有关质询和建议；

（九）履行成员（代表）大会授予的其他职权。

第二十三条　理事长行使下列职权：

（一）召集并主持理事会会议；

（二）组织实施理事会通过的决定，并向理事会报告工作；

（三）代表理事会向成员（代表）大会报告工作；

（四）代表本社签订合同；

（五）代表本社签署并颁发份额（股份）证书；

（六）本社章程规定或者理事会授予的其他职权。

第二十四条　理事会会议应当有三分之二以上的理事会成员出席方可召开。有三分之一以上理事提议的，可召开临时理事会会议。

理事会会议实行一人一票的表决方式。理事会形成决议，须集体讨论并经过半数理事同意，出席会议的理事在会议决议上签名。理事个人对某项决议有不同意见时，其意见载入会议决议并签名。

理事会的决议事项违反法律、法规、政策或本章程、成员（代表）大会决议的，赞成该决议的理事应当承担相应责任。

第二十五条　监事会是本社的内部监督机构，由＿＿＿名监事组成，设监事长一名〔，副监事长＿＿＿名〕。【注：成员少于五十人的，可以只设执行监事一名】

监事会成员由成员（代表）大会以差额方式选举产生，每届任期与理事会相同，可以连选连任。监事会成员须为年满十八周岁、具有一定的财务会计知识和较高的政治素质的本社成员。理事会成员、财务会计人员及其近亲属不得担任监事会成员。

监事长（执行监事）列席理事会会议，并对理事会决议事项提出质询或建议。

第二十六条　监事会行使下列职权：

（一）监督理事会执行成员（代表）大会的决议；

（二）向成员（代表）大会提出罢免理事会成员以及主要经营管理人员的建议；

（三）监督检查本社集体资产发包、出租、招投标等各项业务经营及合同签订履行情况，审核监察本社财务情况；

（四）反映本社成员对集体资产经营管理的意见和建议，向理事长或者理事会提出工作质询和改进工作的建议；

（五）提议召开临时成员（代表）大会；

（六）协助政府有关部门开展本社财务检查和审计监督工作；

（七）向成员（代表）大会报告工作；

（八）履行成员（代表）大会授予的其他职权。

第二十七条　监事会会议由监事长召集，会议决议以书面形式通知理事会。

监事会会议应当有三分之二以上的监事出席方可召开。监事会会议实行一人一票的表决方式。监事会形成决议,须集体讨论并经过半数监事同意,出席会议的监事在会议决议上签名。监事个人对某项决议有不同意见时,其意见载入会议决议并签名。

第二十八条 本社五分之一以上具有表决权的成员〔、三分之一以上的成员代表〕可以联名要求罢免理事会、监事会成员,理事会应当在收到罢免议案二十日内召集成员(代表)大会进行表决。

第二十九条 理事、监事及经营管理人员不得有下列行为:

(一)侵占、挪用或私分本社集体资产;

(二)违规将本社资金借贷给他人或者以本社资产为他人提供担保;

(三)将他人与本社交易的佣金归为己有;

(四)将本社资金以个人名义开立账户存储;

(五)泄露本社商业秘密;

(六)从事损害本社经济利益的其他活动。

理事、监事及经营管理人员违反前款规定所得收入归本社所有;给本社造成损失的,须承担相应的法律责任。

第三十条 成员(代表)大会、理事会或监事会的决议违反法律、法规、政策和章程规定,侵害本社利益或成员合法权益的,任何成员有权向乡镇人民政府(街道办事处)或县(市、区)有关部门反映或依法提起诉讼,任何组织、个人不得阻挠或打击报复。

第四章 资产经营和财务管理

第三十一条 本社集体资产经营以效益为中心,统筹兼顾分配与积累,促进集体资产保值增值。

本社理事会依照有关法律、法规、政策以及本章程规定的有关职权和程序，利用多种方式开展资产运营，发展壮大集体经济。

第三十二条　本社建立健全以下集体资产管理制度：

（一）年度资产清查制度，每年组织开展资产清查，清查结果向全体成员公示，无异议后及时上报；

（二）资产登记制度，按照资产类别建立台账，及时记录增减变动情况；

（三）资产保管制度，分类确定资产管理和维护方式，以及管护责任；

（四）资产使用制度，集体资产发包、出租、入股等经营行为必须履行民主程序，实行公开协商或对外招标，强化合同管理；

（五）资产处置制度，明确资产处置流程，规范收益分配；

（六）_____。

第三十三条　本社严格执行农村集体经济组织财务制度和会计制度，实行独立会计核算。

本社建立集体收入管理、开支审批、财务公开、预算决算等财务制度。

第三十四条　本社依照有关法律、法规、政策的规定，只开设一个银行基本存款账户。

第三十五条　本社应配备具有专业能力的财务会计人员。

本社会计和出纳互不兼任。理事会、监事会成员及其近亲属不得担任本社的财务会计人员。如无违反财经法纪行为，财务会计人员应当保持稳定，不随本社换届选举而变动。

第三十六条　本社各项收支须经理事长审核签章，重大财务事项应接受监事会（执行监事）的事前、事中、事后监督。

第三十七条　本社在固定的公开栏每季度〔月〕公开一次财务收支情况；随时公开集体重大经济事项。会计年度终了后应及时公开上年度资产状况、财务收支、债权债务、收益分配、预决算执行等情况。财务公开资料须报乡镇人民政府（街道办事处）备案。

第三十八条　本社接受县级以上有关部门和乡镇人民政府

（街道办事处）依法依规进行的财务检查和审计监督，发现违规问题及时整改。

第五章　经营性资产量化与收益分配

第三十九条　本社将经营性资产（不含集体土地所有权，下同）以份额形式量化到本社成员，设置份额____份，作为收益分配的依据。

〔本社将经营性资产（不含集体土地所有权，下同）设置股份____股，作为收益分配的依据。股金总额____元，每股金额____元。其中：成员股____股，股金总额____元〔集体股____股，股金总额____元〕。

成员股包括以下类型：

（一）人口股，共计____股，股金总额____元；

（二）劳龄股，共计____股，股金总额____元；

（三）扶贫股，共计____股，股金总额____元；

（四）敬老股，共计____股，股金总额____元；

……〕

第四十条　本社建立经营性资产份额（股份）登记簿，记载份额（股份）持有信息，本社以户为单位颁发证书，加盖本社印章和理事长印鉴（签名）。因户内成员变化、分户等需要变更证书有关内容的，由户主向理事会申请变更登记。

第四十一条　本社按章程量化经营性资产后，成员份额（股份）实行户内共享、社内流转。

成员持有的集体经营性资产份额（股份）可以在本社成员内部转让或者由本社赎回。

转让经营性资产份额（股份）给本社其他成员的，受让方所持份额（股份）占本社全部份额（股份）比重不得超过百分之____；由本社赎回的，应由成员自愿提出申请，经本社成员（代表）

大会同意后，按照协商价格赎回。赎回的份额（股份）用于减少总份额（股份）〔追加到集体股中〕。

第四十二条 本社坚持效益决定分配、集体福利与成员增收兼顾的原则。集体收入优先用于公益事业、集体福利和扶贫济困，可分配收益按成员持有的集体经营性资产份额（股份）分红。严格实行量入为出，严禁举债搞公益，严禁举债发福利，严禁举债分红。

第四十三条 本社根据当年经营收益情况，制订年度收益分配方案。年度收益分配方案应当明确各分配项目和分配比例，经成员（代表）大会审议通过后，报乡镇人民政府（街道办事处）备案。

第四十四条 本社本年可分配收益为当年收益与上年未分配收益之和。本社留归集体的土地补偿费应列入公积公益金，不得作为集体收益进行分配；集体建设用地出让、出租收益应充分考虑以后年度收入的持续稳定，不得全额在当年分配。

第四十五条 本社本年可分配收益按以下顺序进行分配：

（一）提取公积公益金，用于转增资本、弥补亏损以及集体公益设施建设等；

（二）提取福利费，用于集体福利、文教、卫生等方面的支出；

（三）按持有本社经营性资产份额（股份）分红。

第六章 变更和注销

第四十六条 本社名称、住所、法定代表人等登记事项发生变更的，由理事会依法依规申请变更登记。

第四十七条 本社因合并、分立、解散等依法依规需注销的，由成员大会表决通过，并依照相关法律政策履行审核批准程序。

注销前，必须对本社进行清产核资，核销债权债务。本社集体资产的处置方案必须提交成员大会表决通过方可实施。

第七章 附 则

第四十八条 本章程经乡镇人民政府（街道办事处）审核，于＿＿＿年＿＿＿月＿＿＿日由成员大会表决通过，全体成员（代表）签字后生效，并报县（市、区）农业农村部门备案。

第四十九条 修改本社章程，须经理事会或者半数以上具有表决权的成员提议；理事会拟订修改草案并提交成员大会审议通过后，新章程方可生效。

第五十条 本章程在执行中与有关法律、法规、政策相抵触时，应以法律、法规、政策的规定为准，并按程序对章程相关内容进行修改。

第五十一条 本章程后附成员名册、经营性资产份额（股份）登记簿〔、……〕，为本章程的有效组成部分。

第五十二条 本章程由本社理事会负责解释。

全体成员〔代表〕签名或盖章：

图书在版编目（CIP）数据

中华人民共和国农村集体经济组织法：实用版 / 中国法治出版社编. -- 北京 : 中国法治出版社, 2025.7.
ISBN 978-7-5216-5402-8

Ⅰ. D922.4

中国国家版本馆 CIP 数据核字第 2025V8M246 号

责任编辑：王　彤　　　　　　　　　　　　封面设计：杨泽江

中华人民共和国农村集体经济组织法（实用版）
ZHONGHUA RENMIN GONGHEGUO NONGCUN JITI JINGJI ZUZHIFA（SHIYONGBAN）

经销/新华书店
印刷/三河市紫恒印装有限公司
开本/850 毫米×1168 毫米　32 开　　　　印张/ 10.125　字数/ 226 千
版次/2025 年 7 月第 1 版　　　　　　　　2025 年 7 月第 1 次印刷

中国法治出版社出版
书号 ISBN 978-7-5216-5402-8　　　　　　　　　　　定价：30.00 元

北京市西城区西便门西里甲 16 号西便门办公区
邮政编码：100053　　　　　　　　　　　　传真：010-63141600
网址：http：//www.zgfzs.com　　　　　　编辑部电话：010-63141675
市场营销部电话：010-63141612　　　　　印务部电话：010-63141606

（如有印装质量问题，请与本社印务部联系。）